9

August Bebel

AUS MEINEM LEBEN

VERLAG NACH J. H. W. DIETZ GMBH.
BERLIN UND HANNOVER

Ausgewählt und neu herausgegeben von Walther G. Oschilewski

Gesamtherstellung: Graphische Gesellschaft Grunewald GmbH, Berlin-Grunewald, Bismarckplatz

Printed in Germany 1958

Vorwort zu dieser Ausgabe

Die Biographie ist eine der ältesten Formen der Geschichtsschreibung. Sie ist zweifellos aus dem Bedürfnis nach Erinnerung entstanden, die sich im Altertum auf Totenklagen und Grabinschriften bezog.

Die nächste Stufe der altersgrauen Histographie erkennt man in den sagenhaften, legendären und epischen Lebensbeschreibungen, unter denen Homers Odyssee als Biographie eines der Könige Ithakas herausragt. Biographische Elemente enthalten auch die biblischen Lebensdarstellungen der Erzväter, wie die Evangelien, die heiligen indischen Bücher wie die Helden- und Leichenreden des antiken Zeitalters. Den Höhepunkt, der bis ins 18. Jahrhundert kaum übertroffen wurde, stellen zweifellos Plutarchs „Parallele Lebensbeschreibungen" dar, die, entsprechend dem kosmopolitischen Zeitgeschmack, in paarweisen Zusammenstellungen von je einem Griechen und Römer Leistungen und Bestrebungen bedeutsamer Männer der Alten Welt aufzeichneten.

Es ist hier nicht der Ort, die Biographie in ihrem geschichtlichen Ablauf sowie ihre Kennzeichen, Methoden und Techniken bis in die jüngste Zeit zu verfolgen. Thematisch hat sich jedoch diese unmittelbare Form der Geschichtsschreibung durch fast drei Jahrtausende hindurch mit der Lebensdarstellung von Staatsmännern, Monarchen, Heiligen, Märtyrern, Kirchenvätern, Philosophen, Gelehrten, Schriftstellern und Künstlern beschäftigt. Erst im 20. Jahrhundert sind im Zuge der industriellen und kapitalistischen Konzentration und der sich daraus ergebenden Zusammenstöße zwischen Kapital und Arbeit auch Selbstbiographien aus dem proletarischen Lebenskreis hinzugekommen. Diese für die Volks- und Sozialgeschichte so aufschlußreichen Lebensdarstellungen, zu denen die von Ottilie Baader, Stephan Born, Karl Fischer, Wenzel Holek, Adelheid Popp, Otto Krille, Nikolaus Osterroth, Franz Rehbein, August Winnig, Paul Löbe, Philipp Scheidemann, Wilhelm Keil, Carl Severing, um nur einige wenige zu nennen, gehören, sind als soziologische und sozialpsychologische Tatbestände und als Bekenntnisformen des proletarischen Selbstbewußtseins noch viel zu wenig von der modernen Geschichtsschreibung berücksichtigt worden. Wer aber die gesellschaftliche Entwicklung der letzten hundert Jahre in Ursache und Wirkung erkennen will, wird auf das intensive Studium der Arbeiter-Autobiographien nicht verzichten können. Sie sind ein unmittelbarer Ausdruck des Lebens- und Bildungsschicksals der Arbeiterschaft, wenn natürlich zum Verständnis der Klassenlage und des historischen Ortes auch noch andere Erkenntnisse und Erfahrungen herangezogen werden müssen.

Die von der Zeit des Frühkapitalismus bis zum Zusammenbruch des wilhelminischen Staates bestehenden gesellschaftlichen Hemmnisse, die dem vorwärtsstrebenden und wissenshungrigen Arbeiter entgegenstanden, sind sowohl der heutigen Jugend als auch noch breiten Schichten der bürgerlichen Welt unbekannt geblieben. Um so mehr sollte man neben dem Erkennen der politischen und historischen Faktoren auch nicht an den Arbeiter-Autobiographien vorübergehen.

August Bebels Lebenserinnerungen gehören zu den klassischen Selbstdarstellungen deutscher Arbeiterführer.

Der erste Band, „seiner lieben Frau“ gewidmet, erschien im ersten Viertel des Jahres 1910 bei J. H. W. Dietz Nachf. in Stuttgart. Im Vorwort zu diesem Band, das mit „Berlin-Schöneberg, Neujahr 1910“ datiert ist, schrieb der Verfasser, daß der Wunsch vieler seiner Parteifreunde, seine Erinnerungen vorzulegen, mit seinem eigenen Wunsche zusammenfiele. „Ist man wie ich durch die Gunst der Verhältnisse in eine einflußreiche Stellung gelangt“, so heißt es darin, „dann hat auch die Allgemeinheit ein Recht, die Umstände kennenzulernen, die dazu führten. Aber auch die Menge falscher Anklagen und schiefer Urteile, mit denen ich oft überschüttet wurde, lassen es mir gerechtfertigt erscheinen, der Öffentlichkeit zu zeigen, was daran Wahres ist. Dazu sind Offenheit und Wahrheit die ersten Erfordernisse, andernfalls hat es keinen Zweck, über sein Leben Veröffentlichungen zu machen. Der Leser meiner Aufzeichnungen, einerlei, auf welcher Seite er steht oder zu welcher Partei er sich zählt, wird mir nicht den Vorwurf machen können, ich hätte vertuscht oder schön gefärbt. Ich habe die Wahrheit gesagt auch dort, wo mancher denken wird, ich hätte besser getan, sie zu verschweigen. Diese Ansicht teile ich nicht. Es gibt keinen fehlerlosen Menschen, und manchmal ist es das Bekenntnis eines Fehlers, das den Leser am lebhaftesten interessiert und zur richtigen Beurteilung am besten befähigt.“

Um die vielen Einzelheiten, die weitschichtige politische und historische Fakten zu umfassen suchen, zuverlässig darzustellen, konnte sich August Bebel nicht allein auf sein Gedächtnis verlassen. So hat er, um die Auffassungen, die er zu einer bestimmten Zeit vertrat, darzustellen, viele Briefe, Notizen und Artikel für seine Lebensbeschreibung benutzt. Ein Tagebuch zu führen, verbot sich vor allem für die Zeit der Herrschaft des Sozialistengesetzes von selbst; jede Stunde mußte er Gefahr laufen, einer Haus- oder körperlichen Durchsuchung unterworfen zu werden.

Als eine fast zweijährige Krankheit die chronologische Fortführung der Lebensbeschreibung verhinderte, mußte sich August Bebel vorerst mit der Herausgabe eines Bandes begnügen. Dieser hat innerhalb eines Jahres einen Absatz von 70 000 Exemplaren gefunden. Wenige Monate nach dem Neudruck dieses ersten Bandes (1911), dem neben zahlreichen Korrekturen auch einige wertvolle Ergänzungen zugefügt wurden, erschien 1911 auch der zweite Band, der einen gewichtigen Beitrag zur Geschichte der deutschen Sozialdemokratie bis Ende der siebziger Jahre darstellt.

Mit dem dritten Teil hatte es seine besondere Bewandtnis. August Bebel starb am 13. August 1913 in Passegg (Schweiz). In Vorahnung seines Todes und inmitten der Arbeit an der Vollendung des dritten Bandes schrieb er am 21. Juli 1913 aus Zürich an Karl Kautsky, daß er eine letztwillige Verfügung getroffen habe, nach der dieser die Herausgabe des dritten Bandes übernehmen möchte, „soweit das Manuskript vorliegt“. „Er habe“, so schreibt Bebel, „nur noch wenig zu tun, so ist der Band bis 1882 abgeschlossen. Nachher geht's rascher.“

Bebel, der Kautsky bat, an dem Manuskript keine anderen als nur stilistische Änderungen vorzunehmen, hielt auch eine W e i t e r a r b e i t an dem Band durch Kautsky oder einen anderen für ausgeschlossen. So hat sich Karl Kautsky als Herausgeber des von Bebel druckfertig hinterlassenen Bandes, der 1914 erschien, an die sehr eindeutigen Wünsche des toten Freundes gehalten. (In diesem dritten Band hat übrigens Bebel auch den Hauptinhalt seiner Briefe an Karl Marx und Friedrich Engels, die er als testamentarischer Miterbe des Friedrich Engelsschen literarischen Nachlasses wieder in seinen Besitz nahm, mitverarbeiten können.) Kautskys Arbeit an dem Vermächtnis beschränkte sich auf die eines Redakteurs. Stilistische Unebenheiten wurden unter Wahrung der Schreibweise des Autors geglättet und Zitate und Daten mit den Originalen verglichen.

August Bebels Aufzeichnungen brechen im dritten Bande mit dem Jahre 1882 unvermittelt ab. Wohl hatte er darüber hinaus noch umfangreiches Material, das bis 1890, also bis zum Ende des Sozialistengesetzes, reicht — Briefe, Dokumente, Zeitungsausschnitte, Expertisen, Flugschriften — zusammengetragen. Karl Kautsky hat recht damit getan, diese Hinterlassenschaften nicht dem druckfertigen Manuskript hinzuzufügen, denn abgesehen davon, daß sich das Bebel ausdrücklich verbeten hat, hätte dieses Material in seiner fragmentarischen und exzeptionellen Form auch niemals als persönliche Erinnerungen des großen Volksführers gelten können.

Trotz der zeitlichen Begrenzung geben Bebels Aufzeichnungen eine fast lückenlose Übersicht über die Entwicklung der deutschen Arbeiterbewegung vom Auftreten Ferdinand Lassalles (1863) an bis weit in die Jahre des Sozialistengesetzes hinein (1882).

*

In der vorliegenden Ausgabe, der der Neudruck des ersten und zweiten Teils (dritte, unveränderte Auflage, 1914; vierte, unveränderte Auflage, 1919) und die erste Auflage des dritten, von Karl Kautsky herausgegebenen dritten Teils (1914) zugrunde liegt, ist August Bebels aufschlußreiche Lebensbeschreibung, deren letzte (9.) Originalausgabe 1930 bei J. H. W. Dietz Nachf., Berlin, erschien, zu einem gestrafften und neu gegliederten Band zusammengefaßt. Ein reiner Nachdruck der oft allzu breit geschilderten politischen Verhältnisse, organisatorischen Streitigkeiten und zweitrangigen Umstände würde zweifellos den heutigen Zugang zu dem bedeutsamen Gesamtwerk verhindern. So wurde hier der Versuch unternommen, unter Berücksichtigung des chronologischen Flusses durch eine Neugliederung der einzelnen Kapitel und durch die Herausnahme belangloser und dem heutigen Menschen kaum noch verständlicher Abschnitte ein zeitentsprechendes Lesebuch von größtmöglicher Anschaulichkeit zu schaffen.

Es ist selbstverständlich, daß die Eigenheit des Stils, die klare, saubere, an den Klassikern geschulte Sprache Bebels gewahrt bleiben mußte und der Text unverändert blieb. Die Auslassungen, die in keinem Falle eine Korrektur an der politischen Haltung Bebels und seiner Zeitgenossen vornehmen, sind jeweils durch Punkte, erklärende Zusätze im Text durch eckige Klammern gekennzeichnet. Einige Irrtümer wurden berichtigt und notwendige Ergänzungen zum Zwecke des besseren Verständnisses in Fußnoten gegeben. Die von Bebel angegebenen Sperrungen einzelner Worte oder Sätze erscheinen in der vorliegenden Ausgabe im Kursivsatz. Ein Teil der Kapitel- und Zwischenüberschriften stammt vom Herausgeber. Besonders wichtig erschien dem Herausgeber die bio-bibliographische Erfassung der von Bebel erwähnten Personen; deren Daten und Lebensumstände sind in knapper Form im Register deutlich gemacht. Der Herausgeber hofft, daß die denkwürdige Lebensbeschreibung des großen Führers der deutschen Arbeiterbewegung, der als Gegenspieler Bismarcks auf dem Schauplatz umwälzender politischer und gesellschaftlicher Kämpfe ein halbes Jahrhundert deutscher Geschichte entscheidend mitgeformt hat, auch noch in unserer Zeit ihren Widerhall findet.

Walther G. Oschilewski

Kindheit 1840—1854

Will man einen Menschen genauer beurteilen, so muß man die Geschichte seiner Kinder- und Jugendjahre kennen. Der Mensch kommt mit einer Anzahl Anlagen und Charaktereigenschaften zur Welt, deren Entwicklung von den ihn umgebenden Zuständen sehr wesentlich abhängt. Anlagen und Charaktereigenschaften können durch Erziehung und Beispiel der Umgebung gefördert oder gehemmt, ja bis zu einem gewissen Grade unterdrückt werden. Es hängt alsdann von den Verhältnissen im späteren Leben, öfter auch von der Energie der betreffenden Persönlichkeit ab, ob und wie fehlerhafte Erziehung oder unterdrückt gewesene Eigenschaften sich Geltung verschaffen. Das kostet oft genug einen schweren Kampf mit sich selbst, denn die Eindrücke, die der Mensch in seiner Kinder- und Jugendzeit empfängt, beeinflussen am meisten sein Fühlen und Denken. Die Eindrücke seiner Jugend wirken im guten wie im schlimmen Sinne auf ihn, und oft bestimmen sie sein Handeln.

Ich wenigstens muß eingestehen, daß die Eindrücke und Erlebnisse in den Kinder- und Jugendjahren mich häufig in einer Weise gefangennahmen, daß ich Mühe hatte, mich ihrer zu erwehren, und ganz losgeworden bin ich sie nie.

Der Mensch ist irgendwo geboren.

Mir wurde dieses Glück zuteil am 22. Februar 1840, an welchem Tage ich in der Kasematte zu Deutz-Köln das Licht der Welt erblickte. Mein Vater war der Unteroffizier Johann Gottlob Bebel in der 3. Kompanie des 25. Infanterieregiments, meine Mutter Wilhelmine Johanna geborene Simon. Mein Taufschein weist nicht Deutz — das damals noch eine selbständige Gemeinde war —, sondern Köln als Geburtsort auf, offenbar, weil die Deutzer Garnison zu jener der Festung Köln und zur gleichen Kirchengemeinde gehörte.

Das „Licht der Welt“, in das ich nach meiner Geburt blickte, war das trübe Licht einer zinnernen Öllampe, das notdürftig die grauen Wände einer großen Kasemattenstube beleuchtete, die zugleich Schlaf- und Wohnzimmer, Salon, Küche und Wirtschaftsraum war. Nach der Angabe meiner Mutter war es abends Schlag neun Uhr, als ich in die Welt trat, insofern ein „historischer Moment“, als eben draußen vor der Kasematte der Hornist den Zapfenstreich blies, bekanntlich seit „unvordenklichen Zeiten“ das Zeichen, daß die Mannschaften sich zur Ruhe begeben haben.

Prophetisch angelegte Naturen könnten aus dieser Tatsache schließen, daß damit schon meine spätere oppositionelle Stellung gegen die bestehende Staatsordnung angekündigt wurde. Denn strenggenommen verstieß es wider die militärische Ordnung, daß ich als preußisches Unteroffizierskind in demselben Augenblick die Wände einer königlichen Kasemattenstube beschrie — und ich soll schon bei meiner Geburt eine recht kräftige Stimme gehabt haben —, in dem der Befehl zur Ruhe erlassen wurde.

Aber die so folgerten, täuschten sich. Es hat später noch geraumer Zeit bedurft, ehe ich mich aus den Banden der Vorurteile befreite, in die das Leben in der Kasematte und die späteren Jugendeindrücke mich geschlagen hatten.

Es ist nicht überflüssig, weil für die Beurteilung meiner selbst notwendig, hier einiges über meinen Vater und meine Mutter zu sagen. Mein Vater war in Ostrowo in der Provinz Posen geboren als der Sohn des Böttchermeisters Johann Bebel. Ich glaube annehmen zu müssen, daß die Bebels aus dem Südwesten Deutschlands (Württemberg) nach dem Osten, etwa um die Reformationszeit, eingewandert sind. Feststellen konnte ich, daß um 1625 schon ein Bebel in Kreuzburg (Schlesien) lebte. Aber zahlreicher sind sie bis heute in Südwestdeutschland vorhanden. Auch kommt der Name Bebel seit der Reformationszeit durch Träger desselben in öffentlichen Stellungen vor. Ich erinnere an den Verfasser der „Facetiae", den Humanisten Heinrich Bebel, der Professor in Tübingen war und 1518 starb. Ferner gab es einen Buchdrucker Johann Bebel in Basel, der um 1518 die „Utopie" des Thomas Morus herausgab. Ein Professor Balthasar Bebel lebte um 1669 in Straßburg i. E. und ein Dr. med. Friedrich Wilhelm Bebel um 1792 in Nagold in Württemberg. Der Name Bebel ist auch noch verballhornt als Böbel in Süddeutschland zu finden. Daß mein Vater vom Osten nach dem Westen verschlagen wurde, hatte seinen Grund darin, daß er mit seinem Zwillingsbruder August im Jahre 1828 in ein posensches Infanterieregiment, ich glaube in das 19., eintrat. Als dann im Jahre 1830 der polnische Aufstand ausbrach, hielt es die preußische Regierung für angemessen, die posenschen Regimenter aus der Provinz zu entfernen. Das Regiment, in dem mein Vater diente, wurde als Teil der preußischen Bundesgarnison nach der damaligen Bundesfestung Mainz verlegt. Dieser Umstand veranlaßte, daß mein Vater und meine Mutter sich kennenlernten.

Meine Mutter stammte aus einer alteingesessenen, nicht unbemittelten Kleinbürgerfamilie der ehemaligen freien Reichsstadt Wetzlar. Der Vater war Bäcker und Landwirt. Die Familie war zahlreich, und so trat meine Mutter, dem Beispiel der Töchter anderer Wetzlarer Familien folgend, die Wanderung nach Frankfurt a. M. an, woselbst sie als Dienstmädchen Stellung nahm. Von Frankfurt kam sie nach dem benachbarten Mainz und machte hier die Bekanntschaft meines Vaters. Als dann später das betreffende Infanterieregiment wieder nach der Provinz Posen zurückversetzt wurde, trat mein Vater in Rücksicht auf seine Braut, vielleicht auch, weil es ihm im Rheinland besser gefiel als in seiner Heimat, aus demselben aus und trat in das in Köln-Deutz garnisonierende 25. Infanterieregiment ein. Sein Zwillingsbruder August, mein Taufpate, folgte seinem Beispiel insofern, als dieser in das damals in Mainz garnisonierende 40. Infanterieregiment (8. rheinisches Füsilierregiment) übertrat.

Eine preußische Unteroffiziersfamilie der damaligen Zeit lebte in erbärmlichen Verhältnissen. Das Gehalt war mehr als knapp, wie denn zu jener Zeit überhaupt in der Militär- und Beamtenwelt Preußens Schmalhans Küchenmeister war, und so ziemlich jeder für Gott, König und Vaterland den Schmachtriemen anziehen und hungern mußte. Spricht man davon, daß Preußen sich großgehungert habe, so ist an dieser Angabe etwas Wahres. Daher wohl auch der Appetit, den es allezeit nach fremdem, besserem Land betätigt hat. Meine Mutter erhielt die Erlaubnis, eine Art Kantine führen zu dürfen, das heißt sie hatte das Recht, allerlei kleine Bedarfsartikel an die Mannschaften der Kasematten zu verkaufen, was in der einzigen Stube geschah, die wir inne hatten. So sehe ich sie im Geiste noch heute vor mir, wie sie abends bei der mit Rüböl gespeisten Lampe den Soldaten die steinernen Näpfe mit dampfenden Pellkartoffeln füllte, à Portion 6 Pfennig preußisch.

Für uns Kinder — mir war im April 1841 der erste Bruder und im Sommer 1842 der zweite geboren worden — war das Leben in den Kasematten ein Leben voller Wonnen. Wir trieben uns in den Kasemattenstuben umher, verhätschelt oder auch gehänselt von Unteroffizieren und Mannschaften. Waren aber die Stuben leer, weil die Mannschaften zu Übungen ausgerückt waren, so begab ich mich auf eine derselben und holte die Gitarre des Unteroffiziers Wintermann, der auch mein Taufpate war, von der Wand, auf der ich dann solange musikalische Übungen betrieb, bis keine Saite mehr ganz war. Um diesen ungezügelten Musikübungen und ihren bösen Folgen eine entsprechende Ablenkung zu geben, schnitzte er mir aus einem Brett ein gitarreartiges Instrument, das er mit Darmsaiten bezog. Ich saß nunmehr mit diesem in Gesellschaft meines Bruders stundenlang auf der Türschwelle zu einem Hof in der Deutzer Hauptstraße und malträtierte die Saiten, was die beiden Töchter eines gegenüberwohnenden Dragonerrittmeisters so „entzückte", daß sie uns öfter für meine musikalischen Leistungen mit Kuchen oder Konfekt regalierten. Natürlich litten unter diesen musikalischen nicht die militärischen Übungen. Der Anreiz dazu lag ja in der ganzen Umgebung, er lag buchstäblich in der Luft. Sobald ich also die ersten Hosen und den ersten Rock anhatte, die selbstverständlich beide aus einem alten Militärmantel des Vaters gezimmert worden waren, stellte ich mich, ausgestattet mit der nötigen Bewaffnung, neben oder hinter die auf dem freien Platz vor der Kasematte übenden Mannschaften und ahmte ihre Bewegungen nach. Wie mir meine Mutter später öfter humorvoll erzählte, soll ich namentlich das rechts und links Aufrücken meisterlich fertigbekommen haben, eine

Übung, die den Mannschaften viel Schweiß verursachte und bei der ich ihnen manchmal von dem kommandierenden Offizier oder Unteroffizier als Muster hingestellt worden sein soll.

Meines Vaters Augen sahen aber allmählich das Komißleben anders an als sein Sohn. Er war zwar, wie uns meine Mutter öfter erzählte, gleich seinem Bruder ein außerordentlich gewissenhafter, pünktlicher und adretter Militär — ein sogenannter Mustersoldat, was sogar eines Tages bei einer Musterung von dem Major vor dem ganzen Bataillon anerkannt wurde —, aber er hatte zu jener Zeit bereits seine zwölf und mehr Jahre Militärdienstzeit auf dem Rücken, und ihm stand das Soldatenleben schließlich, wie man zu sagen pflegt, bis an den Hals. Der Dienst war damals wohl auch noch kleinlicher und engherziger betrieben als heute. Der Gamaschendienst feierte zu jener Zeit seine Orgien. An Unabhängigkeits- und Oppositionsgeist hat es meinem Vater offenbar auch nicht gefehlt, für den zu jener Zeit in der Rheinprovinz der rechte Boden war, und so kam er öfter in höchstem Zorn und mit Verwünschungen auf den Lippen vom Exerzierplatz in die düstere Kasemattenstube...

Die geschilderte Auffassung war offenbar auch meinem Vater geläufig geworden. Als er dann in den Jahren 1843 und 1844 nach fünfzehnjähriger Dienstzeit als schwerkranker Mann über Jahr und Tag im Militärlazarett verbringen mußte, den Tod und das Elend seiner Familie vor Augen, hat er die Mutter wiederholt in der nachdrücklichsten Weise gebeten, nach seinem Tode uns Jungen ja nicht für das Militärwaisenhaus einzugeben, weil damit die Verpflichtung zu einer späteren neunjährigen Dienstzeit in der Armee verbunden war. Bei dem Gedanken, daß die Mutter dieses dennoch aus Not tun könnte, rief er in seiner durch die Krankheit gesteigerten Erregung wiederholt aus: „Tust du es dennoch, ich erstech' die Jungen vor der Kompanie." In seiner Erregung übersah er, daß er alsdann nicht mehr unter den Lebenden sein würde.

Meinem Vater schlug insofern die Erlösungsstunde, als ihm im Frühjahr 1843 der Posten eines Grenzaufsehers angeboten wurde, für welchen Dienst er sich seit langem gemeldet hatte. Er nahm den Posten an, und so zog nun die Familie teils zu Fuß, teils auf dem Frachtwagen sitzend, der die Möbel trug — denn eine Eisenbahn gab es damals in jener Gegend noch nicht —, nach Herzogenrad* an der belgischen Grenze. Aber unseres Bleibens war hier nicht lange. Noch bevor die dreimonatige Probezeit zu Ende war, hatte sich mein Vater infolge des anstrengenden Nachtdienstes eine schwere Erkrankung zugezogen. Muskelentzündung nannte es meine Mutter, ich vermute, es war Gelenkrheumatismus, wozu sich die Schwindsucht gesellte. Da durch den Nichtablauf der Probezeit mein Vater noch nicht aus dem Militärverhältnis entlassen war, mußten wir mit dem schwerkranken Mann die-

* Gemeint ist Herzogenrath.

selbe Reise in derselben Weise wieder nach Köln zurücklegen. Ein sehr schweres Stück für meine Mutter.

In Köln angekommen, wurde der Vater in das Militärlazarett geschafft, und uns wurde wieder eine Stube in den Deutzer Kasematten, diesmal hinten nach dem Wallgraben hinaus, angewiesen. Nach dreizehnmonatiger Krankheit starb der Vater, 35 Jahre alt, ohne daß die Mutter die Berechtigung zum Bezug einer Pension hatte. Wir mußten kurz nach dem Tode des Vaters die Kasematte verlassen, und die Mutter wäre schon jetzt gezwungen gewesen, nach ihrer Heimat Wetzlar überzusiedeln, wenn nicht der Zwillingsbruder des Vaters, August Bebel, sich der Mutter und unserer annahm. Um diese Pflicht besser erfüllen zu können, entschloß er sich, Herbst 1844, meine Mutter zu heiraten.

Dieser, mein Stiefvater, war im September 1841 wegen Ganzinvalidität mit einem Gnadengehalt von zwei Talern monatlich aus dem Dienst des 40. Infanterieregiments entlassen worden. Ursache der Invalidität war der Verlust der Kommandostimme infolge einer Kehlkopfentzündung, die später ebenfalls in Schwindsucht ausartete. Er hatte nach Aufgabe seiner Stellung im Regiment nahezu zwei Jahre als Polizeiunteroffizier im Militärlazarett in Mainz fungiert und alsdann provisorisch die Stelle eines Revieraufsehers in der Provinzial-Korrektionsanstalt Brauweiler bei Köln angenommen. Seine eigentliche Absicht war, bei der Post in Dienst zu treten. Aber damals war das nicht so einfach, denn gewöhnlich mußte erst ein Beamter sterben oder pensioniert werden, bis ein anderer Aussicht auf Anstellung hatte. Bezeichnend für die Art des Postdienstes jener Zeit ist, daß, als mein Stiefvater im Sommer 1844 nach Ostrowo an seinen Bruder schrieb, um eine ihm nötige amtliche Vollmacht für seine Heirat zu erwirken, er auf der Adresse des zufällig in meinen Händen befindlichen Briefes vermerkte: „Absender bittet um baldige Abgabe." Die Briefbestellung war also damals offenbar eine seltene und auch säumige. Die gewünschte Stelle bei der Post als Briefträger wurde meinem Stiefvater nach mehrjährigem Warten endlich im Oktober 1846 angetragen, als er eben auf der Totenbahre lag.

Wir siedelten im Spätsommer 1844 nach Brauweiler über. Mein nunmehriger Vater hatte hier in der großen Provinzialanstalt sicher den schwersten Dienst. Er war unter anderem auch Aufseher der Gefangenenanstalt, die sich dort für die Arbeitshäusler befand, die wegen Vergehens in der Anstalt zu Gefängnis verurteilt wurden. Die Anstalt bildete einen großen Komplex von Gebäuden und Höfen und umschloß auch Gartenland. Das alles war mit einer hohen Mauer umzogen. Männer, Frauen und jugendliche Insassen waren voneinander getrennt. Um nach dem Arresthaus zu gelangen, in dem sich auch unsere Wohnung befand, mußte man über mehrere Höfe schreiten, die durch schwere verschlossene Türen voneinander getrennt waren. Das Arresthaus war also von jeder menschlichen Umgebung abgeschieden. Allabendlich, sobald die Dämmerung eintrat, flogen Dutzende von Eulen in allen Größen mit ihrem Gefauche und Gekrächze um das Gebäude und jagten uns Kindern Angst und Schrecken ein. Der Aufenthalt dieser Eulen war der Turm der nahen Kirche. Auch sonst war dieser Aufenthalt für uns Kinder, und vermutlich auch für meine Eltern, kein erfreulicher. Der Dienst meines Vaters, der morgens um 5 Uhr begann und bis zum späten Abend währte, war ein sehr anstrengender und mit viel Ärger verknüpft. Die Art der damaligen Gefangenenbehandlung war eine grausame. Ich habe mehr als einmal mit angesehen, daß junge und ältere Männer, die extra schwer bestraft wurden, sich der scheußlichen Prozedur des Krummschließens unterziehen mußten. Dieses Krummschließen bestand darin, daß der Deliquent sich auf den Boden der Zelle auf den Bauch zu legen hatte. Alsdann bekam er Hand- und Fußschellen angelegt. Darauf wurde ihm die rechte Hand über den Rücken hinweg an den linken Fuß und die linke Hand ebenfalls über den Rücken an den rechten Fuß gefesselt. Damit noch nicht genug, wurde ihm ein leinenes Tuch strickartig um den Körper über Brust und Arme auf dem Rücken scharf zusammengezogen. So als lebendes Knäuel zusammengeschnürt, mußte der Übeltäter zwei Stunden lang auf dem Bauch liegend aushalten. Alsdann wurden ihm die Fesseln abgenommen, aber nach wenigen Stunden begann die Prozedur von neuem. Das Gebrülle und Gestöhne der so Mißhandelten durchtönte das ganze Gebäude und machte natürlich auf uns Kinder einen fürchterlichen Eindruck.

Hier in Brauweiler besuchte ich schon von Herbst 1844 ab, erst viereinhalb Jahre alt, die Dorfschule, und zwar wurde ich in diesem jugendlichen Alter als „Freiwilliger" aufgenommen. Kehrten wir Kinder aus dieser zurück, so mußten wir eins der Anstaltstore passieren, das eine Schildwache zu öffnen hatte. Eines Tages aber waren wir starr vor Überraschung, als der Posten die Tür öffnete und wir statt des bisher im Gebrauch gewesenen Tschakos einen glänzenden Helm von sehr bedeutender Höhe auf seinem Haupte thronen sahen. Diese ersten Helme waren im Vergleich zu ihren Nachfolgern wahre Ungetüme und entsprechend schwer. Wir erholten uns von unserer Überraschung und unserem Staunen erst, als der Posten uns zuherrschte: „Jungs, macht, daß ihr heimkommt, oder ich schlage euch die Türe vor der Nase zu!"

Das Leben für uns Kinder war in der Anstalt nicht sehr abwechslungsreich. Es spielte sich in der Hauptsache innerhalb eines Teiles der Anstaltsmauern ab. Auch wurde unser Vater, der ein sehr strenger Mann war und dem es an Ärger nicht fehlte, immer reizbarer, eine Reizbarkeit, die durch die mittlerweile zum Ausbruch gekommene Schwindsucht immer mehr zunahm. Die Mutter und wir Kinder hatten darunter viel zu leiden. Mehr als einmal mußte die Mutter dem Vater in die Arme fallen, wenn dieser in maßloser Erregung schwere körperliche Züchtigungen an uns vollzog. Sind Prügel der höchste Ausfluß erzieherischer Weisheit, dann muß ich ein wahrer Mustermensch geworden sein. Aber wer wagte, das zu behaupten? Was ich geworden bin, wurde ich trotz der Prügel.

Andererseits wieder war der Vater auf das emsigste für unser Wohl bemüht, denn er war trotz alledem ein gutherziger Mann. Konnte er uns zum Beispiel zu Weihnachten, Neujahr oder Ostern eine Freude bereiten, so geschah es, soweit es die bescheidenen Mittel erlaubten. Und sehr bescheiden waren diese. Neben freier Wohnung (zwei Stuben), Heizung und Licht empfing der Vater monatlich etwa acht Taler Gehalt. Damit mußten fünf, später vier Menschen auskommen, da mein jüngster Bruder, ein bildhübsches Kind und der Liebling des Vaters, im Sommer 1845 starb.

Die Krankheit meines Vaters machte unterdes rapide Fortschritte. Bereits am 19. Oktober 1846 starb er nach etwa zweijähriger Ehe. Mein Bruder und ich betrachteten den Tod des Stiefvaters als eine Befreiung von schwerem Druck. Die furchtbare Strenge, mit der er jede ihm nicht passend scheinende Lebensäußerung an uns strafte, ließ uns zittern, sobald wir seiner ansichtig wurden. Furcht vor ihm hatte er uns beigebracht, ein Gefühl der Liebe zu ihm blieb uns fremd.

Wie meine Mutter den Verlust ihres zweiten Ehemannes aufnahm, weiß ich nicht; eine glückliche Ehe war es nicht, die sie an seiner Seite verlebte; sie war nunmehr binnen drei Jahren zum zweiten Male Witwe, und wir waren wiederum vaterlose Waisen. Auch aus dieser Ehe hatte die Mutter keinen Anspruch auf staatliche Unterstützung. Jetzt blieb ihr nichts anderes übrig, als nach ihrer Heimat Wetzlar überzusiedeln. Anfang November wurden abermals die Siebensachen auf einen Wagen geladen und die Reise nach Köln angetreten. Das Wetter war häßlich. Es war kalt und regnerisch.

In Köln wurde der Hausrat am Rheinufer unter freiem Himmel aufs Pflaster gesetzt, um von dort per Schiff nach Koblenz und von dort wieder per Wagen das Lahntal hinauf nach Wetzlar transportiert zu werden. Als wir abends gegen 10 Uhr die Schiffskajüte zur Fahrt nach Koblenz betraten, war diese mit Menschen überfüllt, und es herrschte ein Tabaksqualm zum Ersticken. Da uns niemand Platz machte, legten wir zwei Jungen, todmüde wie wir waren, uns dicht an der Tür auf den Fußboden und schliefen, wie nur müde Kinder schlafen können. Den fünften oder sechsten Tag kamen wir endlich in Wetzlar an, in dem damals noch meine Großmutter und vier verheiratete Geschwister — drei Schwestern und ein Bruder — meiner Mutter lebten.

Unsere eigentliche Jugendzeit verlebten wir jetzt hier. Wetzlar, eine kleine, romantisch gelegene Stadt, besaß damals eine ganz vortreffliche Volksschule, die sich in einem großen Gebäude, dem Deutschen Haus, das ehemals den deutschen Ordensrittern gehörte, befand. In dem großen Vorhof zu diesem Gebäude steht links das einstöckige Haus, in dem einst Charlotte Buff, die Heldin in Goethes Werther, wohnte. Der Zufall wollte, daß ich später mehrere Mal in diesem Haus übernachtete, als einer meiner Vettern Cicerone für das Charlotte-Buff-Zimmer wurde. Ich kann mich auch noch der Feier zum 100. Geburtstag Goethes (1849) erinnern, die am Wildbacher Brunnen stattfand, woselbst sich die Goethelinde befindet. Der Brunnen heißt seit jener Zeit Goethebrunnen.

Nach einigen Jahren wurde die Armenschule mit der Bürgerschule verschmolzen, wir hießen jetzt Freischüler; die Mädchen erhielten das Deutsche Haus als Schulhaus angewiesen.

Mit der Schule und den Lehrern fand ich mich im ganzen sehr gut ab, nur mit dem Kantor nicht, der mir nicht hold war. Ich gehörte zu den besten Schülern, was namentlich unseren Lehrer der Geometrie, ein kleiner prächtiger Mann, veranlaßte, mich mit noch zwei Kameraden besonders vorzunehmen und in die Geheimnisse der Mathematik einzuweihen. Wir lernten mit Logarithmen rechnen. Neben Rechnen und Geometrie waren meine Lieblingsfächer Geschichte und Geographie. Religion, für die ich keinen Sinn hatte — und meine Mutter, eine aufgeklärte und freidenkende Frau, quälte uns zu Hause nicht damit —, lernte ich nur, weil ich mußte. Ich war zwar auch hier mit an der ersten Stelle, aber das verhinderte nicht, daß ich namentlich in der Katechumenstunde dem Oberpfarrer einige Male Antworten gab, die gar nicht ins Schema paßten und mir kleine Strafpredigten eintrugen.

Im übrigen war unser Oberpfarrer ein sehr ehrenwerter Mann und durchaus kein Frömmling, was aber, nebenbei bemerkt, nicht verhinderte, daß man ihm eines Tages, richtiger in einer Nacht, einen losen Streich spielte. In Wetzlar bestand zu jener Zeit die Sitte — sie besteht vielleicht auch heute noch —, die im Spätherbst oder Winter geschlachteten Gänse eine Nacht der Durchfrierung auszusetzen, das soll dem Geschmack des Bratens förderlich sein. Die Gans wurde also in respektvolle Höhe, in der Regel vor das Fenster, gehängt. So auch bei Oberpfarrers. Aber am nächsten Morgen war die Gans verschwunden. Dagegen hing am darauffolgenden Morgen das fein säuberlich abgenagte Gerippe der Gans am Glockenzug der Haustür und daran befestigt ein Zettel, auf dem das schöne Verslein stand:

Guten Morgen, Herr Schwager!
Gestern war ich fett und heut bin ich mager!

Ganz Wetzlar lachte, denn in einer kleinen Stadt sprechen sich derartige Vorkommnisse rasch herum. Ich nehme an, auch der Oberpfarrer lachte.

Wenn ich aber fleißig lernte und überall im Können mit an der Spitze stand, so stand ich auch an der Spitze der meisten losen Streiche, die nun einmal bei Jungen, die ein größeres Maß Bewegungsfreiheit haben, unausbleiblich, ja selbstverständlich sind. Das brachte mich in „sittlicher" Beziehung in einen üblen Ruf. Namentlich genoß ich diesen bei unserem Kantor, der das Departement des Äußeren zu vertreten hatte, das heißt, der all die bösen Streiche, die der Schule gemeldet wurden, an den Attentätern zu

August Bebel

1840—1913

Die Kasematte zu Deutz-Köln August Bebels Geburtsstätte

Religion und Tugend

Arbeitsamkeit und Fleiss.

Gott segne das ehrbare Handwerk!

Wanderbüchlein für das Mitglied des Kath: Gesellen-Vereins

August Bebel, Drechsler von Köln —

Aufgenommen zu Freiburg Großh. Baden am 20t Juni 1858 vom Präses Prof. Dr. A. Stolz unter Ausfertigung

Schriftführer

Eintracht und Liebe

Frohsinn und Scherz

Eine Seite aus dem Wanderbüchlein August Bebels
(1858)

Siehe auch Seite 28 ff.

bestrafen hatte. Wieso er, statt des Rektors, zu dieser Rolle kam, weiß ich nicht. Vielleicht, daß sein Dienstalter oder seine Körperfülle oder ein Gewohnheitsrecht ihn dazu prädestinierte. Auch wußte er mit unnachahmlicher Grazie und sehr wirksam den Bakel zu schwingen. Weniger schmerzte es, wenn er mit seinen kleinen fetten Händen uns rechts und links ins Gesicht fuhr, daß es nur so klatschte. Aber auch in einem solchen Moment konnte ich es nicht unterlassen, die kleinen fetten Hände zu bewundern.

Unsere Haupttummelplätze waren die nächste Umgebung des Domes, das alte Reichskammergerichtsgebäude, dessen große Räume jahrelang einem Gastwirt als Lagerplatz dienten, die große Burgruine Kalsmunt vor der Stadt, die Felsenpartien an der Garbenheimer Chaussee — der Ort Garbenheim besitzt ebenfalls Erinnerungen an Goethe* —, auf deren Felsplatten wir unsere „Festungen" errichteten, die alte Stadtmauer und vor allem die auf einem Hochplateau gelegene Garbenheimer Warte, von der aus wir im Herbst unsere Raubzüge in die Kartoffelfelder unternahmen, um Kartoffeln zum Braten zu holen. Eines Tages mußten wir dafür eine mehrstündige Belagerung durch eine Bauernfamilie aushalten, die wir aber siegreich abschlugen. Das war nur möglich, weil man in den Turm erst durch eine gewagte Kletterübung an dessen Außenseite gelangen konnte. Die Garbenheimer Warte ist mittlerweile in einen sogenannten Bismarckturm umgewandelt worden. Goethe wanderte auf seinen Spaziergängen nach oder von Garbenheim öfter über die Höhe, auf der die Warte steht, weil man von hier aus einen prächtigen Blick über das Lahntal hat.

Auch war das Obststrippen, wie wir es nannten, eine Lieblingsbeschäftigung im Sommer und Herbst, denn die Umgebung Wetzlars ist sehr obstreich. Die Lahn, ein ganz respektabler Fluß, gab im Sommer die gewünschte Badegelegenheit und im Winter die Möglichkeit zum Schlittschuhsport. Bei einer solchen Gelegenheit passierte es, daß mein Bruder hart neben mir in ein leicht zugefrorenes Loch einbrach und unzweifelhaft unter das Eis geraten und ertrunken wäre, breitete er nicht unwillkürlich die Arme aus, die ihn oben hielten. Ein Kamerad und ich zogen ihn aus dem Wasser und brachten ihn auf eine Felsplatte an der Garbenheimer Chaussee. Hier mußte er sich entkleiden, wir borgten ihm einzelne Kleidungsstücke von uns und wrangen seine Kleider aus, die wir in der ungewöhnlich warmen Februarsonne trockneten. Die Mutter erfuhr erst nach Monaten den Unfall ihres Zweiten, was nur dadurch ermöglicht wurde, daß wir unsere Kleider selbst reinigten, auch, so gut es ging, selbst flickten, um die Schäden dem Auge der Mutter zu verbergen.

Das Jahr darauf half ich einem meiner Vettern, der einige Jahre älter war als ich, bei ähnlicher Gelegenheit das Leben retten. Dieser, ein vorzüg-

* Im „Werther" Wahlheim genannt. Goethe war 1772 Rechtspraktikant am Reichskammergericht in Wetzlar. Nach Spaziergängen über den Lahnberg pflegte er unter den Linden des Dorfplatzes von Garbenheim zu sitzen.

licher Schlittschuhfahrer, kam eines Tages in sausender Fahrt die Lahn herunter und fuhr auf ein Wehr zu, wobei er infolge der spiegelblanken Eisfläche nicht sah, daß vor dem Wehr ein breiter Streifen offenes Wasser war. Voll Schrecken schrie ich ihm zu, umzukehren. Er gehorchte auch. Aber es war zu spät. Als er den Ausweichbogen beschrieb, brach er ein. Krampfhaft hielt er sich am Eis fest, sobald er aber den Versuch machte, ein Bein auf dasselbe zu bringen, brach es von neuem. Rasch riß ich jetzt einen langen gestrickten wollenen Schal, wie sie damals allgemein getragen wurden, vom Hals, nahm einen zweiten von einem neben mir stehenden Kameraden, knüpfte beide zusammen und warf das eine Ende meinem Vetter zu, das er glücklich erhaschte. Dann zogen wir ihn langsam auf festes Eis. Er war gerettet.

Mein schlimmer Ruf bei unserem Kantor war allmählich so fest begründet, daß er es als selbstverständlich voraussetzte, daß ich bei jeder Teufelei, die vorkam, beteiligt war. Versuchte ich einmal einen Kameraden vor ungerechter Strafe zu schützen, indem ich mich für diesen ins Mittel legte, so wurde ich ohne Gnade als Beteiligter angesehen und mitbestraft, auch wenn ich gänzlich unbeteiligt war. Später hat man mir in der Partei die Eigenschaft, um jeden Preis gerecht sein zu wollen, scherzweise als Gerechtigkeitsmeierei angekreidet. Oft genug hatte allerdings unser Kantor berechtigte Ursache, mit mir ins Gericht zu gehen. So, als ich eines Tages dem dunklen Triebe nach „Berühmtheit“ folgend, in die roten Standsteinstufen zum Eingang in den Dom in lapidaren Buchstaben meinen vollen Namen, Geburtsort und Geburtstag eingemeißelt hatte. Ein starker Nagel als Meißel und ein Stein als Hammer bildeten die Werkzeuge, die ich dazu benutzte. Natürlich wurde die böse Tat am nächsten Sonntag beim Kirchgang allseitig entdeckt, auch von dem Kantor. Endresultat: etwelche Ohrfeigen und dreimal über Mittag bleiben. Das bedeutete, daß ich vom Schluß der Schule am Vormittag bis zum Beginn derselben am Nachmittag im „Karzer“ zubringen mußte, also erst nach dem zweiten Schulschluß nach Hause kam und so mein Mittagessen einbüßte. Zum Glück aber hatte der Kantor eine weichmütige Tochter. Diese beobachtete mich an der Seite ihres Bräutigams, als ich am zweiten Mittag am Karzerfenster stand und philosophische Betrachtungen über die Freiheit der Spatzen anstellte, die auf dem Schulhof in Scharen lärmten. Von meinem Schicksal gerührt, erwirkte sie mir bei ihrem Vater sofort eine vollständige Amnestie und kam selbst, um mir die Freiheit anzukündigen und mich aus der Haft zu entlassen. Es war die erste und einzige Begnadigung, die mir in meinem Leben zuteil geworden ist. Hätte das Ewigweibliche öfter über mein Geschick zu entscheiden gehabt, ich glaube, ich wäre manchmal besser davongekommen.

Indes kam auch für mich der Tag der Erkenntnis, an dem ich mir sagte, jetzt mußt du doch anfangen, ein ordentlicher Kerl zu werden. Dieser Akt vollzog sich also. Der Sohn des Majors des in Wetzlar garnisonierenden

Jägerbataillons, Moritz v. G., war mein Kumpan bei vielen losen Streichen gewesen. Da kam das Schulexamen. Der einzige Mensch, der von der Bevölkerung demselben als Zuhörer beiwohnte, war Major v. G., ein Hüne an Gestalt. Die Prüfung war zu Ende, und es wurden die Zensuren verlesen. Merkwürdigerweise wurden diese ausschließlich auf das sittliche Verhalten hin erteilt. Alle Schüler der Klasse hatten bereits ihre Zensuren erhalten, nur Moritz v. G. und ich waren übrig. Wir allein erhielten die Zensur fünf, also die schlechteste, die es gab. Der Vater Major verzog keine Miene, aber ich habe Grund anzunehmen, daß es zu Hause für Moritz nicht glimpflich abging. Ich sah ihn seit jenem Tage nie wieder, er kam unmittelbar nach jenem Vorgang auf die Kadettenschule. In den neunziger Jahren erfuhr ich, daß er in K. eine hohe militärische Stellung bekleidete. Ihm hatte also seine böse Bubennatur sowenig geschadet wie mir. Von jener Stunde an wurde ich ordentlich, das heißt ich tat nichts mehr, was mir Strafen eintrug. So erhielt ich im nächsten Examen die Zensur drei und bei der folgenden und letzten Prüfung, an der ich teilnahm, die eins. Wäre es damals auf die Stimmung der Klasse angekommen, ich hätte auch eine der beiden zur Verteilung gelangten Prämien erhalten. Als der Rektor den Namen des zweiten Ausgezeichneten nennen wollte, rief die ganze Klasse meinen Namen. Der Rektor aber meinte, ich hätte mich zwar sehr gebessert, aber doch nicht in dem Maße, um mir eine Prämie zu geben. So trat ich prämienlos ins Leben.

*

Unsere materiellen Verhältnisse konnten sich in Wetzlar nicht bessern. Auf Pension konnte meine Mutter keinen Anspruch erheben. Die einzige Unterstützung, die sie später vom Staat erhielt, bestand in 15 Silbergroschen je Monat und Kopf von uns zwei Jungen. Diese waren ihr gewährt worden, weil sie trotz des Abratens ihres ersten Ehemannes uns beide als Kandidaten für das Militärwaisenhaus in Potsdam angemeldet hatte. Es war die Not, die sie dazu zwang; sie hatte zwar von ihrer mittlerweile verstorbenen Mutter fünf bis sechs Parzellen Land geerbt, die in den verschiedensten Gemarkungen um Wetzlar herum verstreut lagen. Und sie hatte, der Not gehorchend, auch mehrere davon bereits verkauft, um leben zu können. Aber dieser Verkauf fiel ihr herzlich schwer. Ihr ganzes Dichten und Trachten war darauf gerichtet, uns den noch vorhandenen Besitz zu erhalten, damit wir nicht gänzlich mittellos in der Welt stünden. Was eine Mutter für ihre Kinder opfern kann, habe ich an der eigenen erfahren. Einige Jahre lang hatte meine Mutter für ihren Schwager — einen Handschuhmacher — weiße Militärlederhandschuhe genäht, das Paar für 6 Kreuzer, ungefähr 20 Pfennig. Mehr als ein Paar am Tag konnte sie aber nicht fertigen. Dieser Verdienst war zum Leben zuwenig, zum Sterben zuviel. Aber auch diese Arbeit mußte sie nach einigen Jahren aufgeben, denn auch sie war mittlerweile von der Schwindsucht ergriffen worden, die ihr in den letzten Lebensjahren jede Arbeit unmöglich machte. Ich als Ältester mußte die Ordnung des kleinen Hauswesens, Stube und Kammer, übernehmen. Ich hatte Kaffee zu kochen, Stube und Kammer zu reinigen und sie samstäglich zu scheuern; ich mußte das Zinn- und Blechgeschirr putzen, unser Bett machen usw., eine Tätigkeit, die mir nachher als Handwerksbursche und als politischer Gefangener sehr zustatten kam. Da es meiner Mutter später aber auch unmöglich wurde zu kochen, ging jeder von uns beiden zu einer Tante zum Mittagessen, die sich zu diesem Liebesdienst bereit erklärte. Für die Mutter selbst holten wir abwechselnd bei verschiedenen bessersituierten Familien das bißchen Essen, dessen sie benötigte.

Um unsere Lage etwas zu verbessern, beschloß ich, als Kegeljunge tätig zu sein. Nach Schluß der Schule ging ich zum Kegelaufsetzen auf die Kegelbahn in einer Gartenwirtschaft. Von dort kam ich in der Regel erst abends gegen zehn Uhr nach Hause, am Sonntag weit später. Aber das fortgesetzte Bücken verursachte mir so heftige Rückenschmerzen, daß ich jeden Abend stöhnend nach Hause kam. Ich mußte diese Beschäftigung einstellen. Eine andere Beschäftigung, an der wir Jungen beide teilnahmen, war im Herbst das Kartoffelnlesen bei der Ernte auf den Äckern einer unserer Tanten. Es war, wenn es neblig, naß und kalt war, keine angenehme Beschäftigung, von früh sieben bis zum Dunkelwerden auf den Kartoffelfeldern zu arbeiten, aber es winkte uns als Lohn ein großer Sack Kartoffeln für den Winter, außerdem erhielten wir jeden Morgen, wenn wir mit aufs Feld gingen, zur Anregung ein großes Stück Zwetschgenkuchen, den wir beide leidenschaftlich liebten.

Als ich im dreizehnten und mein Bruder im zwölften Lebensjahr standen, kam vom Militärwaisenhaus die Nachricht, mein Bruder könne einrücken. Ich war auf Grund ärztlicher Untersuchung als körperlich zu schwach dazu erklärt worden. Jetzt sank aber meiner Mutter der Mut; sie fühlte ihr Ende nahen, und so glaubte sie es nicht verantworten zu können, daß mein Bruder für zwei Jahre Militärerziehung, nachher zu neun Jahren Militärdienst verpflichtet werde. „Wollt ihr Soldat werden, so geht später freiwillig, ich verantworte es nicht", äußerste sie zu uns.

Mein lebhaftes kindliches Interesse weckten die Bewegungsjahre 1848 und 1849. Die Mehrzahl der Wetzlarer Einwohner war entsprechend den Traditionen der Stadt republikanisch gesinnt. Diese Gesinnung übertrug sich auch auf die Schuljugend. Bei einer Disputation über unsere politischen Ansichten, wie sie unter Schuljungen vorzukommen pflegt, stellte sich heraus, daß nur ein Kamerad und ich monarchisch gesinnt waren. Dafür wurden wir beide mit einer Tracht Prügel bedacht. Wenn sich also meine politischen Gegner über meine „antipatriotische" Gesinnung entrüsteten, weil nach ihrer Meinung Monarchie und Vaterland ein und dasselbe sind, so ersehen sie aus der vermeldeten Tatsache, vielleicht zu ihrer Genugtuung, daß ich schon fürs Vaterland gelitten habe, als ihre Väter und Großväter noch in ihrer Mainblüte Unschuld zu den Antipatrioten gehörten. Im Rheinland war wenigstens zu jener Zeit der größere Teil der Bevölkerung republikanisch gesinnt.

Für meine Mutter brachte jene Zeit in ihr tägliches Einerlei insofern eine kurze Abwechslung, als, ich glaube bei dem Rückmarsch aus dem badischen Feldzug, das Bataillon des 25. Infanterieregiments, bei dem mein Vater gedient hatte, kurze Zeit in Wetzlar verblieb. In demselben standen noch eine Anzahl Unteroffiziere, die meine Mutter von früher kannten. Diese besuchten uns jetzt. Auf ihr Drängen ließ sich meine Mutter herbei, einen Mittagstisch für sie einzurichten. Profitiert hat sie wohl nichts. Ich hörte eines Tages, daß zwei der Gäste auf der Treppe beim Fortgehen sich unterhielten und das Essen sehr lobten, sich aber auch wunderten, daß meine Mutter für einen so billigen Preis liefern könne.

Sehr amüsant für uns Jungen waren die Bauernrevolten, die sich in jenen Jahren in Wetzlarer Kreisen abspielten. Die Bauern mußten damals noch allerlei aus der Feudalzeit übernommene Verpflichtungen erfüllen. Da alles für Freiheit und Gleichheit schwärmte, wollten sie jetzt diese Lasten auch los sein; sie rotteten sich also zu Tausenden zusammen und zogen nach Braunfels vor das Schloß des Fürsten von Solms-Braunfels. An der Spitze des Zuges wurde in der Regel eine große schwarzweiße Fahne getragen, zum Zeichen, daß man allenfalls preußisch, aber nicht braunfelsisch sein wolle. Ein Teil des Haufens trug Flinten verschiedenen Kalibers, die große Mehrzahl aber Sensen, Mist- und Heugabeln, Äxte usw. Hinter dem Zug, der sich mehrfach wiederholte und stets unblutig verlief, marschierte in der Regel die Wetzlarer Garnison, um den Fürsten zu schützen, wenn sie nicht schon vorher ausgerückt war. Über die Begegnung der Bauernführer mit dem Fürsten kursierten in Wetzlar sehr amüsante Erzählungen. Die Wetzlarer blieben noch lange in ihrer oppositionellen Stimmung. Als im Jahre 1849 oder 1850 der Prinz von Preußen, der spätere Kaiser Wilhelm I., in Begleitung des Generals von Hirschfeld, der damals das 8. rheinische Armeekorps kommandierte, auf seiner Inspektionsreise auch nach Wetzlar kam, wurde sein Wagen vor dem Tore mit Schmutz beworfen. Ein Verwandter von mir, der sich bei einer Gelegenheit zum Sturmläuten hatte fortreißen lassen, wurde mit drei Jahren Zuchthaus bestraft. Für die Bürgerwehr, die in den Bewegungsjahren auch in Wetzlar bestand, hatte ich nur ein Gefühl der Geringschätzung, obgleich mehrere meiner Verwandten zu ihr gehörten, und zwar wegen der mangelnden militärischen Haltung, mit der sie ihre Übungen vornahm. Mit der wiederkehrenden Reaktion verschwand sie.

*

Das Jahr 1853 machte meinen Bruder und mich zu Waisen. Anfang Juni starb meine Mutter. Sie sah ihrem Tode mit Heroismus entgegen. Als sie am Nachmittag ihres Todestages ihr letztes Stündlein herannahen fühlte, beauftragte sie uns, ihre Schwestern zu rufen. Einen Grund dafür gab sie nicht an. Als die Schwestern kamen, wurden wir aus der Stube geschickt. In trübseliger Stimmung saßen wir stundenlang auf der Treppe und warteten, was kommen werde. Endlich, gegen sieben Uhr, traten die Schwestern aus der Stube und teilten uns mit, daß soeben unsere Mutter gestorben sei. Noch an demselben Abend mußten wir unsere Habseligkeiten packen und den Tanten folgen, ohne daß wir die tote Mutter noch zu sehen bekamen. Die Ärmste hatte wenig gute Tage in ihrem Ehe- und Witwenleben gesehen. Und doch war sie immer heiter und guten Mutes. Ihr starben binnen drei Jahren zwei Ehemänner, außerdem zwei Kinder, außer meinem jüngsten Bruder eine Schwester, die vor mir geboren worden war, die ich aber nicht gekannt habe. Mit uns zwei Brüdern hatte sie wiederholt schwere Krankheitsfälle durchzumachen. Ich erkrankte 1848 am Nervenfieber und schwebte mehrere Wochen zwischen Leben und Tod. Einige Jahre danach erkrankte ich an der sogenannten freiwilligen Hinke*, kam aber mit graden Gliedern davon. Mein Bruder stürzte, neun Jahre alt, beim Spiel in einer Scheune von der obersten Leiterstufe auf die Tenne hinab und trug eine schwere Kopfwunde und eine Gehirnerschütterung davon. Auch er entging nur mit genauer Not dem Tode. Meine Mutter selbst litt mindestens sieben Jahre an der Schwindsucht. Mehr Trübsal und Sorge konnten kaum einer Mutter beschieden sein.

Ich kam jetzt zu einer Tante, die eine Wassermühle in Wetzlar in Erbpacht hatte, mein Bruder kam zu einer anderen Tante, deren Mann Bäcker war. Ich mußte jetzt fleißig in der Mühle zugreifen. Besonderes Vergnügen machte es mir, mit den beiden Eseln, die wir besaßen, Mehl aufs Land zu den Bauern zu transportieren und Getreide von ihnen in Empfang zu nehmen. Am liebsten aber war mir, wenn ich nur wenig Getreide zum Rücktransport erhielt, dann konnte ich auf einem der Esel nach der Stadt reiten. Das ließ sich auch unser Schwarzer, der ein geduldiges Tier war, gefallen, aber unser Grauer, der jung und feurig war, dachte anders. Er besaß offenbar so etwas wie Standesbewußtsein, denn außer der gewohnten Last litt er keine fremde auf seinem Rücken. Als ich aber doch eines Tages auf seinem Rücken Platz genommen hatte, setzte er sich sofort in Trab, steckte den Kopf zwischen die Vorderbeine und schlug mit den Hinterbeinen nach Kräften aus. Ehe ich michs versah, flog ich in einem eleganten Bogen in den Straßengraben. Glücklicherweise ohne mich zu verletzen. Er hatte seinen Zweck erreicht, ich ließ ihn fortan in Ruhe.

Außer den beiden Eseln besaß meine Tante ein Pferd, mehrere Kühe, eine Anzahl Schweine und mehrere Dutzend Hühner. Und da sie auch Landwirtschaft betrieb, fehlte es nicht an Arbeit, obgleich neben ihrem Sohn ein Müllerknecht — wie damals die Gesellen genannt wurden — und eine

* Beinleiden.

Magd beschäftigt wurden. Hatte der Knecht keine Zeit, so mußte ich Pferd und Esel putzen und manchmal auch das Pferd in die Schwemme reiten. Die Sorge für den Hühnerhof war mir ganz überlassen. Ich mußte die Fütterung der Hühner besorgen, die Eier aus den Nestern nehmen oder wohin sonst diese gelegt worden waren und den Stall reinigen. Bei diesen Beschäftigungen kam Ostern 1854 heran. Es folgte meine Entlassung aus der Schule, ein Ereignis, dem ich keineswegs freudig entgegensah. Am liebsten wäre ich in der Schule geblieben.

Lehr- und Wanderjahre 1854 bis 1860

„Was willst du denn werden?“ Das war die Frage, die jetzt mein Vormund, ein Onkel von mir, an mich stellte. „Ich möchte das Bergfach studieren!“ — „Hast du denn zum Studieren Geld?“ Mit dieser Frage war meine Illusion zu Ende.

Daß ich das Bergfach studieren wollte, war dadurch veranlaßt, daß, nachdem im Anfang der fünfziger Jahre die Lahn bis Wetzlar schiffbar gemacht worden war, in der Wetzlarer Gegend der Eisenerzabbau einen großen Aufschwung genommen hatte. Bis dahin hatten Haufen Eisenerze fast wertlos vor den Stollen gelegen, weil die hohen Transportkosten die Ausnutzung der Erze wenig rentabel machten. Da aus dem Bergstudium nichts werden konnte, entschloß ich mich, Drechsler zu werden. Das Angebot eines Klempnermeisters, bei ihm in die Lehre zu treten, lehnte ich ab, der Mann war mir unsympathisch, außerdem stand er im Rufe eines Trinkers. Drechsler wurde ich aus dem einfachen Grunde, weil ich annehmen durfte, daß der Mann einer Freundin meiner Mutter, der Drechslermeister war, und der in der Stadt den Ruf eines tüchtigen Mannes genoß, bereit sein werde, mich in die Lehre zu nehmen. Dies geschah auch. Die Begründung, mit der er meine Anfrage bejahte, war wunderlich genug. Er äußerte, seine Frau habe ihm erzählt, ich hätte mein religiöses Examen bei der Konfirmation in der Kirche sehr gut bestanden, er nehme also an, ich sei auch sonst ein brauchbarer Kerl. Nun war ich sicher kein dummer Kerl, aber ich müßte die Unwahrheit sagen, wollte ich behaupten, ich sei in der Drechslerei ein Künstler geworden. Es gab solche, und mein Meister gehörte zu ihnen, aber ich habe es trotz aller Mühe nicht über die Mittelmäßigkeit gebracht, was nicht verhinderte, daß ich drei Jahre später, am Ende meiner Lehrzeit, für mein Gesellenstück die erste Zensur bekam.

Meine physische Leistungsfähigkeit wurde durch meine körperliche Schwäche beeinträchtigt. Ich war ein ungemein schwächlicher Junge, wozu wohl auch mangelhafte Ernährung beitrug. So bestand unser Abendessen viele Jahre täglich nur in einem mäßig großen Stück Brot, das mit Butter oder Obstmus dünn bestrichen war. Beschwerten wir uns, und wir klagten täglich, daß wir noch Hunger hätten, so gab die Mutter regelmäßig zur Antwort: Man muß manchmal den Sack zumachen, auch wenn er noch nicht voll ist. Der Knüppel lag eben beim Hund. Unter sotanen [so beschaffenen] Umständen war es erklärlich, daß wir uns heimlich ein Stück Brot abschnitten, wenn wir konnten. Aber das entdeckte meine Mutter sofort, und die Strafe blieb nicht aus. Eines Tages hatte ich wieder dieses Verbrechen begangen. Trotz aller Mühe, die ich mir gegeben hatte, den glatten Schnitt der Mutter nachzuahmen, wurde am Abend die Tat von ihr entdeckt. Ihr Verdacht fiel, ich weiß nicht warum, auf meinen Bruder, der sofort mit der breiten Stelle eines langen Bürolineals, das aus der Väter Nachlaß stammte, ein paar Schläge erhielt. Mein Bruder protestierte, er sei nicht der Täter gewesen. Das sah aber meine Mutter als Lüge an, und so bekam er eine zweite Portion. Jetzt wollte ich mich als Täter melden, aber da fiel mir ein, daß das töricht wäre; mein Bruder hatte die Schläge weg, und ich hätte wahrscheinlich noch mehr als er bekommen. Damit tröstete ich auch meinen Bruder, als dieser nachher mir Vorwürfe machte, daß ich mich nicht als Täter gemeldet hatte. Es ist begreiflich, wenn es jahrelang mein Ideal war, mich einmal an Butterbrot tüchtig sattessen zu können.

Meister und Meisterin waren sehr ordentliche und angesehene Leute. Ich hatte ganze Verpflegung im Hause, das Essen war auch gut, nur nicht allzu reichlich. Meine Lehre war eine strenge und die Arbeit lang. Morgens fünf Uhr begann dieselbe und währte bis abends sieben Uhr ohne eine Pause. Aus der Drehbank ging es zum Essen und vom Essen in die Bank. Sobald ich morgens aufgestanden war, mußte ich der Meisterin viermal je zwei Eimer Wasser von dem fünf Minuten entfernten Brunnen holen, eine Arbeit, für die ich wöchentlich 4 Kreuzer gleich 14 Pfennig bekam. Das war das Taschengeld, das ich während der Lehrzeit besaß. Ausgehen durfte ich selten, in der Woche abends fast gar nicht und nicht ohne besondere Erlaubnis. Ebenso wurde es am Sonntag gehalten, an dem unser Hauptverkaufstag war, weil dann die Landleute zur Stadt kamen und ihre Einkäufe an Tabakpfeifen usw. machten und Reparaturen vornehmen ließen. Gegen Abend oder am Abend durfte ich dann zwei oder drei Stunden ausgehen. Ich war in dieser Beziehung wohl der am strengsten gehaltene Lehrling in ganz Wetzlar, und oftmals weinte ich vor Zorn, wenn ich an schönen Sonntagen sah, wie die Freunde und Kameraden spazierengingen, während ich im Laden stehen und auf Kundschaft warten und den Bauern ihre schmutzigen Pfeifen säubern mußte. Nur am Sonntagvormittag, nachdem ich die Sonntagsschule nicht mehr besuchte, wurde mir gestattet, zur Kirche zu gehen. Dafür schwärmte ich aber nicht. Ich benützte also die Gelegenheit, die Kirche zu schwänzen. Um aber sicherzugehen und nicht überrumpelt zu werden, erkundigte ich mich stets erst, welches Lied gesungen werde und welcher Pfarrer predigte. Eines Sonntags aber ereilte mich mein Geschick. Beim Abendessen fragte der Meister, ob ich in der Kirche gewesen sei. Dreist antwortete ich: Ja! Er fragte weiter, was für ein Lied gesungen worden sei? Ich gab die Nummer an, entdeckte aber zu meinem Schrecken, daß die beiden Töchter, die mit am Tische saßen, kaum das Lachen verbeißen konnten. Als ich nun auf die dritte Frage: wer von den Pfarrern predigte denn? auch eine falsche Antwort gab, schlugen diese eine laute Lache auf. Ich war hereingefallen. Ich war zu früh an die Kirchtüre gegangen, noch ehe der Küster die neue Liedernummer aufgesteckt hatte, und in bezug auf den Namen des Pfarrers war ich falsch berichtet worden. Der Meister meinte trocken: es scheine, daß ich mir aus dem Kirchenbesuch nichts machte, ich möchte also künftig zu Hause bleiben. So war ein schönes Stück Freiheit verloren. Ich warf mich nun mit um so größerem Eifer auf das Lesen von Büchern, die ich ohne Wahl las, natürlich meistenteils Romane. Ich hatte schon in der Schule meine Vorzugsstellung gegen Kameraden, denen ich beim Lösen der Aufgaben half oder ihnen das Abschreiben derselben erlaubte, dazu benutzt, sie zu veranlassen, mir zur Belohnung Bücher, die sie hatten, zu leihen. Dadurch kam ich zum Beispiel zum Lesen von Robinson Crusoe und Onkel Toms Hütte. Jetzt verwandte ich meine paar Pfennige, um Bücher aus der Leihbibliothek zu holen. Einer meiner Lieblingsschriftsteller war Hackländer, dessen Soldatenleben im Frieden dazu beitrug, meine Begeisterung für das Militärwesen etwas zu dämpfen. Weiter las ich Walter Scott, die historischen Romane von Ferdinand Stolle, Luise Mühlbach usw. Aus der Väter Nachlaß hatten wir einige Geschichtsbücher gerettet. So ein Buch, das einen ganz vortrefflichen Abriß über die Geschichte Griechenlands und Roms enthielt. Den Verfasser habe ich vergessen. Ferner einige Bücher über preußische Geschichte, natürlich offiziell geeicht, deren Inhalt ich so im Kopfe hatte, daß ich alle Daten in bezug auf brandenburgisch-preußische Fürsten, berühmte Generale, Schlachttage usw. am Schnürchen hersagen konnte.

Schmerzlich wartete ich auf das Ende der Lehrzeit, ich hatte Sehnsucht, die ganze Welt zu durchstürmen. Aber so schnell, wie ich wünschte, ging es nicht. An demselben Tage, an dem meine Lehrzeit beendet war, starb mein Meister, und zwar ebenfalls an der Schwindsucht, die damals in Wetzlar förmlich grassierte. So kam ich in die seltsame Lage, an demselben Tage, an dem ich Geselle geworden war, auch Geschäftsführer zu werden. Ein anderer Geselle war nicht vorhanden, ein Sohn, der das Geschäft hätte fortführen können, fehlte; so entschloß sich die Meisterin, allmählich auszuverkaufen und das Geschäft aufzugeben. Für die Meisterin, die eine auffallend hübsche und für ihr Alter ungewöhnlich rüstige Frau war, die mich stets gut behandelte, wäre ich durchs Feuer gegangen. Ich zeigte ihr jetzt meine Hingabe dadurch, daß ich über meine Kräfte arbeitete. Von Mai bis in den August stand ich mit der Sonne auf und arbeitete bis abends neun Uhr und später. Ende Januar 1858 war das Geschäft liquidiert, und ich rüstete mich zur Wanderschaft. Als ich mich von der Meisterin verabschiedete, gab sie mir außer dem fälligen Lohn, der je Woche 15 Silbergroschen betrug, noch einen Taler Reisegeld. Am 1. Februar trat ich die Reise zu Fuß bei heftigem Schneetreiben an. Mein Bruder, der das Tischlerhandwerk erlernte, begleitete mich ungefähr eine Stunde Weges. Als wir uns verabschiedeten, brach er in heftiges Weinen aus, eine Gefühlsregung, die ich nie an ihm beobachtet hatte. Ich sollte ihn zum letzten Male gesehen haben. Im Sommer 1859 erhielt ich die Nachricht, daß er binnen drei Tagen einem heftigen Gelenkrheumatismus erlegen sei. So war ich der Letzte von der Familie.

Mein nächstes Ziel war Frankfurt am Main. Von Langgöns aus benutzte ich die Bahn und kam so noch am Abend des gleichen Tages in Frankfurt an, wo ich in der Herberge zum Prinz Karl einkehrte. Arbeit wollte ich noch nicht nehmen, so fuhr ich zwei Tage später mit der Bahn nach Heidelberg. Der Zug, auf dem ich fuhr, hatte statt Glasfenster Vorhänge aus Barchent, die zugezogen werden konnten. Damals bestand noch der Paßzwang, das heißt, es bestand für die Handwerksburschen die Verpflichtung, ein Wanderbuch zu führen, in das die Strecken, die sie durchwandern wollten, polizeilich eingetragen — visiert — wurden. Wer kein Visum hatte, wurde bestraft. In vielen Städten, darunter auch in Heidelberg, bestand weiter zu jener Zeit die Vorschrift, daß die Handwerksburschen morgens zwischen acht und neun Uhr auf das Polizeiamt kommen mußten, um sich ärztlich namentlich auf ansteckende Hautkrankheiten untersuchen zu lassen. Wer die Stunde für die Visitation übersah, mußte mit der Abreise bis zum nächsten Tage warten, er bekam kein Visum. So erging es mir, weil ich die Vorschrift nicht kannte und auf das Polizeiamt zu spät kam.

Von Heidelberg wanderte ich zu Fuß nach Mannheim und von dort nach Speyer, woselbst ich Arbeit fand. Die Behandlung war gut und das Essen ebenfalls reichlich, schlafen mußte ich dagegen in der Werkstatt, in der in einer Ecke ein Bett aufgeschlagen war. Das geschah mir später auch in Freiburg i. B. In jener Zeit bestand im Handwerk noch allgemein die Sitte, daß die Gesellen beim Meister in Kost und Wohnung waren, und diese letztere war häufig erbärmlich. Der Lohn war auch niedrig, er betrug in Speyer je Woche 1 Gulden 6 Kreuzer, etwa 2 Mark. Als ich mich darüber beklagte, meinte der Meister, er habe in seiner ersten Arbeitsstelle in der Fremde auch nicht mehr erhalten. Das mochte fünfzehn Jahre früher gewesen sein.

Eines Sonntags ließ ich mich in der Brauerei zum Storchen verleiten, ein Kartenspiel zu machen. Ich verlor, da ich nichts vom Spiel verstand, in kurzer Zeit 18 Kreuzer, mehr als ein Viertel meines Wochenlohnes. Darüber geriet ich in große Aufregung und schwor, nie mehr um Geld zu spielen. Meinen Schwur habe ich gehalten.

Sobald das Frühjahr kam, litt es mich nicht mehr in der Werkstätte. Anfang April ging ich wieder auf die Walze, wie der Kunstausdruck für das Wandern lautet. Ich marschierte durch die Pfalz über Landau nach Germersheim und über den Rhein zurück nach Karlsruhe und landaufwärts über Baden-Baden, Offenburg, Lahr nach Freiburg i. B., woselbst ich wieder Arbeit nahm. In jenem Frühjahr war die Nachfrage nach Schneidergehilfen ungemein stark; und da ich sehr flott marschierte und im Äußeren der Vorstellung, die man sich von einem Schneidergesellen machte, durchaus entsprach, wurde ich auf dieser Reise öfter schon vor den Toren der Städte von Schneidermeistern angesprochen, die in mir ein Objekt für ihre Ausbeutung zu sehen glaubten. Mehrere wollten nicht glauben, daß ich kein Schneider sei, andere wieder entschuldigten sich, daß sie mich für einen solchen gehalten, „weil ich ganz wie ein Schneider aussähe".

In Freiburg i. B. verlebte ich einen sehr angenehmen Sommer. Freiburg ist nach seiner Lage eine der schönsten Städte Deutschlands; seine Wälder sind bezaubernd, der Schloßberg ist ein herrliches Stückchen Erde, und zu Ausflügen in die Umgebung locken Dutzende prächtig gelegener Orte. Aber was mir fehlte, war entsprechender Anschluß an gleichgesinnte junge Leute. Ein Zusammenhang mit Fachgenossen bestand zu jener Zeit nicht, und in meiner Werkstatt war ich der einzige Gehilfe. Die Zunft war aufgehoben und neue Gewerkschaftsorganisationen gab es noch nicht. Politische Vereine, denen man als Arbeiter hätte beitreten können, existierten ebenfalls nicht. Noch herrschte überall in Deutschland die Reaktion. Für reine Vergnügungsvereine hatte ich aber keinen Sinn und auch kein Geld. Da hörte ich von der Existenz des katholischen Gesellenvereins, der am Karlsplatz sein eigenes Vereinshaus hatte. Nachdem ich mich vergewissert, daß auch Andersgläubige Aufnahme fanden, trat ich, obgleich ich damals Protestant war, demselben bei.

Während meines Aufenthalts in Süddeutschland und in Österreich habe ich in Freiburg und Salzburg dem katholischen Gesellenverein als Mitglied angehört und habe es nicht bereut. Der Kulturkampf bestand zum Glück zu jener Zeit noch nicht. In diesen Vereinen herrschte daher auch damals gegen Andersgläubige volle Toleranz. Der Präses des Vereins war stets ein Pfarrer. Der Präses des Freiburger Vereins war der später im Kulturkampf sehr bekanntgewordene Professor Alban Stolz. Die Mitgliedschaft wurde durch den von den Mitgliedern gewählten Altgesellen repräsentiert, der nach dem Präses die wichtigste Person war. Es wurden zeitweilig Vorträge gehalten und Unterricht in verschiedenen Fächern erteilt, so zum Beispiel im Französischen. Die Vereine waren also eine Art Bildungsvereine; wie diese Gesellenvereine später sich gestaltet haben, darüber vermag ich nichts zu sagen. In dem Vereinszimmer fand man eine Anzahl allerdings nur katholischer Zeitungen, aus denen man aber doch erfahren konnte, was in der Welt vorging. Das war für mich, der schon am Ende der Schuljahre und nachher in den Lehrjahren, als der Krimkrieg entbrannt war, sich lebhaft um Politik bekümmerte, eine Hauptsache.

Auch das Bedürfnis nach Umgang mit gleichalterigen und strebsamen jungen Leuten fand hier seine Befriedigung. Ein eigenartiges Element im Verein waren die Kapläne, die, jung und lebenslustig, froh waren, daß sie gleichalterigen Elementen sich anschließen konnten. Ich habe einige Male mit solchen jungen Kaplänen die vergnügtesten Abende verlebt. Einen solchen Abend verbrachte ich unter anderen in München, indem ich das Gesellenvereinshaus auf der Rückreise von Salzburg besuchte und darin wohnte, und zwar Anfang März 1860. Verließ das Gesellenvereinsmitglied den Ort, so bekam es ein Wanderbuch mit, das ihn in den Gesellenvereinen und bei den Pfarrherren, falls es bei diesen um Unterstützung vorsprechen wollte, legitimierte. Ich bin noch heute Besitzer eines solchen Buches, in dem auf der ersten Seite der heilige Josef mit dem Christkindlein auf dem Arme abgebildet ist. Der heilige Josef ist der Schutzpatron der Gesellenvereine. Den Gründer der Vereine, Pfarrer Kolping, damals in Köln, der, irre ich nicht, selbst in seiner Jugend Schuhmachergeselle war*, lernte ich in Freiburg im Breisgau kennen, woselbst er eines Tages einen Vortrag hielt.

Im September 1858 drängte es mich, weiterzuwandern. Ich verließ Freiburg und marschierte bei herrlichstem Wetter durch das Höllental über den Schwarzwald nach Neustadt, Donaueschingen und Schaffhausen. Ein wunderbarer Anblick war es in jenen Tagen, schon am Nachmittag am Firmament einen gewaltigen Kometen — den Donatischen — zu beobachten, der in seltenem Glanze strahlte und einen Schweif von ungewöhnlicher Länge besaß. Zu jener Zeit stand der Schwarzwald noch in seiner ganzen Pracht und Herrlichkeit. Jahrzehnte später haben die Axt und die Säge große Strecken des prächtigsten Waldes gefällt und gelichtet. Die moderne Entwicklung forderte es. In der Schweiz durfte ich nicht bleiben. Der Aufenthalt in der Schweiz war damals den preußischen Handwerksburschen von ihrer Regierung verboten...

So wanderte ich auf der Schweizer Seite nach Konstanz, fuhr zu Schiff über den Bodensee nach Friedrichshafen, wobei ich infolge eines Sturzes seekrank wurde. Von Friedrichshafen ging der Marsch zu Fuß über Ravensburg, Biberach, Ulm, Augsburg nach München. In Württemberg bestand zu jener Zeit in den Städten die Einrichtung, daß die reisenden Handwerksburschen ein sogenanntes Stadtgeschenk in Empfang nehmen konnten, das in der Regel sechs Kreuzer betrug, um sie vom Fechten abzuhalten. Ich habe dieses Geschenk überall gewissenhaft kassiert. Von Ulm aus schloß sich mir ein stämmiger Tiroler an, der wie ein Fleischer aussah, aber ein Schneider war. Statt des „Berliners“ (ein mit Wachstuch überzogenes Bündel, das in der Regel die Form einer Riesenwurst hatte, mit den notwendigsten Habseligkeiten angefüllt) trug er einen Militärtornister auf dem Rücken, was ihm, da er auch eine leinene Bluse anhatte, ein seltsames Aussehen gab. Da unser Geld knapp war und Fechten zu keiner Zeit als Schande für einen Handwerksburschen galt, klopften wir ziemlich häufig die Dörfer ab, die wir passierten. Eines Mittags hatten wir wieder in einem Dorfe einen strategischen Plan entworfen. „Du nimmst die rechte Seite, ich die linke!“ hieß es. Als ich in ein Haus kam und ansprach, erhielt ich von

* Adolf Kolping war tatsächlich in seiner Jugend Schuhmacher. D. Hrsg.

der Tochter mit dem Geschenk zugleich die Warnung, mich in acht zu nehmen, der Gendarm sei in der Nähe. Das ließ ich mir gesagt sein. Als ich aber draußen vor dem Dorfe ein stattliches Haus stehen sah, allerdings auf der anderen Seite, das aber das Aussehen hatte, als könnten seine Bewohner zwei Handwerksburschen unterstützen, konnte ich der Versuchung nicht widerstehen und marschierte darauf los. Glücklicherweise betrachtete ich mir das Haus nochmals von außen, ehe ich die sechs oder sieben Stufen hinaufstieg, und da entdeckte ich zu meiner Überraschung über der Tür ein Schild mit dem Inhalt: Königlich bayrische Gendarmeriestation. Hier ging ich mit Andacht vorbei und legte mich im herrlichsten Sonnenschein außerhalb des Dorfes auf eine Wiese, um meinen Reisegenossen zu erwarten. Dieser kam endlich angetrabt und marschierte direkt auf das Haus los, das ja auf der ihm zugeteilten Seite lag. Ohne es von außen anzusehen, stieg er die Treppe hinauf und ging hinein. Ich gestehe, daß ich in diesem Augenblick von einem Lachkrampf befallen wurde. Nach einigen Sekunden kam der Tiroler zum Hause herausgeschossen, sprang mit einem mächtigen Satze über sämtliche Treppenstufen und rannte, was ihn seine Beine tragen konnten, davon. Als ich ihn lachend fragte, was denn passiert sei, erzählte er: er sei direkt nach der Kuchel (Küche) gegangen, aus der es sehr gut gerochen habe; dort aber habe ein Gendarm in Hemdsärmeln gestanden und ihn angeschnauzt, was er wolle. Er habe natürlich die Lage sofort erkannt und sei spornstreichs zum Hause hinaus...

In München war ich am Tage nach Schluß der 700jährigen Feier der Gründung der Stadt angekommen, eine Feier, die eine ganze Woche gewährt hatte und an die sich unmittelbar das Oktoberfest anschloß. Die Bevölkerung war noch in dulci jubilo, und auf der Herberge in der Rosengasse, auf der zu jener Zeit noch stark zünftlerische Sitten herrschten, ging es hoch her. Ich wurde freundlich begrüßt und blieb eine volle Woche in München, wo es mir ausnehmend gut gefiel. Aber so sehr ich und meine Kollegen sich bemühten, mir Arbeit zu verschaffen, es war vergeblich. Alle Stellen waren besetzt. Keiner wich. So entschloß ich mich, nach Regensburg zu wandern. Mit noch einem Reisegefährten, der ebenfalls nach dort wollte, begab ich mich an die Isar, um zu sehen, ob wir mit einem Floß bis Landshut fahren könnten. Man hatte uns gesagt, daß, wenn wir uns auf dem Floß zum Rudern bereit erklärten, wir gratis mitfahren könnten und auch Verpflegung erhielten. Das erste war richtig, das zweite nicht. Die Isar war um jene Zeit wasserarm und hatte zahlreiche Krümmungen. Mein Reisegefährte — ein Trierer —, der vorne steuerte und ich hinten, machte überdies seine Sache sehr ungeschickt, und so fuhren wir einige Mal auf den Sand, was den Flößer in Zorn versetzte, wobei es Schimpfworte regnete. Während einer Ablösung ließ ich mich mit den Passagieren, Bauersleuten und einem Pfarrer, in ein politisches Gespräch ein, das von meiner Seite so hitzig geführt wurde, daß der Flößer drohte, „den verdammten Preiß“

in die Isar zu werfen, wenn er nicht aufhöre, zu disputieren. Ich schwieg, denn mit dem Wasser der Isar im Oktober Bekanntschaft zu machen, hatte ich keine Lust. Als wir in Mosburg, einige Stunden vor Landshut, gegen Abend landeten, schlugen wir uns seitwärts in die Büsche. Wir hatten von der Fahrt genug.

In einem Dorfwirtshaus, das wir bei dunkler Nacht — empfangen von wütendem Hundegebell — erreichten, fanden wir Nachtquartier. Alle Räume waren überfüllt mit Leuten, die am nächsten Morgen zum Jahrmarkt in Landshut wollten. Wir mußten in der Scheune schlafen, in der bereits einige Dutzend Männlein und Weiblein durcheinanderliegend Platz gefunden hatten. Kaum lagen wir friedlich im Halbschlummer, als wir durch Lärm geweckt wurden. Eine der Frauen, die bereits im Stroh lag, war Zeugin, wie ihr Mann der Magd, die ihn mit einer Laterne in der Hand zum Nachtquartier in die Scheune geleitete, mit einigen derben Zärtlichkeiten dankte. Darauf hielt sie ihm eine Strafpredigt im echtesten Bayerisch, die alle Schläfer aufscheuchte und großes Gelächter hervorrief.

Morgens, es war noch pechfinster, drückten wir uns aus der Scheune, da uns in unseren dünnen Kleidern jämmerlich fror, was aber daran lag, daß wir beide uns oben auf einem Heuhaufen gelagert hatten und während der Nacht auf entgegengesetzten Seiten heruntergerutscht waren. Nachdem wir am Brunnen auf dem Hofe Toilette gemacht hatten, wanderten wir weiter Zunächst nach Landshut, von dort über Eckmühl, bekannt durch die Schlacht, in der im Jahre 1809 Napoleon über die Österreicher siegte, nach Regensburg. In Regensburg fand ich mit einem gleichfalls zugereisten Kollegen aus Breslau in der gleichen Werkstatt Arbeit. Man hatte mir auf der Herberge abgeraten, sie anzunehmen, der Meister sei in ganz Bayern als der größte Grobian bekannt, was sicher viel heißen wollte. Ich ließ mich aber nicht abschrecken.

In Regensburg erlebte ich nicht viel Bemerkenswertes. Im Kreise der Fachgenossen, in dem ich verkehrte, war mit Ausnahme des Breslauers keiner, der höhere geistige Bedürfnisse hatte. Wer am meisten trank, war der Gefeiertste; es gab Kollegen, die Sonntag und Montag ihren ganzen Wochenlohn vertranken. So gingen wir beide die meisten Sonntagabende ins Theater, in dem wir natürlich auf den Olymp stiegen, auf dem der Platz neun Kreuzer kostete. Eines Tages wollten wir aber auch in der Woche uns ein bestimmtes Stück ansehen. Das war aber undurchführbar, weil der Schluß unserer Arbeitszeit mit dem Beginn des Theaters zusammenfiel. Wir gaben also unserer Köchin gute Worte, das Abendessen eine halbe Stunde früher anzurichten, wir würden die Uhr in der Stube entsprechend vorrücken. Damals gab es in Süddeutschland und Österreich bei den Meistern stets warmes Abendessen. Nach dem Essen kleideten wir uns rasch um und stürmten nach dem Theater. Aber in demselben Augenblick, in dem wir von der einen Seite in dasselbe eintraten, kam von der anderen Seite der Meister mit seiner Frau, und in demselben Augenblick schlug auch die Uhr auf einer benachbarten Kirche sieben. Jetzt wäre erst unsere Arbeitszeit zu Ende gewesen. Wir waren verraten. Merkwürdigerweise sagte der Meister am nächsten Tage zu uns kein Wort, aber zur Köchin äußerte er: „Hören Sie, Kathi, nehmen Sie sich vor den Preißen in acht, die haben gestern abend die Uhr um eine halbe Stunde vorgerückt.“...

Der Winter von 1858 auf 1859 war ein sehr langer und strenger. Hohe Kälte setzte bereits Mitte November ein. Ein Streit mit dem Meister veranlaßte mich, schon am 1. Februar, trotz Kälte und Schnee, auf die Reise zu gehen. Der Breslauer schloß sich mir an. Wir maschierten zunächst nach München, woselbst wir abermals vergeblich um Arbeit anklopften. Nunmehr marschierten wir weiter über Rosenheim nach Kufstein. Der Eintritt nach Österreich machte uns Kopfzerbrechen. Damals wurde an der Grenze von jedem Handwerksburschen, der nach Österreich wollte, der Nachweis von fünf Gulden Reisegeld verlangt. Dieses hatten wir aber nicht. So verfielen wir auf die Idee, von der letzten bayerischen Station die Bahn nach Kufstein zu benützen. Um möglichst als Gentlemen auszusehen, putzten wir extrafein unsere Stiefel und Kleider und steckten einen weißen Kragen auf. Unsere List hatte den gewünschten Erfolg. Unser sauberes Aussehen und die Tatsache, daß wir mit Bahn ankamen, täuschte die Grenzbeamten; sie ließen uns unbeanstandet passieren.

Bei starker Kälte und meterhohem Schnee ging die Reise zu Fuß durch Tirol. Die Kälte und der Schnee trieben die Gemsen aus dem Gebirge herab, deren Lockrufe wir auf dem Marsch in der Abenddämmerung hörten. Sehr verwundert waren wir, beim Fechten reichlich Geld zu erhalten, und zwar Kupferstücke in der Größe unserer heutigen Zweimarkstücke. Als wir am ersten Abend in das Gasthaus traten, trugen wir schwer an der Last der erfochtenen Münzen. Als wir aber am nächsten Morgen unsere kleine Rechnung beglichen, mußten wir den halben Wirtstisch mit diesen Kupfermünzen bedecken. Es stellte sich heraus, daß dieselben in wenigen Wochen wertlos wurden, weil die österreichische Regierung neue Münzen herausgegeben hatte. So löste sich das Rätsel von der großen Freigebigkeit; man war froh, das wertlos werdende Geld los zu sein.

Endlich marschierten wir nach einer Reihe von Tagen über Reichenhall direkt nach Salzburg, das wir an einem Nachmittag bei wundervollem Sonnenschein erreichten. Wir standen wie gebannt, als wir bei dem Marsch um einen niederen Gebirgsrücken (den Mönchsberg) die Stadt mit ihren vielen Kirchen und der italienischen Bauart, überragt von der Feste Salzburg, vor uns liegen sahen.

Was mir im späteren Leben als ein Rätsel erschien war, daß ich von all den Märschen, bei denen ich oft bis auf die Haut durchnäßt wurde und jämmerlich fror, nie eine ernste Krankheit davontrug. Meine Kleidung war keineswegs solchen Strapazen angepaßt, wollene Unterwäsche oder ein

Der Drechslermeister Bebel (1870)

Jean Baptist von Schweitzer

1833 – 1875

Überrock war unbekannter Luxus, und ein Regenschirm wäre für einen wandernden Handwerksburschen ein Gegenstand des Spottes und Hohnes geworden. Oft bin ich morgens in die noch feuchten Kleider geschlüpft, die am Tage vorher durchnäßt worden waren und am nächsten Tage das gleiche Schicksal erfuhren. Jugend überwindet viel.

In Salzburg fand ich Arbeit, wohingegen mein Reisegefährte, nachdem ich ihm mit dem Rest meines Geldes nach Kräften ausgeholfen, weiter nach Wien reiste...

Die Löhne waren auch in Salzburg, wie überall in der Drechslerei, schlechte. Da war sparen schwer. Ich hatte mir im Spätherbst den ersten Winterrock auf Abzahlung gekauft, und als gewissenhafter Mensch sparte ich nicht nur, ich darbte, um die wöchentlichen Raten zahlen zu können. Abgesehen vom Mittagessen, das wir beim Meister hatten, lebte ich ausschließlich von Schwarzbrot und Milch. Dabei drückte mich noch eine große Sorge. Die Arbeit war knapp, und ich fürchtete, als Jüngster in der Werkstatt nach Neujahr die Kündigung zu erhalten. Das hatte die Meisterin durch meinen Kollegen erfahren. Als ich nun ihr und dem Meister am Neujahrstag gratulierte, gab sie mir die tröstliche Versicherung, daß ich bis zu meiner Heimreise in Arbeit bleiben könne. Damit fiel mir ein Stein vom Herzen.

In Salzburg bestand ein katholischer Gesellenverein mit über 200 Mitgliedern, unter denen sich nicht weniger als 33 Protestanten, fast alle Norddeutsche, befanden. Ich trat ebenfalls dem Verein bei, aus den schon oben angeführten Gründen. Präses des Vereins war ein Dr. Schöpf, Professor am dortigen Priesterseminar. Schöpf war ein junger, bildschöner Mann mit einem äußerst liebenswürdigen und jovialen Wesen. Er soll dem Jesuitenorden angehört haben. Schöpf wußte natürlich, daß eine Anzahl Protestanten seinem Verein angehörten.

In einer Vereinsversammlung erklärte er eines Tages offen, daß ihm die Protestanten die liebsten seien, weil sie zu den fleißigsten Besuchern des Vereins gehörten. Jeden Sonntag abend hielt er einen stets stark besuchten Vortrag, der ein reiner Moralvortrag war, den jeder, wes Glaubens er immer war, ohne Bedenken besuchen konnte. Ich wurde mit Dr. Schöpf bekannt, und auf seine Einladung besuchte ich ihn öfter Sonntag nachmittag in seiner Wohnung, wo wir uns namentlich über die Zustände in Deutschland und Österreich unterhielten, und er überraschend freie Anschauungen äußerte.

Weihnachten rückte heran, und es sollte wie üblich vom Verein eine Weihnachtsfeier veranstaltet werden. Im Verein hatte sich eine kleine Musikkapelle und ein Gesangverein gebildet. Diese sollten bei jener Gelegenheit Vorträge zum besten geben. Außerdem sollten nach Dr. Schöpfs Vorschlag eine Anzahl Mitglieder, die verschiedenen deutschen Volksstämmen angehörten, Deklamationen vortragen. Ich wurde als Repräsentant der Rheinländer hierzu ausersehen. Ich hatte ein Gedicht „Die Zigarren und die Menschen“ vorzutragen. Die Übungen fanden in Dr. Schöpfs Wohnung statt, wobei er uns mit Bier und Brot regalierte. Bei diesen Übungen passierte mir, daß ich fast immer einen Fehler im Schlußreim machte, indem ich ein Wort anwandte, das wohl zum Reim, aber nicht zum Sinne des Gedichtes paßte. Dr. Schöpf warnte mich nachdrücklich, am Festabend ja den Fehler nicht zu machen. Der Festtag (19. Dezember) kam. Dem Fest wohnte eine illustre Gesellschaft bei! Der Fürstbischof von Salzburg, der Abt von Sankt Peter und eine Anzahl anderer Geistlicher, auch Vertreter der Behörden. Endlich kam auch ich zum Vortrag an die Reihe. Kurz vor meinem Auftreten ermahnte mich Dr. Schöpf nochmals, mich ja in acht zu nehmen, was ich ihm feierlichst versprach. Aber mit des Geschickes Mächten ist kein ew’ger Bund zu flechten, und das Schicksal eilet schnell. Abermals machte ich den Sprechfehler, worauf im Hintergrund des Saales Dr. Schöpfs Arm auftauchte, der mir mit der Faust drohte. Das Unglück war aber geschehen, ich glaube, die meisten haben es nicht einmal bemerkt. Im übrigen verlief die Feier sehr gemütlich, und ich ging, ohne Schaden an meiner Seele genommen zu haben, vergnügt nach Hause.

Im März ist der St.-Josefs-Tag, der in Österreich ein hoher Feiertag ist. St. Josef ist . . . der Schutzpatron der katholischen Gesellenvereine. Einige Zeit vor diesem Tage hielt Schöpf eine eindringliche Rede an die katholischen Mitglieder des Vereins, daß sie an diesem Tage vollzählig zur Kirche gehen möchten. Er wisse wohl, äußerte er, daß junge Leute sich gern darum drückten, aber diesmal gehe es nicht, man dürfe ihn nicht blamieren, denn die Kaiserin — die Witwe des Kaisers Ferdinand, die in Salzburg wohnte —, die viel für den Verein tue, werde es sicher erfahren. Den Nachmittag, setzte er schmunzelnd hinzu, machen wir eine Wallfahrt nach Maria-Plain, ein Wallfahrtsort, dessen Kirche auf einem Hügel mitten in der Ebene, eine gute Stunde von Salzburg, prachtvoll gelegen ist. Dort werde auf Kosten der Kasse ein Faß Bier aufgelegt, das zweite zahle er, er sei sicher, hierbei fehle niemand. Alle lachten. Ich glaube, er behielt recht. Die Wallfahrt fand statt. Wir Nichtkatholiken marschierten wohlgemut und vollzählig im Zug, hinter der Fahne, die der Altgeselle trug, auf der der heilige Josef mit dem Christkind auf dem Arme abgebildet war. In Maria-Plain angekommen, besahen wir uns die überreich geschmückte Kirche. Dann ging es zum Trunk. Die Fässer wurden rasch geleert, gar mancher ging wankenden Schrittes nach Salzburg zurück. Der Zug war aufgelöst. Wie die Fahne mit dem heiligen Josef wieder nach Salzburg kam, weiß ich bis heute nicht.

Dr. Schöpf, ich und ein Hannoveraner traten zusammen den Rückweg an. In der Stadt angekommen, führte er uns in ein Café, in dem wir eine Partie Billard spielten. Es war für mich die erste und letzte, die ich in meinem Leben spielte. Natürlich verloren wir zwei, aber Dr. Schöpf zahlte.

Ende Februar 1860 reiste ich nach Hause. Einige dreißig Jahre später schickte mir ein Ritter v. Pfister aus Linz einen Brief nach Berlin, in dem es hieß: er habe nach Berlin reisen wollen und habe bei dieser Gelegenheit mir einen Gruß vom Domherrn Dr. Schöpf in Salzburg überbringen sollen, er sei aber durch Krankheit an der Reise verhindert worden, so schicke er mir brieflich dessen Gruß. Wieso Dr. Schöpf sich meiner erinnerte, ist mir ein Rätsel geblieben. Er konnte unmöglich annehmen, daß der neunzehn- bis zwanzigjährige junge Drechslergeselle — wenn er sich überhaupt dessen entsann — der spätere sozialdemokratische Reichstagsabgeordnete war. Solch tiefen Eindruck hatte ich sicher nicht auf ihn gemacht. Ich nehme vielmehr an, daß Kollegen aus dem Zentrum, denen ich gelegentlich meine Salzburger Erlebnisse erzählte, den Domherrn davon unterrichtet hatten. Als ich Anfang dieses Jahrhunderts nach langer Zeit wieder einmal nach Salzburg kam, war einige Jahre zuvor Dr. Schöpf gestorben. Die joviale, heitere Natur und die volle Lebensfreude soll er sich bis an sein Ende bewahrt haben.

Ich will die Mitteilungen über meinen Salzburger Aufenthalt nicht schließen, ohne noch eines Vorgangs zu erwähnen, der damals unter uns jungen Leuten erzählt und viel belacht wurde. Zu jener Zeit lebte König Ludwig I. von Bayern, der bekanntlich wegen der Lola-Montez-Affäre die Regierung niederlegte, im Sommer in Schloß Leopoldskron, in nächster Nähe Salzburgs. Der König, ein hochaufgeschossener Herr, der im grauen Sommeranzug, den Kopf mit einem großen, etwas ramponierten Strohhut bedeckt und mit einem starken Krückstock in der Hand, öfter an unserer Werkstatt vorbeipassierte, liebte es, in der Umgebung Salzburgs allein Spaziergänge zu machen. Eines Tages macht er wieder einen solchen und sieht, wie ein Knabe sich abquält, Äpfel von einem Baum herunterzuwerfen. Der König tritt zu dem Knaben und sagt: „Schau, das mußt du so machen!“ und schleuderte seinen Krückstock mit bestem Erfolg in die Äste des Baumes. Das hatte aber aus dem in der Nähe liegenden Hause die Bäuerin beobachtet, die jetzt hochrot vor Zorn in die Tür trat und dem König, den sie nicht kannte, zurief: „Du alter Lackl, schamst di net, den Buam bein Äpflstehln z'helfe!“ Der König nahm seinen Krückstock und trollte sich von dannen. Am nächsten Morgen erschien ein Diener und brachte der Bäuerin einen Gulden mit der Bemerkung: das sei für die Äpfel, die gestern der Herr vom Baum geschlagen habe. Auf ihre Frage, wer denn der Herr gewesen sei, erfolgte die sie höchst überraschende Antwort: der König Ludwig.

Wenn ich hier einen verstorbenen Bayernkönig des Obstfrevels bezichtige, will ich wahrheitsgemäß hinzufügen, daß auch ich in dieser Beziehung nicht ohne Fehl und Sünde war. Das Obststehlen war allezeit meine schwache Seite; es war wohl eine vererbte Anlage, der ich zum Opfer fiel. So auch jetzt wieder in Salzburg. Es waren die prachtvollen Pfirsiche im Mirabellengarten, der dem Fürstbischof gehörte, die es mir angetan hatten. Ich konnte bei mehreren Spaziergängen in dem Garten der Versuchung nicht widerstehen, einige der Früchte mir anzueignen. Ich nehme an, dem Fürstbischof hat mein Obstfrevel nicht geschadet, und mir bekamen die Früchte vorzüglich. Auch meine Gewissensbisse verschwanden, als ich las, daß der heilige Ambrosius, der gegen Ende des vierten Jahrhunderts Bischof in Mailand gewesen war, geäußert habe:

„Die Natur gibt alle Güter allen Menschen *gemeinsam;* denn Gott hat alle Dinge geschaffen, *damit der Genuß für alle gemeinschaftlich sei.* Die Natur hat also das Recht der Gemeinschaft erzeugt, und es ist nur die *ungerechte Anmaßung* (usurpatio), die das Eigentumsrecht erzeugte."*

Konnte mein Tun glänzender entschuldigt, ja gerechtfertigt werden?...

* Ambrosius, „Expositio in Lucam". Kap. 6. Nach J. P. Migne, „Patrologiae cursus completus". Paris 1844—1855. Bebel zitierte wahrscheinlich nach dem deutschen Text von Paul Pflüger, „Der Sozialismus der israelitischen Propheten — Der Sozialismus der Kirchenväter". Berlin o. J.

Mein Eintritt in die Arbeiterbewegung 1861

Die wirtschaftliche Entwicklung Deutschlands hatte... in jener Zeit erhebliche Fortschritte gemacht, aber immerhin war Deutschland damals noch überwiegend ein kleinbürgerliches und kleinbäuerliches Land. Über drei Viertel der gewerblichen Arbeiter gehörten dem Handwerk an. Mit Ausnahme der Arbeit in der eigentlichen schweren Industrie, dem Bergbau, der Eisen- und Maschinenbauindustrie, wurde die Fabrikarbeit von den handwerksmäßig arbeitenden Gesellen mit Geringschätzung angesehen. Die Produkte der Fabrik galten zwar als billig, aber auch als schlecht, ein Stigma, das noch sechzehn Jahre später der Vertreter Deutschlands auf der Weltausstellung in Philadelphia, Geheimrat Reuleaux, der deutschen Fabrikarbeit aufdrückte. Für den Handwerksgesellen galt der Fabrikarbeiter als unterwertig, und als Arbeiter bezcichnet zu werden, statt als Geselle oder Gehilfe, betrachteten viele als eine persönliche Herabsetzung. Zudem hatte die große Mehrzahl dieser Gesellen und Gehilfen noch die Überzeugung, eines Tages selbst Meister werden zu können, namentlich als auch in Sachsen und anderen Staaten anfangs der sechziger Jahre die Gewerbefreiheit zur Geltung kam. Die politische Bildung dieser Arbeiter war sehr gering. In den fünfziger Jahren, das heißt in den Jahren der schwärzesten Reaktion groß geworden, in denen alles politische Leben erstorben war, hatten sie keine Gelegenheit gehabt, sich politisch zu betätigen. Arbeitervereine oder Handwerkervereine, wie man sie öfter nannte, waren nur ausnahmsweise vorhanden und dienten allem anderen, nur nicht der politischen Aufklärung. Arbeitervereine politischer Natur wurden in den meisten deutschen Staaten nicht einmal geduldet, sie waren sogar auf Grund eines Bundestagsbeschlusses aus dem Jahre 1856 verboten, denn nach Ansicht des Bundestags in Frankfurt a. M. war der Arbeiterverein gleichbedeutend mit Verbreitung von Sozialismus und Kommunismus. Sozialismus und Kommunismus aber waren uns Jüngeren zu jener Zeit vollständig fremde Begriffe, böhmische Dörfer. Wohl waren hier und da, zum Beispiel in Leipzig, vereinzelte Personen, wie Fritzsche, Vahlteich, Schneider Schilling, die vom Weitlingschen Kommunismus gehört, auch Weitlings Schriften gelesen hatten, aber das waren Ausnahmen. Daß es auch Arbeiter gab, die zum Beispiel das Kommunistische Manifest kannten und von Marx' und Engels' Tätigkeit in den Revolutionsjahren im Rheinland etwas wußten, davon habe ich in jener Zeit in Leipzig nichts vernommen.

Aus alledem ergibt sich, daß die Arbeiterschaft damals auf einem Standpunkt stand, von dem aus sie weder Klasseninteresse besaß, noch wußte, daß es so etwas wie eine soziale Frage gebe. Daher strömten die Arbeiter in Scharen den Vereinen zu, die die liberalen Wortführer gründen halfen, die den Arbeitern als Ausbund der Volksfreundlichkeit erschienen.

Diese Arbeitervereine schossen nun zu Anfang der sechziger Jahre aus dem Boden wie die Pilze nach einem warmen Sommerregen. Namentlich in Sachsen, aber auch im übrigen Deutschland. Es entstanden in Orten Vereine, in denen es später viele Jahre währte, bis die sozialistische Bewegung dort einigen Boden fand, obgleich der frühere Arbeiterverein mittlerweile eingegangen war.

In Leipzig war damals das politische Leben sehr rege. Leipzig galt als einer der Hauptsitze des Liberalismus und der Demokratie. Eines Tages las ich in der demokratischen „Mitteldeutschen Volkszeitung", auf die ich abonniert war und die der Achtundvierziger Dr. Peters redigierte, der Ehemann der bekannten verstorbenen Vorkämpferin für die Frauenrechte, Luise Otto-Peters, die Einladung zu einer Volksversammlung zur Gründung eines Bildungsvereins. Diese Versammlung fand am 19. Februar 1861 im Wiener Saal statt, einem Lokal, das in der Nähe des Rosentals in einem Garten stand. Als ich in das Lokal trat, war dasselbe bereits überfüllt. Mit Mühe fand ich auf der Galerie Platz. Es war die erste öffentliche Versammlung, der ich beiwohnte. Der Präsident der Polytechnischen Gesellschaft, Professor Dr. Hirzel, hatte das Referat; er teilte mit, daß man einen Gewerblichen Bildungsverein als zweite Abteilung der Polytechnischen Gesellschaft gründen wolle, weil Arbeitervereine auf Grund des Bundestagsbeschlusses von 1856 in Sachsen nicht geduldet würden. Dagegen erhob sich Opposition. Neben Professor Roßmäßler, der Mitglied des Deutschen Parlaments in Frankfurt a. M. gewesen und von seiner Professur an der Forstakademie zu Tharandt durch Herrn von Beust gemaßregelt worden war, nahmen Vahlteich, Fritzsche und andere Redner das Wort und verlangten volle Selbständigkeit des Vereins, der ein politischer sein müsse. Die Verfolgung von Unterrichtszwecken sei Sache der Schule, nicht eines Vereins für Erwachsene. Ich war zwar mit diesen Rednern nicht einverstanden, aber es imponierte mir, daß Arbeiter den gelehrten Herren so kräftig zu Leibe rückten, und wünschte im stillen, auch so reden zu können.

Der Verein wurde gegründet, und obgleich die Opposition ihren Zweck nicht erreicht hatte, trat sie dem Verein bei. Ich wurde ebenfalls an jenem Abend Mitglied. Der Verein wurde in seiner Art eine Musteranstalt. Vortragende für wissenschaftliche Themen waren in Menge vorhanden. So neben Professor Roßmäßler Professor Bock — der „Gartenlaube"-Bock und Verfasser des Buches vom gesunden und kranken Menschen —, die Professoren Wuttke, Wenck, Marbach, Dr. Lindner, Dr. Reyher, Dr. Burckhardt und andere. Später folgten Professor Biedermann, Dr. Hans Blum, von dem die

Sage ging, daß er sich während seiner Studienzeit auf seiner Visitenkarte als Student der Menschenrechte bezeichnet habe, Dr. Eras, Liebknecht, der im Sommer 1865 nach Leipzig kam, und Robert Schweichel. Einer der fleißigsten Vortragenden im ersten Jahre war Dr. Dammer, der später der erste von Lassalle eingesetzte Vizepräsident des Allgemeinen Deutschen Arbeitervereins wurde. Unterricht wurde erteilt im Englischen, Französischen, in Stenographie, gewerblicher Buchführung, deutscher Sprache und Rechnen. Auch wurde eine Turn- und Gesangabteilung gegründet. Ersterer trat Vahlteich bei, der ein großer Turner vor dem Herrn war und blieb, zu der Gesangabteilung traten Fritzsche und ich. Fritzsche sang vorzüglich zweiten Baß, ich ersten, den bekanntlich jeder singt, der keine Singstimme hat.

An der Spitze des Vereins stand ein vierundzwanzigköpfiger Ausschuß, in dem der Kampf um den Vorsitz entbrannte. Roßmäßler unterlag gegenüber einem Architekten Mothes, aber die Opposition arbeitete planmäßig weiter. Bei dem ersten Stiftungsfest Februar 1862 hielt Vahlteich die Festrede, die ausgeprägt politisch war. Er forderte das allgemeine Stimmrecht. Bei der Neuwahl des Ausschusses wurde auch ich in denselben gewählt. Meine Sehnsucht, öffentlich reden zu können, war bei den häufigen Debatten im Verein rasch befriedigt worden. Ein Freund erzählte mir später, daß, als ich zum ersten Male einige Minuten sprach, um einen Antrag zu begründen, man sich an seinem Tisch gegenseitig angesehen und gefragt habe: Wer ist denn der, der so auftritt? Da im Ausschuß verschiedene Abteilungen für die verschiedenen Verwaltungsfächer gebildet wurden, wurde ich in die Bibliothekabteilung und die Abteilung für Vergnügungen gewählt. In beiden wurde ich Vorsitzender. Die Wahl des Vereinsvorsitzenden, die wieder der Ausschuß vorzunehmen hatte, rief dieses Mal einen heftigen Kampf hervor. Viermal wurde gewählt, ohne für einen Kandidaten ein Mehr erzielen zu können. Stets war Stimmengleichheit vorhanden. Schließlich unterlag wieder Professor Roßmäßler gegen Architekt Mothes mit einer Stimme, weil dieser sich selbst gewählt hatte. Die Opposition trug jetzt den Kampf in die Generalversammlung, die am Karfreitag 1862 stattfand.

Der Verein hatte damals über fünfhundert Mitglieder. Die Opposition stellte wieder ihre alte Forderung auf, den Verein zu einem rein politischen zu machen und den Unterricht aus demselben auszuschließen. Nach einem heftigen, vielstündigen Redekampfe, an dem auch ich mich beteiligte, unterlag sie gegen eine Mehrheit von drei Viertel der Stimmen. Hätte die Opposition geschickter operiert, hätte sie verlangt, daß zeitweilig politische Vorträge über Zeitereignisse gehalten und darüber Diskussionen veranstaltet werden sollten, sie hätte glänzend gesiegt. Aber daß man den Unterricht aus dem Verein verbannen wollte, der für die große Mehrheit der jüngeren Mitglieder das größte Interesse hatte, reizte diese zum Widerstand. Ich selbst nahm an der Buchführung und Stenographie teil. Einige Tage vor jener entscheidenden Versammlung hatten sich Fritzsche und Vahlteich eifrig bemüht, mich zu sich hinüberzuziehen. Ich konnte mich nicht entschließen, ihnen zu folgen.

Die Opposition schied nunmehr aus und gründete den Verein Vorwärts, der im Hotel de Saxe sein Hauptquartier aufschlug. Der Wirt in diesem Lokal war der in den Reaktionsjahren gemaßregelte ehemalige Pfarrer Würkert. Dieser hatte eine eigene Methode, Aufklärung zu verbreiten und dabei auch sein Geschäft zu machen. Er veranstaltete allwöchentlich Vorträge, die er selbst hielt, über alle möglichen Themen, wie die Geburts- und Todestage berühmter Männer, politische Tagesereignisse usw. An solchen Abenden war sein Lokal gedrängt voll. Da machte es denn einen eigenartigen Eindruck, wenn Würkert, der soeben noch unter den Gästen sich bewegt und diesem und jenem ein Glas Bier verabreicht hatte, auf dem Treppenpodest Platz nahm, der vom oberen in das untere Lokal führte, und von dort, allen sichtbar, seinen Vortrag hielt.

Nicht im Gegensatz, sondern vielmehr in Ergänzung der Zusammenkünfte im Hotel de Saxe stand die Restauration „Zur guten Quelle“ auf dem Brühl, ein damals eben gebautes großes Kellerlokal, dessen Wirt der Achtundvierziger Grun war. In der einen Ecke jenes Lokals stand ein großer runder Tisch, der der Verbrechertisch hieß. Das besagte, daß hier nur die ehrwürdigen Häupter der Demokratie Platz nehmen durften, die zu Zuchthaus oder Gefängnis verurteilt worden waren oder die man gemaßregelt hatte. Öfter traf beides zu. Da saßen Roßmäßler, Dolge, der wegen seiner Beteiligung am Maiaufstand zum Tode verurteilt worden war, nachher zu lebenslänglichem Zuchthaus begnadigt wurde und dann acht Jahre in Waldheim gesessen hatte. Zu den „Verbrechern“ gehörten weiter Dr. Albrecht, der in unserem Verein Stenographie lehrte, Dr. Burckhardt, Dr. Peters, Friedrich Oelkers, Dr. Fritz Hofmann, „Gartenlaube“-Hofmann genannt, usw. Wir Jungen rechneten es uns zur besonderen Ehre an, wenn wir an diesem Tisch in Gesellschaft der Alten ein Glas Bier trinken durften.

Die Leiter des Vereins Vorwärts begnügten sich aber nicht mit ihren Vereinsversammlungen, sie trugen die Agitation in die Arbeiter- und Volksversammlungen, die sie von Zeit zu Zeit einberiefen, in welchen Arbeiterfragen und Tagesfragen erörtert wurden. Diese Erörterungen waren noch sehr unklar. Man diskutierte über eine Invalidenversicherung der Arbeiter, über die Veranstaltung einer Weltausstellung in Deutschland, über den Eintritt in den Nationalverein, wobei man verlangte, daß dieser den Jahresbeitrag von 3 Mark auch in Monatsraten erhebe, damit die Arbeiter beitreten könnten. Weiter forderte man das allgemeine Stimmrecht für die Landtagswahlen und ein deutsches Parlament, das sich der Arbeiterfrage anzunehmen habe. Ferner wurde die Einberufung eines allgemeinen deutschen Arbeiterkongresses diskutiert, auf dem die aufgetauchten Forderungen debattiert werden sollten. Die Frage der Einberufung eines Arbeiterkongresses tauchte fast gleichzeitig auch in den Berliner und Nürnberger Arbeiterkreisen auf.

Um die Vorbereitungen hierfür zu treffen und weiter nötig werdende Arbeiterversammlungen einzuberufen, wurde ein Komitee niedergesetzt, in das neben Fritzsche, Vahlteich und anderen weniger bekanntgewordenen Arbeitern auch ich gewählt wurde. Neben den Arbeiterversammlungen, die von unserer Seite ausgingen, berief die örtliche Leitung des Deutschen Nationalvereins öfter Volksversammlungen, manchmal mit Rednern von auswärts, Schulze-Delitzsch, Metz-Darmstadt usw., ein, in denen die deutsche Frage, die Gründung einer deutschen Flotte, der mittlerweile sehr akut gewordene preußische Verfassungskonflikt, die schleswig-holsteinische Frage usw. erörtert wurden. Man ersieht schon aus der Aufzählung dieser Themen, daß in jener Zeit das politische Leben in Leipzig ein außerordentlich reges war und uns in Atem hielt. Ein sehr beliebtes Thema in den von den Liberalen einberufenen Volksversammlungen waren auch die Erörterungen über die Verfassungszustände in den Einzelstaaten, ganz besonders in Sachsen, Hessen-Kassel und Hessen-Darmstadt. In zweiter Linie folgten Mecklenburg und Bayern. Die Herren v. Beust (Sachsen) und Dalwigk (Hessen-Darmstadt) waren ganz besonders Gegenstand heftiger Angriffe. Zu diesen gesellte sich Herr v. Bismarck, als dieser im September 1862 an die Spitze der preußischen Regierung trat...

Die Methoden, nach denen Bismarck... zu regieren versuchte, hatte er Louis Napoleon abgesehen, der es meisterhaft verstanden hatte, die bestehenden Klassengegensätze für sein System auszunutzen, und zwar sogar unter der Herrschaft des allgemeinen Stimmrechts. Es zeigte sich bald, daß auch Bismarck versuchte, die Arbeiterbewegung in seinem Interesse gegen die liberale Bourgeoisie auszunutzen. Sein Helfer in diesen Dingen war der Geheime Oberregierungsrat Hermann Wagener, dessen Kenntnis der sozialen Fragen und dessen Geriebenheit ihn als den geeigneten Mann erscheinen ließen.

Ende August 1862 hatte eine Arbeiterversammlung in Berlin ebenfalls beschlossen, einen allgemeinen deutschen Arbeiterkongreß, und zwar nach Berlin einzuberufen. Das veranlaßte das Leipziger Komitee, sich mit den leitenden Persönlichkeiten der Berliner Bewegung in Verbindung zu setzen, um eine Vereinbarung wegen der Einberufung des Kongresses zu erzielen. Man wünschte der besseren geographischen Lage wegen Leipzig als Kongreßort. Anfang Oktober kam als Berliner Vertreter der Maler und Lackierer Eichler nach Leipzig zu einer Besprechung, der auch ich als Mitglied des Komitees beiwohnte.

Diese Besprechung fand in der Restauration „Zum Joachimstal" in der Hainstraße statt. Eichler ging gleich aufs Ganze. Er führte aus, daß die Arbeiter von der Fortschrittspartei und dem Nationalverein nichts zu erwarten hätten. Die Mehrzahl der Komiteemitglieder teilte auf Grund der gemachten Erfahrungen diese Ansicht. Weiter fuhr Eichler fort: er habe die Gewißheit — und damit entpuppte er sich nach unserer Ansicht als Agent Bismarcks —, daß Bismarck für die Einführung des allgemeinen, gleichen und direkten Wahlrechts zu haben sei und auch bereit wäre, die nötigen Mittel (60 000 bis 80 000 Taler) zur Gründung einer Produktivgenossenschaft der Maschinenbauer herzugeben.

Zu jener Zeit bildeten die Maschinenbauer die Elite der Berliner Arbeiter und galten als die eigentliche Leibgarde der Fortschrittspartei. Die Ausführungen Eichlers riefen eine stundenlange Debatte hervor, deren Endergebnis war, daß das Komitee, mit Ausnahme Fritzsches, sich gegen Eichler erklärte. Es fällt auf, daß Eichler Ideen propagierte, wie sie sechs Monate später Lassalle in seinem Antwortschreiben an das Leipziger Komitee entwickelte,* nur daß Lassalle einen demokratischen Staat als Begründer der Produktivassoziationen mit Staatshilfe forderte.

In jenen Tagen (1862) war der Name Lassalles uns unbekannt, obgleich er schon im April jenes Jahres öffentlich einen Vortrag „Über den besonderen Zusammenhang der gegenwärtigen Geschichtsperiode mit der Idee des Arbeiterstandes“ gehalten hatte, der später und bis auf den heutigen Tag unter dem Titel „Arbeiterprogramm“ erschienen ist. Auch hatte er in demselben Jahre seine Vorträge über Verfassungswesen gehalten. Daß diese Vorgänge uns unbekannt blieben, lag wohl daran, daß keiner von uns Berliner Zeitungen las. Wir bezogen unsere Kenntnisse über die Tagesereignisse aus der Leipziger Presse, namentlich der demokratischen „Mitteldeutschen Volkszeitung“, und was diese nicht brachte, blieb uns fremd. Es waren eben noch rückständige Zeiten.

Eichler hatte, als er mitteilte, Bismarck sei eventuell für die Einführung des allgemeinen, gleichen und direkten Wahlrechts zu haben, nur einem Gedanken Ausdruck gegeben, der damals schon namentlich von dem Geheimen Oberregierungsrat Hermann Wagener öffentlich propagiert wurde. Man dachte dabei an eine Oktroyierung desselben, von der Auffassung ausgehend: ist das Dreiklassenwahlrecht im Mai 1849 oktroyiert worden, so kann es auch durch eine königliche Verordnung wieder beseitigt und ein neues Wahlrecht oktroyiert werden. Den Liberalen, die in sehr großer Mehrzahl nicht für das allgemeine, gleiche, direkte und geheime Wahlrecht schwärmten, war diese Aussicht höchst fatal, und Herr v. Unruh, einer ihrer Hauptführer, gab ihrer Besorgnis auch öffentlich Ausdruck. Ihre Abneigung gegen das allgemeine, gleiche, direkte und geheime Wahlrecht versteckten die Liberalen damals hinter der Erklärung, diese Forderung sei während des Verfassungskampfes nicht opportun, erst müsse der Kampf mit dem Ministerium Bismarck zu Ende sein, ehe man an eine Änderung des Wahl-

* Erschien als die „Geburtsurkunde“ einer deutschen Arbeiterpartei unter dem Titel „Offnes Antwortschreiben an das Zentral-Komitee zur Berufung eines Allgemeinen Deutschen Arbeiter-Kongresses zu Leipzig“ von F. Lassalle [Zürich 1863]. D. Hrsg.

rechts denken könne. Daß zu jener Zeit die konservativen Demagogen sich für die Einführung des demokratischsten aller Wahlrechte ins Zeug legten, wohingegen sie heute die entschiedensten Gegner desselben sind, hatte seinen zulänglichen Grund. Napoleon III., der nach dem Staatsstreich das allgemeine, gleiche, direkte und geheime Wahlrecht in Frankreich wieder einführte, das die honette Republik nach der Junischlacht durch ein schlechteres Wahlrecht ersetzt hatte, war mit demselben ausgezeichnet gefahren. Natürlich unter obligater Einwirkung durch die Staatsgewalten auf die Wähler. Es gab anfangs unter sechshundert Delegierten nur sieben Oppositionsmänner, alle übrigen waren kaiserliche Mamelucken. Erst 1863 stieg die Opposition auf 38 und 1869 auf 110 Köpfe.

Umgekehrt hatte in Preußen das Dreiklassenwahlrecht, das man geschaffen hatte, um eine gefügige Kammer zu besitzen, jetzt eine scharf oppositionelle geliefert; so kam man auf den Gedanken, das Napoleonische Beispiel nachzuahmen.

Eine andere Frage ist: Wie kam die Idee der Produktivgenossenschaften mit Staatshilfe in die Kreise der Konservativen? Und da scheint es, daß Lassalle schon im Jahre 1862 diesen Gedanken in seinem Kopfe bearbeitete und ihn seiner Freundin und Vertrauten, der Gräfin Hatzfeldt, mitteilte, von der dann die Idee in die konservativen Kreise getragen wurde, noch ehe Lassalle sie öffentlich formuliert hatte. Später, als Vahlteich Sekretär Lassalles geworden war, entdeckte dieser, welch zweideutige Elemente Lassalle um sich hatte. Dasselbe nahm Liebknecht wahr, der Lassalle vor seiner Umgebung und speziell vor Bismarck warnte, worauf Lassalle antwortete: Pah, ich esse mit Herrn von Bismarck Kirschen, aber er bekommt die Steine. Es ist höchst wahrscheinlich, daß der Geheimrat Wagener Eichler den Plan mit den Produktivgenossenschaften als Plan Bismarcks suggerierte, noch ehe Bismarck selbst sich damit beschäftigt hatte.* Klarheit über die Rolle Eichlers und die Beziehungen Bismarcks zu Lassalle erfolgte im September 1878 bei Beratung des Sozialistengesetzes, als ich auf jene Vorgänge zu sprechen kam. Ich klagte damals Fürst Bismarck an, daß er jetzt die Sozialdemokratie zu vernichten trachte, die er einstmals für seine politischen Zwecke zu benutzen versucht habe. Ich wies zunächst auf den Fall Eichler hin und die Angebote, die dieser in seinem Namen uns im Leipziger Komitee gemacht habe; ich führte weiter an, daß durch Vermittlung eines Hohenzollernprinzen (vermutlich Prinz Albrecht, Bruder des Königs) und der Gräfin Hatzfeldt Lassalle mit ihm (Bismarck) in Verbindung gekommen sei, daß seine Unterhaltungen mit Lassalle öfter stunden-

* Nachträglich kommen mir die Memoiren des Geheimen Oberregierungsrats Hermann Wagener (Erlebtes) zu Gesicht, in denen er mitteilt, daß er mit Lassalle und der Gräfin Hatzfeld und anderen Häuptern der Sozialisten (Schweitzer?) in Beziehung gestanden habe. Danach hat er also höchst wahrscheinlich von Lassalle selbst dessen Programmgedanken kennengelernt und bei Eichler verwendet. *Fußnote von August Bebel.*

lang gedauert und eines Tages sogar der bayerische Gesandte abgewiesen worden wäre, der Bismarck sprechen wollte, als Lassalle bei ihm war.

Fürst Bismarck nahm darauf am folgenden Tage, den 17. September [1878], im Reichstag das Wort. Ich hatte irrtümlich gesagt, daß die Verhandlungen zwischen Eichler und dem Leipziger Komitee schon im September, statt erst im Oktober stattgefunden hätten. Daran knüpfte Bismarck an, um nachzuweisen, daß er solche Aufträge nicht könne gegeben haben, da er erst am 23. September ins Ministerium eingetreten sei. Wohl sei ihm erinnerlich, *daß Eichler späterhin Forderungen an ihn gestellt für Dienste, die er ihm nicht geleistet habe. Im weiteren gab er zu, daß Eichler im Dienste der Polizei gestanden* und Berichte geliefert habe, von denen einige zu seiner Kenntnis gekommen seien. Diese hätten sich aber nicht auf die Sozialdemokratische Partei bezogen, sondern auf intime Verhandlungen der Fortschrittspartei und, wenn er nicht irre, des Nationalvereins.

Damit war erwiesen, wie begründet unser Verdacht im Komitee gegen Eichler gewesen war. Im übrigen bestritt Fürst Bismarck, daß er 60 000 bis 80 000 Taler für seine Produktivgenossenschaft habe hergeben wollen. Er habe keine geheimen Fonds gehabt, und wo hätte er das Geld hernehmen sollen? Das sagt derselbe Mann, der im April 1863 in der Kammer geäußert hatte: die Regierung werde, wenn es ihr nötig erscheine, mit oder ohne Bewilligung der Volksvertretung Krieg führen und das Geld dazu nehmen, wo sie es finde — und jahrelang die Staatsausgaben ohne Zustimmung der Kammer machte. Auf die ihm von mir vorgehaltenen Beziehungen zu Lassalle äußerte er: Nicht er, sondern Lassalle habe den Wunsch gehabt, mit ihm zu sprechen, und er habe ihm die Erfüllung dieses Wunsches nicht schwer gemacht. Er habe das auch nicht bereut. Verhandlungen hätten zwischen ihnen nicht stattgehabt, was hätte Lassalle als armer Teufel ihm auch bieten können? Lassalle habe ihn aber außerordentlich angezogen, er sei einer der geistreichsten und liebenswürdigsten Menschen gewesen, mit denen er je verkehrt habe, er sei auch kein Republikaner gewesen: die Idee, der er zustrebte, sei das deutsche Kaisertum gewesen. Darin hätten sie Berührungspunkte gehabt. Auch sei Lassalle in hohem Grade ehrgeizig gewesen, und ob das deutsche Kaisertum mit der Dynastie Hohenzollern oder mit der Dynastie Lassalle abschließe, das sei ihm vielleicht zweifelhaft gewesen, aber monarchisch wäre er durch und durch gewesen. Dieser Erklärung folgte im Reichstag große Heiterkeit.

Die burschikose Art, wie Bismarck Lassalle zum Monarchisten stempelte, bedarf keiner Widerlegung, sie wird auch durch Lassalles Schriften und Briefe widerlegt. Immerhin war die Rolle Lassalles Bismarck gegenüber eine höchst eigenartige. Gestützt auf sein sehr hohes Selbstgefühl und seine unabhängige soziale Stellung glaubte er, mit Bismarck wie von Macht zu Macht verhandeln zu können, noch ehe er eine Macht hinter sich hatte. Wie das Spiel schließlich ausgegangen wäre, darüber braucht man sich den Kopf nicht zu zerbrechen, da der Tod Lassalles, Ende August 1864, ihn als Partner beseitigte.

Bismarck bestritt ferner in jener Rede, daß zwischen ihm und Lassalle der Gedanke einer Oktroyierung des allgemeinen, gleichen, direkten und geheimen Wahlrechts erörtert worden sei. Ich konnte ihm das Gegenteil nicht beweisen, glaubte aber den Worten Bismarcks nicht. Hier ist mir Lassalle maßgebend, der in seiner Verteidigungsrede vor dem Staatsgerichtshof in Berlin, 12. März 1864, öffentlich sagte: „Und so verkünde ich Ihnen denn an diesem feierlichen Orte, es wird vielleicht kein Jahr mehr vergehen — und Herr von Bismarck hat die Rolle Robert Peels gespielt und das allgemeine und direkte Wahlrecht ist oktroyiert." Lassalle hätte ganz unmöglich solche Sprache führen können, wäre nicht in seinen Unterhaltungen mit Bismarck die Oktroyierung des allgemeinen, direkten Wahlrechts in Betracht gezogen worden. Wie schon angeführt, wurde dieser Gedanke, und zwar immer wieder in konservativen Kreisen, sehr ernst erörtert, und er fand im liberalen Lager vollen Glauben. Außerdem war Bismarck, der gegen die Beschlüsse der Kammer verfassungswidrig regierte und im Juni 1863, wider Recht und Gesetz, die berüchtigten Preßordonnanzen erließ, nicht der Mann, der vor einer Oktroyierung eines Wahlsystems zurückgeschreckt wäre, wenn er sich Nutzen davon versprach. Zudem wäre ihm eine solche Oktroyierung von den bisher politisch entrechteten Massen in Preußen nicht übelgenommen worden.

Welchen Charakter die Unterhandlungen Lassalles mit Bismarck angenommen hatten, dafür sprechen zwei Briefe Lassalles, die erst viel später veröffentlicht wurden, hier aber am besten ihren Platz finden.

Lassalle schrieb an Bismarck: Exzellenz!

Vor allem klage ich mich an, gestern vergessen zu haben, Ihnen noch einmal ans Herz zu legen, daß die Wählbarkeit schlechterdings *allen* Deutschen erteilt werden muß. Ein *immenses* Machtmittel! Die wirkliche „moralische" Eroberung Deutschlands! Was die Wahltechnik betrifft, so habe ich noch gestern nacht die gesamte französische Gesetzgebungsgeschichte nachgelesen und da allerdings wenig Zweckmäßiges gefunden. Aber ich habe auch *nachgedacht* und bin nunmehr allerdings wohl in der Lage, Ew. Exzellenz die gewünschten Zauberrezepte zur Verhütung der Wahlenthaltung wie der Stimmenzerbröckelung vorlegen zu können. An der durchgreifenden Wirkung derselben wäre nicht im geringsten zu zweifeln!

Ich erwarte demnach die Fixierung eines Abends seitens Ew. Exzellenz. Ich bitte aber dringend, den Abend zu wählen, daß wir nicht gestört werden. Ich habe *viel* über die Wahltechnik und noch mehr über anderes mit Ew. Exzellenz zu reden, und eine ungestörte und erschöpfende Besprechung ist bei dem drängenden Charakter der Situation wirklich unumgängliches Bedürfnis.

Der Bestimmung Ew. Exzellenz entgegensehend, mit ausgezeichneter Hochachtung Ew. Exzellenz ergebenster *F. Lassalle*

Berlin, Mittwoch 13. Januar 1864, Potsdamer Straße 13.*

* Nach einer Abschrift Lothar Buchers. D. Hrsg.

Und weiter:

Exzellenz! Ich würde nicht drängen, aber die *äußern Ereignisse* drängen gewaltig, und somit bitte ich, mein Drängen zu entschuldigen. Ich schrieb Ihnen bereits Mittwoch, daß ich die gewünschten „Zauberrezepte" — Zauberrezepte von der durchgreifendsten Wirkung — gefunden habe. Unsere nächste Unterredung wird, wie ich glaube, endlich von *entscheidenden* Beschlüssen gefolgt sein, und da, wie ich ebenso glaube, diese entscheidenden Entschlüsse *unmöglich* länger zu verschieben sind, so werde ich mir erlauben, morgen (Sonntag) abend 8½ Uhr bei Ihnen vorzusprechen. Sollten Ew. Exzellenz zu dieser Zeit verhindert sein, so bitte ich, mir eine andere *möglichst nahe* Zeit bestimmen zu wollen. Mit ausgezeichneter Hochachtung Ew. Exzellenz ergebenster *F. Lassalle*

Sonnabend Abend (16. Januar 1864), Potsdamer Straße 13.*

Herr v. Keudell, der um jene Zeit im Auswärtigen Amt beschäftigt wurde und von dem Verkehr Bismarcks mit Lassalle wußte, behauptete, Bismarck habe den Verkehr mit Lassalle abgebrochen, weil letzterer immer zudringlicher geworden sei. Der letzte der vorstehend abgedruckten Briefe spricht für eine solche Auffassung.** Auf alle Fälle war aber der Verkehr Lassalles mit Bismarck, wie so manche seiner anderen Handlungen im Jahre 1864, sehr bedenklich und konnte nur gewagt werden von einem Manne wie er. Leider hat er mit diesem Verkehr und seinem sonstigen Auftreten gegen das Ende seines Lebens anderen, die keine Lassalles waren, ein Beispiel gegeben, das zum Betreten von Abwegen ermunterte. Darüber später.

Bezeichnend ist in Bismarcks Rede vom 17. September 1878 auch die Art, wie er sich mit den Produktivgenossenschaften mit Staatshilfe, zum Entsetzen der Liberalen, abfand. Nachdem er zugestanden, daß er öfter stundenlange Unterhaltungen mit Lassalle gehabt und immer bedauert habe, wenn diese zu Ende gewesen seien, fuhr er fort: „Er gebe zu, daß er mit Lassalle auch über die Gewährung von Staatsmitteln zu Produktivgenossenschaften gesprochen, das sei eine Sache, von deren Zweckmäßigkeit er noch heute überzeugt sei." Diesen Gedanken spann er dann weiter aus. Die Bewilligung von 6000 Talern aus der Schatulle des Königs an die Weberdeputation aus dem Reichenbach-Neuroder Kreis zwecks Errichtung einer

* Nach dem vom Original erfolgten Abdruck in „Bismarck-Jahrbuch", Bd. IV, 1897, S. 166. D. Hrsg.

** Lassalle hat jedoch über den 16. Januar 1864 hinaus zumindest die schriftlichen Beziehungen zu Bismarck weitergeführt. Der Hinweis Bebels auf den Regierungsrat Robert von Keudell bezieht sich auf dessen Brief an Lassalle vom 20. Februar. Auch nach dem 20. Februar schrieb Lassalle noch einmal an Bismarck. Siehe dazu wie überhaupt zu dem ganzen Problem des Briefwechsels und der Gespräche beider Männer: Gustav Mayer, „Bismarck und Lassalle" (Berlin 1928). Erst, als um die Jahreswende 1927/28 ein altersschwacher Aktenschrank im Preuß. Staatsministerium zu Berlin zusammenbrach, kam der längst verschollen geglaubte Briefwechsel Lassalle/Bismarck ans Tageslicht. Gustav Mayer hat ihn mit Erlaubnis des preuß. Ministerpräsidenten Otto Braun in historisch-kritischer Durcharbeit in dem obengenannten Buch veröffentlicht. D. Hrsg.

Produktivgenossenschaft spricht auch dafür, daß ihm jedes Mittel recht war, einen Keil zwischen Arbeiterklasse und Bourgeoisie zu treiben, um nach dem Grundsatz „teile und herrsche" sich in der Macht zu halten...

*

Kurze Zeit nach Eichlers Anwesenheit in Leipzig reisten Fritzsche und Vahlteich als Delegierte nach Berlin, um sowohl mit den Führern der Berliner Arbeiter wie mit denen der Fortschrittspartei und des Nationalvereins über die obenerwähnten Punkte zu verhandeln. Daß der deutsche Arbeiterkongreß erst Anfang 1863 und dann nach Leipzig berufen werden sollte, darüber einigte man sich rasch, ebenso über die Tagesordnung des Kongresses, aus der der Punkt „Abhaltung einer Weltausstellung in Berlin" gestrichen wurde. Eichler war mit anderen Arbeitern im Sommer 1862 Besucher der Londoner Weltausstellung gewesen, zu der der Nationalverein und eine Anzahl Gemeindevertretungen Arbeiter geschickt hatten. Im ganzen besuchten etwa fünfzig Arbeiter unter Führung von Max Wirth die Londoner Ausstellung. So war die Idee der Berliner Weltausstellung entstanden.

Die Verhandlungen mit den Führern der Liberalen befriedigten die Leipziger Delegierten sehr wenig, wie sie unverhohlen nach ihrer Rückkunft bei ihrer Berichterstattung mitteilten. Anfang 1863 hielt der Nationalverein seine Generalversammlung in Leipzig ab. In einer preußischen Stadt sie abzuhalten, durfte er nicht wagen, trotzdem er für die preußische Spitze arbeitete. Schulze-Delitzsch sprach am 3. Januar in einer großen Versammlung im Tivoli, dem jetzigen Volkshaus der Leipziger Arbeiter, eine Umwandlung, die damals kein Mensch für möglich gehalten hätte. Hier richtete Dr. Dammer an Schulze-Delitzsch das Ersuchen, sich zu äußern über das Verhältnis des Nationalvereins zu den Arbeitern. Schulze antwortete unter anderem, daß die Arbeiter sich allerdings um Politik kümmern sollten, aber, fuhr er fort, der Arbeiter, der so schlecht gestellt ist, daß er von der Hand in den Mund lebt, hat der Zeit und Sinn, sich um öffentliche Angelegenheiten zu kümmern? Nein, wahrlich nicht! Die Befreiung aus dieser Armseligkeit des Daseins sei für jeden Volksfreund und für Deutschland ganz besonders eine große nationale Aufgabe. Und rechte Arbeiter, die ihre Ersparnisse dazu verwendeten, ihre Lage zu verbessern, „die begrüße ich hiermit im Namen des Ausschusses als geistige Mitglieder, als Ehrenmitglieder des Nationalvereins".

Diese Rede machte in den Kreisen der radikalen Arbeiter böses Blut, sie zeigte, daß der Nationalverein sich die Arbeiter als Mitglieder fernhalten wollte, darum lehnte er die Zahlung von Monatsbeiträgen ab. Als dann kurz nach jener Versammlung eine neue Deputation nach Berlin ging — Dr. Dammer, Fritzsche, Vahlteich —, blieb diese über die Gesinnung der maßgebenden Persönlichkeiten gegenüber den Arbeitern nicht mehr im Zweifel. Da war es der junge Ludwig Löwe, der Gründer der bekannten Waffenfabrik Ludwig Löwe & Co., der die Deputation zu Lassalle führte. Hier fanden die drei, was sie suchten: Verständnis für ihre Forderungen und bereitwilliges Entgegenkommen. Mit Lassalle wurde verabredet, daß der Arbeiterkongreß weiter hinausgeschoben werden solle, bis er (Lassalle) seine Ansichten über die Stellung der Arbeiter in Staat und Gesellschaft in einer besonderen Broschüre niedergelegt habe, deren Verbreitung das Leipziger Zentralkomitee übernehmen solle.

Ich möchte hier bemerken, daß der Wandel bei den maßgebenden Personen in der Leipziger Bewegung äußerlich sich ziemlich rasch vollzog, und man ihnen deshalb gegnerischerseits den Vorwurf der Wankelmütigkeit und Unklarheit machte. So war noch im November 1862 in einer großen Arbeiterversammlung auf Antrag Fritzsches beschlossen worden, ein Komitee für die Gründung eines Konsumvereins niederzusetzen. Und Anfang Februar 1863, also zu einer Zeit, in der man bereits mit Lassalle in Verbindung stand, berichtete Fritzsche über eine Reise nach Gotha und Erfurt, über die dortigen Konsumvereine, und beantragte Gründung eines solchen für Leipzig. Einen Beschluß hierüber verhinderte Vahlteich, der erklärte, das Zentralkomitee habe die Frage bereits in Erwägung gezogen. Das war von ihm sehr klug gehandelt, denn es hätte sich merkwürdig ausgenommen, einen Konsumverein in Leipzig zu einer Zeit zu gründen, in der Lassalle bereits über seinem Antwortschreiben* saß, in dem er bekanntlich die Konsumvereine als vollständig wertlos für die Hebung der Lage der Arbeiter hinstellte.

Auch Vahlteich war um jene Zeit noch in vergleichsweise friedlicher Stimmung. Ende 1862 veröffentlichte er in der Leipziger „Mitteldeutschen Volkszeitung" einen langen polemischen Artikel gegen Angriffe, die gegen das Zentralkomitee erhoben worden waren, in dem er ausführte: daß die Pflicht gegen die zu erstrebende Zukunft der Arbeiter gebiete, *die höchste Mäßigung zu beobachten.* Dagegen ging Vahlteich in dieser Erklärung schon über Lassalle, der noch von einem Arbeiterstand sprach, hinaus, indem er den Satz aufstellte: Einen besonderen Stand bilden die Arbeiter nicht, *aber eine durch die faktischen Verhältnisse geschaffene Klasse.* Mit dem Erscheinen des Lassalleschen Antwortschreibens trat allerdings eine vollständige Frontveränderung der Führer ein. Ihnen daraus einen Vorwurf zu machen, wäre verfehlt. In gärenden Zeiten treten Gesinnungswandlungen rasch ein. Der Denkprozeß wird beschleunigt. Drei Jahre später, als Deutschland der Katastrophe von 1866 entgegeneilte, erging es mir und vielen meiner da-

* Ferdinand Lassalles „Offnes Antwortschreiben an das Zentralkomitee zur Berufung eines allgemeinen deutschen Arbeiterkongresses zu Leipzig", Zürich 1863. Zu Lassalles negativer Einstellung zu Konsumvereinen und seiner positiven zu Produktivgenossenschaften mit Staatshilfe siehe auch Walther G. Oschilewski, „Wille und Tat". Der Weg der deutschen Konsumgenossenschaftsbewegung (Hamburg 1953), Seite 29—31. — Über Lassalle siehe auch S. 112 ff. D. Hrsg.

maligen Gesinnungsgenossen ganz ähnlich. Die rasche Wandlung von einem Saulus zu einem Paulus vollzieht sich auch ohne Wunder immer wieder.

Ich war Anfang November 1862 aus dem Zentralkomitee ausgeschieden. Meine Stellung im Gewerblichen Bildungsverein nahm meine Zeit, meine Kraft und mein Interesse im höchsten Maße in Anspruch. Da ich Abend für Abend, falls nicht eine Arbeiterversammlung oder eine Komiteesitzung mich abhielt, im Verein zubrachte, lernte ich die Wünsche und Bedürfnisse der Mitglieder besser kennen als die Vorsitzenden des Vereins. So wurde ich bald der fleißigste Antragsteller in den Ausschußsitzungen und Monatsversammlungen. Meine Anträge konnten fast regelmäßig auf Annahme rechnen. Dadurch wurde mein Einfluß ein großer. Zu jener Zeit war ich aber noch Arbeiter, das heißt ich mußte von morgens 6 bis abends 7 Uhr an der Drehbank stehen mit Unterbrechung von im ganzen zwei Stunden für die Einnahme der Mahlzeiten. So wurde meine allzu große Tätigkeit nach verschiedenen Richtungen auch zu einer Geldfrage. Außerdem erschienen mir die im Komitee und in den Versammlungen gepflogenen Debatten sehr unklar und zwecklos, dadurch wurde mir der Austritt aus dem Komitee erleichtert...

Im Leipziger Arbeiterbildungsverein wurde ich bei der notwendig gewordenen Neukonstituierung zum zweiten Vorsitzenden gewählt, eine Stellung, die ich bereits in der letzten Zeit im Gewerblichen Bildungsverein innehatte. Und als der erste Vorsitzende, Dr. med. Reyher — ein Schüler Professor Bocks —, bald darauf sein Amt niederlegte, rückte ich an dessen Stelle, eine Stellung, die ich bis zum Jahre 1872 innehatte, in welchem ich meine Festungshaft antreten mußte, die mir wegen angeblicher Vorbereitung zum Hochverrat wider das Deutsche Reich zuerkannt worden war.

Der Arbeiterbildungsverein erhielt vom Jahre 1865 an eine jährliche städtische Unterstützung von 300 Talern, die ihm hauptsächlich zur Beschaffung besserer Lokalitäten und Aufrechterhaltung des Unterrichts gewährt wurde. Als aber in den nächsten Jahren der Verein, der politischen Mauserung seines Vorsitzenden folgend, ebenfalls immer mehr nach links abschwenkte, wurde dieselbe von der städtischen Vertretung zunächst auf 200 Taler herabgesetzt. Und als der Verein im Jahre 1869 sich unter meiner Führung für das Programm der zu Eisenach neugegründeten Sozialdemokratischen Arbeiterpartei Deutschlands erklärte, eine Entscheidung, die nach einer Redeschlacht, die drei Abende in Anspruch nahm, mit großer Mehrheit getroffen wurde, verlor er im nächsten Jahre den Rest der Subvention. Der Liberalismus unterstützt nur politisch brave und gehorsame Kinder, denn die Unterrichtszwecke des Vereins hatten unter seiner politischen Wandlung nicht im geringsten gelitten. Der Verein blieb weiter am Leben und gedieh, bis das Sozialistengesetz ihm gewaltsam den Lebensfaden abschnitt.

Vertreter des Volkes

Sobald ich die offizielle Anzeige meiner Wahl zum Reichstag (des Norddeutschen Bundes) in der Tasche hatte, reiste ich mit einigem Herzklopfen am 5. März 1867 nach Berlin.*

Der Reichstag war bereits am 24. Februar eröffnet worden. Ich ging einer ganz neuen politischen Tätigkeit entgegen. Bis jetzt war mir das parlamentarische Leben noch gänzlich fremd; jemand, der mich hätte über dasselbe unterrichten können, kannte ich nicht. Rechtsanwalt Schraps, der mit mir von der gleichen Partei gewählt war, wußte davon soviel wie ich. Doch hinein ins Wasser.

Als ich eben die Tür zum alten Herrenhaus in der Leipziger Straße, in dem der Reichstag tagte, öffnen wollte, wurde dieselbe von innen geöffnet und heraus trat der Prinz Friedrich Karl, der ebenfalls Mitglied des Reichstages war. Da begegnet der auf der sozialen Stufenleiter Höchste dem Niedersten dachte ich. Nachdem ich mich auf dem Büro angemeldet hatte, begab ich mich in die Wohnungen von Rechtsanwalt Schaffrath und Professor Wigard, an die ich ein Empfehlungsschreiben Professor Roßmäßlers hatte, die ich aber beide persönlich noch nicht kannte, um zu hören, wie es im Reichstag stehe. Beide klagten über ihre preußischen Gesinnungsgenossen, die Fortschrittler, unter denen auch der Beste sich nicht auf einen wirklich freien, demokratischen Standpunkt erheben könne. Auch die partikularistischen Sachsen, Geheimrat v. Wächter und Genossen, hätten sich bereits durch Bismarck ins Bockshorn jagen lassen und wagten nicht mehr, ihren konstitutionellen Standpunkt zu vertreten.

Bemerken will ich, daß *damals* die konservativen Sachsen, Hannoveraner usw., die schon ein weit längeres Verfassungsleben hinter sich hatten als die Preußen, konstitutionellen Anschauungen huldigten und in ihrem Lande verwirklicht hatten, die selbst liberale Preußen nicht zu vertreten wagten.

Ich war der ersten Abteilung zugewiesen worden. Für Laien sei bemerkt, daß die Mitglieder des Reichstages durch das Los sieben Abteilungen zugewiesen wurden, welche damals noch die Wahlprüfungen endgültig vorzunehmen hatten, und wie heute die Fachkommissionen wählen. Aus diesem Grunde muß die Zahl der Kommissionsmitglieder stets durch sieben teilbar sein.

* Bebel wurde 1867 vom 17. Wahlkreis (Glauchau-Meerane) in den konstituierenden Reichstag des Norddeutschen Bundes gewählt.

Meiner Frau schrieb ich unter dem 8. März: Schraps und ich bildeten die äußerste Linke und wir säßen dementsprechend. Weiter nach links zu rücken, verhindere uns die Wand, die wollten wir aber doch nicht mit dem Kopfe einrennen.

Unter den Abgeordneten befand sich damals die Elite der norddeutschen Politiker und parlamentarischen Koryphäen. Da sah ich wieder v. Bennigsen, der im Vorjahr den Abgeordnetentag in Frankfurt a. M. präsidiert hatte; weiter Dr. Karl Braun-Wiesbaden, der Parlamentsspaßmacher wurde und die beste Weinzunge im Reichstag gehabt haben soll; den roten Becker, dessen Bekanntschaft aus dem Jahre 1863 ich erneuerte; Max Duncker, der auf seine Löwenmähne stolz war; v. Forckenbeck, der später Nachfolger Simsons und der parteiischste Präsident wurde, den der Reichstag je hatte; Gustav Freytag, der bekannte Romanschriftsteller; Rudolf Gneist, dem nachher eines Tages der Kriegsminister v. Roon vor dem ganzen Hause das Kompliment machte, er sei ein Mann, der *alles* beweisen könnte; den kleinen Lasker, der mit seinen kurzen Beinchen wie ein Wiesel lief, wenn er zur Tribüne eilte, was häufig vorkam; das ehemalige Mitglied des Kommunistenbundes Miquel, ein feiner Kopf und Redner; Dr. Planck, nachmals Hauptmitarbeiter am Bürgerlichen Gesetzbuch und Kommentator desselben; Eugen Richter, der noch ebenso frostig dreinsah wie 1863, als ich ihn in Frankfurt a. M. kennenlernte; Dr. Simson, einst einer der Präsidenten des Frankfurter Parlaments, dem man jetzt dieses Amt im Reichstag übertragen hatte; wegen der würdevollen Art, mit der er präsidierte und die Glocke schwang, wurde er scherzweise Jupiter Tonans genannt; Schwerin-Putzar, früher Minister in der „liberalen Ära", setzte später durch, daß der Reichstag für die Beratung der Initiativanträge seiner Mitglieder einen bestimmten Tag in der Woche, in der Regel den Mittwoch bestimmte; daher werden diese Tage noch heute im Parlamentsjargon Schwerintage genannt. Schulze-Delitzsch, Twesten, besonders bekanntgeworden durch sein Duell mit Herrn v. Manteuffel; v. Unruh, ein liberaler Reaktionär; Waldeck, der eigentliche Führer der Fortschrittspartei; die beiden Mecklenburger Gebrüder Wiggers, beide ehemalige Revolutionäre, von denen der eine zu den Nationalliberalen, der andere zur Fortschrittspartei gehörte. In der bundesstaatlich-konstitutionellen Fraktion ragte vor allem neben Windhorst Mallinckrodt hervor, der mit der feinste Kopf des späteren Zentrums war. In der Fraktion des Zentrums, das damals aus Altliberalen bestand, saß Georg v. Vincke, der Schrecken der Stenographen. Er war der schnellste Redner des Reichstages. Endlich befand sich auf der äußersten Rechten und als ihr eigentlicher Führer der Geheime Oberregierungsrat Herrmann Wagener, eine hohe, hagere Bürokratengestalt, mit einem knochigen, unsympathischen Gesicht und einem unangenehmen Organ ...

Mehr aber als alle die Genannten interessierte mich Bismarck, den ich vordem noch nicht gesehen hatte. Er erschien damals im Reichstag fast immer im schwarzen Gehrock, schwarzer Weste und hoher schwarzer Geheimratskrawatte, aus der die weißen Spitzen der Vatermörder hervorsahen. Das Haar, soweit er solches noch besaß, war dunkel, ebenso der kurzgeschnittene Schnurrbart. Nach den drei Haaren, die nach Angabe aller Karikaturenzeichner auf dem im übrigen kahlen Schädel stehen sollten, wie drei Pappeln auf weiter Flur, hielt ich vergebens Ausschau. Entweder waren sie nur in der Phantasie der Zeichner vorhanden gewesen, oder er hatte sie im Verfassungskampf als Trophäe in den Händen seiner Gegner lassen müssen. Ich war sehr begierig, ihn sprechen zu hören, aber nicht wenig enttäuscht, als der Hüne sich erhob und, statt mit einer Löwen- oder Stentorstimme, mit einer Diskantstimme zum Hause sprach. Er prägte lange, sehr verwickelte Sätze, stockte auch zeitweilig ein wenig, sprach aber stets interessant. Was er sagte, hatte Hand und Fuß...

Meine erste parlamentarische Handlung bestand darin, daß ich den Reichstag zu einer *Ungesetzlichkeit* verleitete. Da diese Tat noch nicht in die Tafeln der Geschichte eingegraben worden ist, sei sie hier in Kürze erzählt. Als ich der ersten Abteilungssitzung beiwohnte, stand zufällig die Wahl des Abgeordneten Professor v. Wächter für Leipzig auf der Tagesordnung. Wächter war in engerer Wahl mit 5434 gegen 4403 Stimmen gewählt worden. Der Leipziger Magistrat hatte aber den groben Fehler begangen, daß er nicht, wie Paragraph 7 des Wahlreglements vorschreibt, den Wahlkreis in Wahlbezirke, von denen keiner über 3500 Einwohner haben darf, einteilte, sondern daß er die Namen der gesamten Wählerschaft der Stadt, nach dem *Alphabet geordnet,* auf acht Wahlorte verteilte, die im Mittelpunkt der Stadt lagen. Es entschied also nicht der Wahlbezirk, sondern die alphabetische Ordnung der Namen der Wähler, wo ein solcher zu wählen hatte. Der Berichterstatter Graf Bethusy-Huc trug den Fall vor, der nach seinem eigenen Geständnis sehr kritisch lag. In der Debatte, die über die Gültigkeit der Wahl entstand, ergriff auch ich das Wort und führte aus: Ich wohnte seit sechs Jahren in Leipzig, wäre mit den politischen Verhältnissen der Stadt genau bekannt und könnte danach bestimmt behaupten, wenn der Wahlkreis nach der gesetzlichen Vorschrift aufgeteilt worden wäre, würde das Wahlresultat auch kein anderes gewesen sein. Diese Auffassung, nach der ich die gesetzliche Vorschrift vollständig ignorierte, schlug durch. Die Kommission beschloß mit 14 gegen 11 Stimmen die Gültigkeit der Wahl, und das Plenum schloß sich dem Antrag *ohne Debatte* einstimmig an.

Ich hatte also den Leipziger Magistrat vor einer großen Blamage bewahrt, der er verfallen wäre, wenn die Wahl für ungültig erklärt worden wäre. Ich hatte aber auch der Stadt die Vertretung gerettet; denn da der Reichstag bereits am 17. April geschlossen wurde, hätte eine Nachwahl, für die eine neue Wählerliste aufgestellt werden mußte, nicht mehr rechtzeitig stattfinden können. Daß so beschlossen wurde, war allerdings nur in ungefestigten Verhältnissen möglich, wie sie in der ersten Session dieses neuen Reichstages vorhanden waren...

Einmal Mitglied des Reichstages, hatte ich das Bedürfnis, eine größere Rede im Plenum zu halten. In meinem Wahlkreis wartete man sehnlichst darauf und richtete dementsprechende Anfragen an mich. Aber die Schlußanträge waren sehr häufig, und in der Generaldebatte über den Verfassungsentwurf war mir das Wort abgeschnitten worden. Endlich gelangte ich bei Artikel 14, Verhältnis der süddeutschen Staaten zum Norddeutschen Bund, zum Worte. Ich führte aus:

> Ich sei überzeugt, daß es Preußen bei der Gründung des Norddeutschen Bundes keineswegs um eine Einigung Deutschlands zu tun gewesen sei (lebhafter Widerspruch rechts), man habe im Gegenteil ein spezifisch preußisches Interesse, die Stärkung der Hohenzollernschen Hausmacht, im Auge gehabt. (Lebhafter Widerspruch rechts. Der Präsident forderte zur Ruhe auf, man solle mich nachher widerlegen.) Betrachte man den Bund näher, so ergebe sich ein ganz abnormes Verhältnis der übrigen Staaten zu Preußen. Der Bund sei nur ein Groß-Preußen, umgeben von Vasallenstaaten, deren Regierungen nichts weiter als Generalgouverneure der Krone Preußens seien. (Lebhafter Widerspruch rechts.)

Ich führte weiter aus:

> Wenn Preußen die süddeutschen Staaten in das Bundesbündnis hätte mit aufnehmen wollen, hätte es das gekonnt. Die Behauptung, daß Frankreich dem entgegengetreten sein würde, ließe ich nicht gelten, denn durch die Militärkonventionen mit den süddeutschen Staaten sei die militärische Macht Deutschlands im Falle eines Krieges in der Hand Preußens vereinigt. Frankreich würde sich also gehütet haben, sich gegen die Aufnahme Süddeutschlands in den Nordbund zu erklären. Eine Einmischung von seiner Seite in die inneren Angelegenheiten Deutschlands würde zur Folge gehabt haben, daß ganz Deutschland sich wie ein Mann gegen Frankreich erhoben hätte.
>
> Wenn der Prager Friedensvertrag nur eine *international* geregelte Einigung zwischen Nord- und Süddeutschland zulasse, dann sei damit bewiesen, wie Preußen in der Frage denke, denn Preußen habe den Prager Friedensvertrag diktiert, und würde die preußische Regierung finden, daß dieser Vertrag ihr schädlich sei, so werde sie nicht anstehen, denselben zu zerreißen. (Oh! Oh! rechts.) Ich sei auch überzeugt, daß Österreich dasselbe tun werde, sobald es die Niederlage und Blamage des vorigen Jahrhunderts auswetzen könne. Die preußische Regierung wolle die süddeutschen Staaten nicht in den Nordbund aufnehmen, weil alsdann Preußen eine Majorisierung fürchten müsse. Preußen werde sich also begnügen, daß es durch die Militärkonventionen die militärische Gewalt in die Hände bekommen habe. Im übrigen werde man durch Zollverträge die vorhandene Kluft zu überbrücken trachten, aber ausfüllen werde man sie nicht. Eine solche Politik unterstützen wir nicht. Ich protestierte dagegen, daß man eine solche Politik eine deutsche nenne, und ich protestierte gegen einen Bund, der nicht die Einheit, sondern die *Zerreißung* Deutschlands proklamiere, gegen einen Bund, der Deutschland zu einer *großen Kaserne* mache

(lebhafter Widerspruch) und den letzten Rest von Freiheit und Volksrecht vernichte.

Der nationalliberale Abgeordnete Weber-Stade fand, daß durch meine Rede ein Mißton in die Versammlung geworfen worden sei, er hoffe aber, daß mit dem Aussprechen solcher Mißtöne die Gelegenheit zur Auflösung derselben in Harmonie gegeben sei.

Der Abgeordnete Miquel polemisierte ebenfalls gegen mich. Ich hätte bedauert, daß der Norddeutsche Bund den Rechten der kleinen Fürsten einen so gewaltigen Abbruch tue, daß sie sich in der beklagenswerten Stellung von Generalgouverneuren befänden. Das war eine Verdrehung meiner Worte, da ich mit dem Gleichnis nur dartun wollte, was für ein sonderbares Gebilde dieser Norddeutsche Bund sei. Wären damals sämtliche Klein- und Mittelstaaten annektiert worden, ich hätte keinen Finger dagegen gerührt. Ein weiteres Diktum von Miquel war: der preußische Staat ist *kein* Militärstaat, sondern ein Staat der Kultur... Es sei wunderbar, welche Koalition von Gegnern dem neuen Staatsgebilde entgegentreten. Auf der einen Seite die *entschiedensten Demokraten,* deren Tendenzen noch nicht darauf hinausliefen, sich besonders für die Machtvollkommenheit der kleinen Fürsten zu interessieren, und verbunden mit ihnen sei die ultramontane Partei, die, wenn man offen sein wolle, unser Vaterland nirgends und anderswo als in Rom sehe.

Man sieht, daß vom ersten Augenblick unseres parlamentarischen Lebens bereits die Denunziation auftauchte, wir seien Verbündete der ultramontanen Partei, die damals im norddeutschen Reichstag noch keine organisierte Vertretung hatte. Miquel ist also der Vater dieser Denunziation, die bis heute von seinen Gesinnungsgenossen uns gegenüber praktiziert wird. Im weiteren sprach er die Hoffnung aus, der König von Preußen werde mit Gegnern wie Bebel fertig werden. Bis heute hat sich diese Hoffnung nicht erfüllt, so wenig wie die andere, die drei Jahrzehnte später geäußert wurde: die Sozialdemokratie sei nur eine vorübergehende Erscheinung...

Meine Rede hatte erhebliches Aufsehen auch außerhalb des Hauses und namentlich bei meinen Wählern große Befriedigung hervorgerufen. Dagegen gab das liberale „Glauchauer Tageblatt" seinem Ärger dadurch Ausdruck, daß es schrieb: „Der jugendliche Drechslermeister Bebel aus Leipzig hat seine wohleinstudierte Jungfernrede glücklich vom Stapel gelassen, infolgedessen schlägt das Schweinefleisch um drei Pfennig ab." Darauf antwortete nächsten Tages eine Annonce im „Schönburger Anzeiger", der ebenfalls in Glauchau erschien: „Der erwartete Abschlag des Schweinefleisches ist nicht erfolgt, wohl aber steht infolge großen Andranges von ostpreußischem Rindvieh (Anspielung auf den Verfasser) ein bedeutender Abschlag des Ochsenfleisches bevor."

Meine Jungfernrede hatte noch zwei weitere Nachspiele. Die „Gartenlaube" veröffentlichte zu jener Zeit eine Reihe Artikel, in der das Auftreten markanter Persönlichkeiten im Reichstag besprochen wurde. Mir wurde die Ehre zuteil, ebenfalls in diesen Artikeln genannt zu werden. Der Verfasser führte aus, als ich meine Rede gehalten, sei es gewesen, als rausche der Sturmvogel der Revolution durch das Haus. Das schien dem Verleger der „Gartenlaube", Ernst Keil, mit dem ich früher persönlich wiederholt wegen politischer Dinge Verkehr gehabt hatte, ein zu großes Lob zu sein. Der Druck der betreffenden Nummer wurde unterbrochen und der Satz geändert.

Einige Wochen später, als ich wieder zu Hause war, traten eines Tages zwei aristokratisch aussehende Herren in meine Werkstatt, in der ich eben am Schraubstock stand und Büffelhörner zersägte. Der eine der Herren fragte nach dem Drechslermeister Bebel. Der bin ich, gab ich zur Antwort. Darauf sah mich der Frager etwas betroffen an und äußerte: Ich meine den Reichstagsabgeordneten Bebel. Etwas pikiert antwortete ich: Ja, ja, der bin ich! Erstaunt sah er an mir vom Kopf bis zu den Füßen herunter und stellte sich als Freiherr v. Friesen auf Rötha vor. Er war der Bruder des Ministers. Er habe meine Reichstagsrede gelesen und sich über eine Anzahl Stellen in derselben gefreut. Ich verneigte mich für das Kompliment...

*

Ich hatte gegen Schluß der Session meine Frau nach Berlin kommen lassen, um ihr die Stadt zu zeigen. Das damalige Berlin kann sich mit dem heutigen in nichts vergleichen. Die schmucklosen Fassaden der Häuser an den langen geraden Straßen ließen es langweilig und eintönig erscheinen. Die Häuser standen gleichmäßig nebeneinander wie ein Regiment Soldaten, aber ohne anregende Farbe. Der Verkehr war im Vergleich zu heute gering. Ab und zu humpelte ein Omnibus mit zwei müden Gäulen über das Pflaster. Droschken sah man selten, deren Benutzung war dem Berliner jener Zeit zu teuer. Das einzige moderne Verkehrsmittel war die Pferdebahn, die vom Kupfergraben nach Charlottenburg führte.

Mit den hygienischen Zuständen war es übel bestellt. Eine Kanalisation war noch nicht vorhanden. In den Rinnsteinen, die längs der Bürgersteige hinliefen, sammelten sich die Abwässer der Häuser und verbreiteten an warmen Tagen mephistische Gerüche. Bedürfnisanstalten auf den Straßen oder Plätzen gab es nicht. Fremde und namentlich Frauen gerieten in Verzweiflung, bedurften sie einer solchen. In den Häusern selbst waren diese Einrichtungen meist unglaublich primitiv. Eines Abends besuchte ich mit meiner Frau das Königliche Schauspielhaus. Ich war entsetzt, als ich in einem Zwischenakt in den Raum trat, der für die Befriedigung kleiner Bedürfnisse der Männer bestimmt war. Mitten in dem Raum stand ein Riesenbottich, längs den Wänden standen einige Dutzend Pots de Chambre, von denen man den benutzten höchst eigenhändig in den großen Kommunebottich zu entleeren hatte. Es war recht gemütlich und ganz demokratisch.

Berlin als Großstadt ist wirklich erst nach dem Jahre 1870 aus dem Zustand der Barbarei in den der Zivilisation getreten.

*

Ich hatte die Gewohnheit angenommen, nach jeder Session des Reichstages in meinen Wahlkreis zu reisen und in den Hauptorten eine Anzahl Wählerversammlungen abzuhalten, in denen ich über die Verhandlungen des Reichstages und meine Tätigkeit Bericht erstattete. Da wir überall große Säle zur Verfügung hatten, konnte ich auf Massenbesuch rechnen, und es war mir besonders interessant, daß von Anfang meiner Agitationen an die Frauen ein nicht unerhebliches Kontingent zu den Versammlungsbesuchern stellten, die nachher eifrige Agitatorinnen für uns wurden. Da wir keine Presse besaßen, und die paar im Kreise verbreiteten Parteiblätter nur von wenigen gelesen wurden, die gegnerische Presse aber unausgesetzt sich namentlich mit mir beschäftigte, waren diese Versammlungen nötig. Es bildete sich allmählich zwischen mir und meinen Wählern ein Vertrauensverhältnis heraus, das nichts zu wünschen übrig ließ. Die Gegner machten bei den verschiedenen Wahlen vergebliche Anstrengungen, mich aus dem Sattel zu heben. Es fiel mir sehr schwer, als ich nach zehn Jahren (1877) doppelt gewählt wurde, den Wahlkreis aufzugeben; andernfalls wäre der neugewonnene Wahlkreis (Altstadt Dresden) der Partei wieder verlorengegangen.

Selbständiger Handwerksmeister

Für einen Mann, der im öffentlichen Leben mit einer Welt von Gegnern im Kampfe liegt, ist es nicht gleichgültig, wes Geistes Kind die Frau ist, die an seiner Seite steht. Je nachdem kann sie eine Stütze und eine Förderin seiner Bestrebungen oder ein Bleigewicht und ein Hemmnis für denselben sein. Ich bin glücklich, sagen zu können, die meine gehörte zu der ersteren Klasse. Meine Frau war die Tochter eines Bodenarbeiters an der Leipzig-Magdeburger Bahn, der schon gestorben war, als ich sie kennenlernte. Meine Braut war Arbeiterin in einem Leipziger Putzwarengeschäft. Wir verlobten uns im Herbst 1864, kurz vor dem Tode ihrer braven Mutter, und heirateten im Frühjahr 1866. Ich habe meine Ehe nie zu bereuen gehabt. Eine liebevollere, hingebendere, allezeit opferbereitere Frau hätte ich nicht finden können. Leistete ich, was ich geleistet habe, so war dieses in erster Linie nur durch ihre unermüdliche Pflege und Hilfsbereitschaft möglich. Und sie hat viele schwere Tage, Monate und Jahre zu durchkosten gehabt, bis ihr endlich die Sonne ruhigerer Zeiten schien.

Eine Quelle des Glückes und ein Trost in ihren schweren Stunden wurde ihr unsere im Januar 1869 geborene Tochter, mit deren Geburt ein amüsanter Vorgang verknüpft ist. Am Vormittag des betreffenden Tages saß ich in der Stube vor meinem Schreibtisch und wartete in großer Aufregung auf das erhoffte Ereignis, als an die Tür geklopft wurde und auf meinen Hereinruf ein Herr in die Stube trat, der sich als Rechtsanwalt Albert Träger vorstellte. Trägers Name war mir bereits durch seine in der „Gartenlaube" veröffentlichten Gedichte und seine öffentliche Tätigkeit bekannt. Nach unserer Begrüßung äußerte Träger verwundert: „Sie sind ja noch ein junger Mann, ich glaubte, Sie seien ein älterer, behäbiger Herr, der sein Geschäft an den Nagel gehangen hat und die Politik zu seinem Vergnügen treibt." Ich stand in der üblichen grünen Drechslerschürze vor ihm und antwortete lächelnd: „Wie Sie sehen, sind Sie im Irrtum!" Wir unterhielten uns dann, bis ich in der Nebenstube den erwarteten Kinderschrei hörte. Jetzt gab's für mich kein Halten mehr. Mit wenigen Worten klärte ich Träger über die Situation auf, worauf er mir herzlich gratulierte und sich entfernte. Einige Jahre später kam Träger ebenfalls in den Reichstag, und so wurden wir Kollegen und blieben, trotz unserer prinzipiell verschiedenen Standpunkte, gute Freunde.

Meine Stellung in der Arbeiterbewegung wie meine Verlobung ließen mir meine dauernde Niederlassung in Leipzig wünschbar erscheinen. Sachsen hatte zwar im Jahre 1863 die Gewerbefreiheit eingeführt, aber wer sie als „Ausländer" benutzen wollte, und das war jeder Nichtsachse, mußte die sächsische Naturalisation erwerben. Das kostete damals viel Geld, denn gleichzeitig mußte man sich auch in einer Gemeinde einbürgern lassen. Zur Selbständigmachung und zur Naturalisation fehlten mir aber die Mittel. Die letztere erforderte mit dem Bürgerwerden in Leipzig etwa 150 Taler, und was ich von Hause erwarten konnte, waren etwa 350 Taler. Unerwarteterweise wurde ich zur Selbständigmachung gezwungen, indem mir mein Meister Ende 1863 unter der Vorgabe, er habe keine Arbeit mehr für mich, kündigte. In Wahrheit kündigte er mir, weil er gehört, ich wolle mich selbständig machen. Er wollte sich also einen Konkurrenten vom Leibe halten. Ich reiste darauf nach Wetzlar und holte, was an Geld flüssig zu machen war. Ich mietete dann ein Werkstattlokal mitten in der Stadt, im Hofe eines Kaufhofes, das eben aus einem Pferdestall in einen Arbeitsraum umgewandelt worden war. Das Lokal war so primitiv, daß es noch keine Kaminanlage hatte, und ich bis zur Fertigstellung derselben, wider alle polizeiliche Vorschrift, mein Ofenrohr durch das Fenster in den Hof leiten mußte. Dasselbe Lokal mußte mir auch, da meine geringen Mittel wie Butter an der Sonne zusammengeschmolzen waren, als Schlafraum dienen, wobei ich in den kalten Winternächten jämmerlich fror. Um die Naturalisation einstweilen zu umgehen, hatte ich mein Geschäft unter der Firma eines befreundeten Bürgers eröffnet, bis ich im Frühjahr 1866, um heiraten zu können, auch die Naturalisation mit Schuldenmachen unternahm. Zwei Jahre später wären mir viele Kosten infolge der Gesetzgebung des Norddeutschen Bundes erspart geblieben.

Ich begann mein Geschäft im kleinsten Maßstab, mit Hilfe eines Lehrlings. Anfangs arbeitete ich wiederholt Tag und Nacht durch, das heißt sechsunddreißig Stunden hintereinander, um die bestellte Arbeit liefern zu können. Nach einigen Monaten vermochte ich einen Gehilfen einzustellen. Als ich aber im Februar 1867 in den Reichstag gewählt worden war und nun während meiner Abwesenheit meinem Gehilfen Einblicke in das Geschäft gewähren mußte, die er sonst nicht erlangte, kündigte er mir nach meiner Rückkunft und machte sich selbständig. Als ich später diesen Vorgang einem ehemaligen Kollegen erzählte, meinte dieser trocken: „Das geschieht dir recht, warum zahltest du einen Lohn, bei dem er sich Geld sparen konnte.“ Dieser „horrende Lohn“ betrug damals viereinhalb Taler je Woche, er war um einen halben Taler höher als in jeder anderen Werkstatt; auch währte bei mir die Arbeitszeit täglich zehn Stunden, anderwärts elf.

Im übrigen lernte ich das Elend des Kleinmeisters gründlich kennen. Die gelieferten Waren mußten auf längeren Kredit gegeben werden, Lohn für Gehilfe und Lehrling, Spesen und der eigene Lebensunterhalt erforderten aber täglich und wöchentlich Ausgaben. Woher das Geld nehmen? Ich lieferte also einem Kaufmann meine Ware gegen Barzahlung zu einem Preis, der nur wenig höher als die Selbstkosten war. Holte ich mir aber am Samstag mein Geld, so erhielt ich lauter schmutzige Papierscheine, von denen damals Leipzig durch seinen Verkehr mit den thüringischen Kleinstaaten überflutet wurde. Jeder dieser kleinen Staaten nutzte sein Münzrecht gründlich aus und überschwemmte mit Papiergeld den Markt. Aber dasselbe wurde allgemein gegeben und genommen und galt als Verkehrsgeld. Daneben erhielt ich aber auch öfter Coupons irgend eines industriellen Unternehmens, die noch nicht fällig waren, oder Dukaten, die der Manichäer derart beschnitten hatte, daß ich statt 3 Taler 5 Groschen, wie sie mir angrechnet wurden, beim Bankier, bei dem ich sie wechseln mußte, oft nur 3 Taler und weniger erhielt. Ähnlich ging es mit den Coupons. Ich war über diese Zahlungsweise wütend, aber was wollte ich machen? Ich ballte die Faust in der Tasche und lieferte die nächste Woche wieder Ware und holte mir die gleiche Zahlung, denn ich brauchte um jeden Preis bares Geld.

Meine öffentliche Tätigkeit brachte allmählich das Unternehmertum gegen mich auf. Man verweigerte mir Aufträge zu geben. Das war der Boykott. Wäre es mir nicht gelungen, außerhalb Leipzigs in anderen Städten einen kleinen Kundenkreis auf meine Artikel (Tür- und Fenstergriffe aus Büffelhorn) zu erwerben, ich wäre Ende der sechziger Jahre zum Bankrott gezwungen worden. Schlimm erging es mir während der Kriegszeit 1870/71, in der an sich schon die Arbeit stockte. Als ich dann im Winter 1870/71 mit Liebknecht und Hepner in eine hundertzweitägige Untersuchungshaft genommen wurde, mußte mir meine Frau eines Tages die Mitteilung zugehen lassen, daß kein Stück Arbeit mehr verlangt werde, wohl aber mußten wöchentlich Gehilfe und Lehrling bezahlt werden. Das war eine bitterböse Situation. Doch sie wendete sich bald zum Besseren. Mit dem Friedensschluß begann die Prosperitätsepoche, die bis zum Jahre 1874 währte. Die Bestellungen kamen jetzt ungerufen ins Haus, die Kunden waren froh, wenn sie bedient wurden. Als ich daher im Frühjahr 1872 mit Liebknecht meine zweiundzwandzigmonatige Festungshaft in Hubertusburg antrat, der für mich noch neun Monate Gefängnis folgten, konnte ich das Geschäft mit einem Werkführer, sechs Gehilfen und zwei Lehrlingen zurücklassen. Seide gesponnen wurde freilich nicht, obgleich meine Frau tüchtig auf dem Posten war. Die Geschäftskorrespondenz führte ich von der Festung beziehungsweise aus dem Gefängnis. Schlimm wurde es wieder, als 1874 mit dem Krach gleichzeitig meine Artikel durch Konkurrenten der fabrikmäßigen Herstellung verfielen, und zwar zu Preisen, bei denen ich mit dem Handbetrieb unmöglich mehr konkurrieren konnte. Ich dachte schon daran, das Geschäft aufzugeben und in eine Parteistellung zu treten, da wollte der Zufall, daß ich in der Person eines Parteigenossen, des Kaufmanns Ferd. Ißleib in Berka a. W., einen Associé fand, der neben den materiellen Mitteln die nötigen kaufmännischen Kenntnisse besaß und sehr bald auch in anerkennenswerter Weise die nötigen technischen Kenntnisse sich aneignete. Im Herbst 1876 bezogen wir eine kleine Fabrik mit Dampfbetrieb, in der jetzt auch die Herstellung der betreffenden Artikel aus Bronze vorgenommen wurde, in denen wir bald einen guten Ruf erlangten. Anfangs hatten wir schwer zu kämpfen, denn noch wütete die Krise. Meine Haupttätigkeit wurde nunmehr, die Kunden aufzusuchen und die Geschäftsreisen zu unternehmen, durch die ich später, unter dem Sozialistengesetz, der Partei die größten Dienste leisten konnte. Nachdem ich dann 1881 auf Grund des sogenannten kleinen Belagerungszustandes aus Leipzig ausgewiesen worden war, und diese Ausweisung von Jahr zu Jahr erneuert wurde, ich auch zwischendurch wieder Bekanntschaft mit den Gefängnissen gemacht hatte, löste ich im Herbst 1884 das Associéverhältnis und trat in die Stellung eines Reisenden für das Geschäft. Ich glaubte es meinem stets opferbereiten Associé gegenüber nicht mehr verantworten zu können, an dem mäßigen Nutzen eines Unternehmens teilzunehmen, für das er die Sorge und die Hauptarbeit zu tragen hatte. Außerdem wurde ich durch meine dauernde Entfernung von Leipzig dem inneren Gange des Geschäfts immer mehr entfremdet. So legte ich 1889 auch die Stelle des Reisenden nieder und widmete mich von jetzt ab ganz der Schriftstellerei, durch die ich in dauernde geschäftliche Beziehungen zu meinem Freunde Heinrich Dietz in Stuttgart kam.

Ich habe weiter oben bemerkt, daß man sich öfter ein ganz anderes Bild von meiner Persönlichkeit machte. Darüber amüsierten wir — mein Associé und ich — uns wiederholt. Jener entsprach im Äußeren ganz der Vorstellung, die man sich von mir machte. Er war ein großer, starker Mann, der rotes Haar und einen roten Bart hatte, der bis auf die Brust wallte. Da kam es denn vor, daß, wenn jemand aufs Kontor kam, um mich zu sprechen, mich aber nicht persönlich kannte, er sich an meinen Associé wandte. Diese Verwechslung machte uns stets großes Vergnügen. Sehr heiter stimmte mich auch, als ich eines Tages auf einer Geschäftsreise in Tübingen war, und ich mich in einer Weinwirtschaft von einigen Bekannten verabschiedete, hinter mir ein Tübinger Bürger im reinsten Schwäbisch verwundert äußerte: „Was? Der kloine Ma ischt d'r Bebel?" — Ähnliches erlebte ich öfter. Auch kam es in früheren Jahren nicht selten vor, daß auf der Eisenbahn Reisegefährten sich über mich unterhielten, ohne zu ahnen, daß ich mitten unter ihnen saß und still zuhörte. Es waren manchmal rechte Räubergeschichten, die ich anzuhören bekam.

Und nicht nur erzählte man sich „Räubergeschichten" von mir, man sah mich in weiten Kreisen auch für eine Art „Räuberhauptmann" an, für einen Menschen, der alles ruinieren wolle, eine Vorstellung, zu der die Schilderungen der gegnerischen Presse nicht wenig beitrugen. Wie oft mußte ich nach einer Gesellschaft, die ich besucht hatte, hören, daß man sich verwundert geäußert habe: „Der Bebel ist ja ein ganz anständiger Mensch." Das mußte ich als ein Kompliment ansehen.

Der Deutsch-Französische Krieg

Das Vorspiel

Die Haltung, die Liebknecht und ich bei Ausbruch und während der Dauer jenes Krieges in- und außerhalb des Reichstags einnahmen, ist jahrzehntelang Gegenstand der Erörterung und heftiger Angriffe gewesen. Anfangs auch in der Partei. Aber nur kurze Zeit, dann gab man uns recht. Ich bekenne, daß ich unsere damalige Haltung in keiner Weise bedaure und daß, wenn wir bei Ausbruch des Krieges bereits gewußt hätten, was wir im Laufe der nächsten Jahre auf Grund amtlicher und außeramtlicher Veröffentlichungen kennenlernten, unsere Haltung vom ersten Augenblick an eine noch schroffere gewesen sein würde. Wir hätten uns nicht, wie es geschah, bei der ersten Geldforderung für den Krieg der Abstimmung enthalten, wir hätten direkt gegen dieselbe stimmen müssen.

Heute kann es keinem Zweifel mehr unterliegen, daß der Krieg von 1870 von *Bismarck gewollt* und durch ihn von langer Hand vorbereitet worden ist. Wenn er mit seinen Versuchen, anläßlich der Kriege von 1864 und 1866 sich als den Unschuldigen und dazu Gereizten hinzustellen, wenig Glück hatte, so ist ihm dieses in bezug auf den Krieg von 1870/71 glänzend gelungen. Mit Ausnahme eines kleinen Kreises Eingeweihter, der wußte, daß Bismarck mit allen ihm zu Gebote stehenden Mitteln auf den Krieg mit Frankreich hinarbeitete — zu dem der damalige König und spätere Kaiser Wilhelm I. nicht gehörte —, hat Bismarck alle Welt düpiert und den Glauben zu erwecken verstanden, daß Napoleon den Krieg provozierte und er, der friedliebende Bismarck, sich mit seiner Politik in der Rolle des Angegriffenen befand. Und die offizielle und offiziöse Geschichtschreibung hat diesen Glauben, wonach Frankreich der Angreifer, Deutschland der Angegriffene war, bis heute in der großen Masse der Bevölkerung aufrechtzuerhalten verstanden.

Allerdings hat Napoleon formell den Krieg erklärt, aber das Bewundernswerte in der Bismarckschen Politik lag darin, daß er die Karten so geschickt gemischt hatte, daß Napoleon mit der Kriegserklärung austrumpfen *mußte,* er mochte wollen oder nicht, und so als der Friedensbrecher erschien.

Haben doch kurze Zeit selbst Männer wie Marx und Engels die Anschauung gehabt und öffentlich zum Ausdruck gebracht, Napoleon sei der Friedensbrecher gewesen, obgleich die Warte, auf der sie standen, für die Beurteilung der europäischen Politik eine weit höhere war als die unsere. Die Vorgänge bis zur Kriegserklärung waren so irreführend und verblüffend, daß man ganz die Tatsache übersah, daß Frankreich, das den Krieg erklärte, mit seiner Armee auf keinen Krieg vorbereitet war, wohingegen in Deutschland, das als der zum Kriege provozierte Teil erschien, die Kriegsvorbereitungen *bis auf den letzten Lafettennagel fertig waren* und die Mobilmachung wie am Schnürchen sich vollzog.

Die öffentliche Anklage, daß Bismarck der Urheber des Deutsch-Französischen Krieges sei, habe ich meines Erinnerns in der Partei zuerst in zwei Artikeln des „Volksstaat", und zwar in den Nummern 73 und 74 vom Jahre 1873 erhoben, die die Überschrift trugen: „Zum zweiten September." Liebknecht, dem ich die beiden Artikel vorlegte, hat nur einige kleine formale Änderungen daran vorgenommen und hat sie beide an der Spitze seiner später erschienenen Broschüre: „Die Emser Depesche oder: Wie Kriege gemacht werden" [Nürnberg 1891] abgedruckt.

Der Krieg mit Frankreich lag lange in der Luft. Sobald die Lösung der deutschen Frage durch die Kabinette und nicht durch die Volksmassen in die Hand genommen wurde, war bei der Situation in Deutschland und Europa, die der Wiener Kongreß von 1815 geschaffen hatte, auch die Einmischung des Auslandes zu befürchten, in erster Linie die Frankreichs, dessen damaliger Herrscher Napoleon sich eine Art Schiedsrichterrolle in Europa anzumaßen verstanden hatte. Der Antagonismus zwischen Österreich und Preußen, wie das ganze Gebilde des damaligen deutschen Bundes, erleichterte ihm diese Rolle. Bismarck trug dieser Rolle ebenfalls Rechnung, indem er von 1864 bis 1866 sich auf allerlei bedenkliche Unterhandlungen mit Napoleon einließ, bei denen die Abtretung gewisser Teile Deutschlands als Kompensation für Annexionen deutscher Staaten durch Preußen in Frage kam ...

Bismarck war es gelungen, sowohl 1864 wie 1866 Napoleon zu prellen; er ging bei der Umgestaltung der deutschen Verhältnisse zugunsten Preußens leer aus. Aber seine Einmischung in die Friedensverhandlungen des Krieges von 1866 hatte doch genügt, um Preußen die geplante Annexion Sachsens unmöglich zu machen; auch war Napoleons Einfluß die Bestimmung des Artikel 4 des Prager Friedensvertrages zu verdanken, wonach eine Abtretung des dänisch sprechenden Teiles Nordschleswigs an Dänemark in Aussicht genommen wurde; ferner mußte Preußen auf Annexionen südlich der Mainlinie verzichten ...

Es liegt auf der Hand, daß diese Störung von Bismarcks Zirkeln durch Napoleon bei Bismarck Rache- und Vergeltungsgedanken aufkommen ließen und er danach gierte, die überragende Stellung Napoleons und Frankreichs in Europa zu brechen. Einen Krieg gegen Frankreich zu beginnen, sobald eine günstige Gelegenheit sich dazu biete, war von 1866 ab das Ziel der neupreußisch-deutschen Politik. Auf dieses Ziel wurde die militärische Reorganisation und Armeeerweiterung mit fieberhafter Eile betrieben; es wurden alle Maßnahmen bis ins kleinste getroffen, um, wenn der Moment komme, mit Frankreich anbinden zu können.

Daß der nächste Krieg ein Krieg mit Frankreich sein werde, war seit 1866 die Überzeugung aller Politiker. Auch in der Armee sah man dieses als selbstverständlich an und sehnte sich nach demselben. Wir klagten deshalb die Bismarcksche Politik an, daß sie einen Zustand für Deutschland geschaffen hatte, wie er seit 1815 nicht vorhanden gewesen sei. Das gespannte Verhältnis zu Österreich, das der Ausgang des Krieges von 1866 zur Folge hatte, mache die Frage für Deutschland doppelt gefährlich, weil befürchtet werden müsse, daß Österreich zu einer Revanche für 1866 mit Frankreich im Bunde bereit sein werde. Tatsächlich wurden auch bezügliche Verhandlungen zwischen Frankreich und Österreich gepflogen, die aber keinen Erfolg hatten, weil der unerwartet rasche Ausbruch des Krieges und die siegreichen Schläge, mit der die französische Armee von der deutschen niedergeworfen wurde, es Österreich klüger erscheinen ließen, von einer Einmischung abzusehen.

Aus dieser Situation heraus sah man im Volke einem Kriege zwischen Deutschland und Frankreich mit großem Unbehagen entgegen, um so mehr, da man in weiten Volkskreisen noch an eine Unbesiegbarkeit Frankreichs glaubte. Andererseits stand allerdings fest, daß der Mangel an positivem Gewinn, den Napoleon aus seiner Einmischungsrolle heimgebracht, sein Ansehen im eigenen Lande tief heruntergesetzt und der bürgerlichen Opposition großen Anhang verschafft hatte. Diese Stimmung kam deutlich zum Ausdruck bei den Wahlen im Mai 1869, bei welchen auf die Kandidaten der Regierung nur rund 4 469 000 Stimmen, auf die der Opposition 3 259 000 Stimmen fielen. Über diesen Wahlausfall schrieb man damals der „Frankfurter Zeitung" aus Paris: „Nicht allein die moralischen, auch die materiellen Interessen Europas lassen die republikanische Staatsform als unerläßlich für die Regeneration unserer Verhältnisse erscheinen."

Die Opposition in der Kammer war auf 116 Köpfe gestiegen. Das veranlaßte Napoleon Anfang Januar 1870, das Mitglied der Opposition, Olivier, zum Präsidenten eines gemäßigt liberalen Kabinetts zu ernennen und zur Unterstützung seiner Politik am 8. Mai ein sogenanntes Plebiszit (allgemeine Volksabstimmung) vorzunehmen, wobei er für sein Regiment zwar 7 350 000 Ja gegen 1 500 000 Nein erzielte, aber was sehr bedenklich war, die Armee und Marine hatten 50 000 Nein in die Urne geworfen. Außerdem hatten zahlreiche Städte, voran Paris, ein erhebliches Mehr gegen ihn ergeben.

Die feindselige Stimmung gegen Napoleon war in Paris schon im Januar zutage getreten bei der Beerdigung des Schriftstellers Victor Noir, den der Prinz Pierre Napoleon bei einem persönlichen Streit meuchlings niedergeschossen hatte. Eine ungeheure Menschenmenge begleitete demonstrativ die Leiche Victor Noirs. Es fehlte nicht viel, und es wäre dabei zu einem revolutionären Ausbruch gekommen.

Alle diese Vorgänge wirkten niederdrückend auf Napoleon, der damals schon an einem schmerzhaften Blasensteinleiden litt, dem er schließlich auch erlag. Dieses Leiden raubte ihm Energie und Tatkraft.

Aber auch die militärischen Verhältnisse Frankreichs waren solche, die einen Krieg mit einer starken Macht für gefährlich erscheinen ließen. Wenn Preußen-Deutschland seit 1866 mit aller Kraft und Energie an der Vermehrung und Ausbildung der Armee arbeitete, so geschah gleiches nicht in Frankreich. Napoleon hatte zwar in dem Oberst Stoffel einen Militärattaché in Berlin, der offene Augen und Ohren hatte und fortgesetzt Berichte einschickte, worin er über die gewaltigen Fortschritte in der militärischen Entwicklung Preußens Bericht erstattete und zu ähnlichem Vorgehen antrieb, aber alles war vergebens. Oberst Stoffel predigte tauben Ohren. Einige Urteile Stoffels, weil von historischer Bedeutung, mögen hier Platz finden. So schrieb er unter dem 22. Juli 1868: „Nach meiner Meinung lebt man in Frankreich in der tiefsten Unwissenheit von alledem, was Preußen angeht, sowohl die preußische Nation als die preußische Armee.“ Am 12. August 1869 schrieb er prophetisch: „Preußen hat Scharfblick genug, um zu erkennen, daß der Krieg, den es nicht wünscht, doch ausbrechen wird, und es hat alle Anstrengungen gemacht, um vorbereitet zu sein für diese Eventualität, daß irgendein Zwischenfall den Krieg herbeiführt.“ Ein andermal bemerkt er: „Das ist der Hauptgegenstand meiner Befürchtung, dieser schlagende Kontrast zwischen der Voraussicht Preußens und der Verblendung Frankreichs.“

Wütend ist er über Thiers, der 1848 verhindert habe, daß die allgemeine Wehrpflicht in Frankreich eingeführt wurde. *„Dieser Mensch war für unser Land ein schlimmeres Verhängnis als zwanzig Niederlagen.“* Und bei Ausbruch des Krieges bezeichnet er denselben von französischer Seite als den Krieg der Voraussehungslosigkeit, der Unwissenheit und der Albernheit gegenüber der Voraussicht, Bildung und Intelligenz. Napoleon sei krank, *die Revolution stehe vor der Tür,* und dazu komme die Dummheit der Kaiserin.

In Paris glaubte kein Mensch an einen Krieg mit Deutschland. *Noch Anfang Juli 1870, also vierzehn Tage vor Ausbruch des Krieges, beschloß die französische Deputiertenkammer die Herabsetzung des Rekrutenkontingents von 100 000 auf 90 000 Mann.* Der Kriegsminister Leboeuf erklärte, daß, *wenn er der Herabsetzung zustimme, es geschehe, weil er einen Beweis der Friedfertigkeit des Ministeriums geben wolle.* Und der Ministerpräsident Olivier erklärte auf eine Anfrage des Abgeordneten Jules Favre, *daß zu keiner Zeit die Erhaltung des Friedens mehr gesichert sei als gegenwärtig. Nirgends gebe es eine aufregende Frage.*

Und doch kam über Nacht der Krieg.

„Fern im Süd' das schöne Spanien“ gab ungewollt die Gelegenheit dazu. Seit Herbst 1868 war Spanien Republik, aber die herrschenden Klassen

Julie Bebel

1843 – 1910

Berliner Wählerversammlung um 1865

Nach einem zeitgenössischen Holzschnitt

sehnten sich nach der Monarchie. So gingen sie auf die Königsuche. Wie nachträglich bekanntgeworden ist, wurde bereits im September 1869 der Fürst Karl Anton von Hohenzollern davon unterrichtet, daß man seinen Sohn Leopold, der damals als Leutnant in einem preußischen Garderegiment stand, zum König von Spanien wünsche. Der preußische Gesandte in München, Freiherr v. Werthern, hatte dabei seine Hand im Spiele. Ob mit oder ohne Wissen Bismarcks? Bismarck leugnete, daß er davon etwas gewußt habe, aber wer glaubt es ihm? Ein Hohenzollernprinz als Kandidat für den spanischen Königsthron war eine Sache von größter politischer Bedeutung, sowohl für die Hohenzollern wie für Napoleon. Napoleon und Frankreich fühlten sich in ihren Interessen aufs stärkste gefährdet, wenn neben dem Hohenzollern an der Ostgrenze ein Hohenzoller auf der Südgrenze als Regent eines großen Staates hinzukam. Im Fall eines Krieges mit Deutschland mußte alsdann Frankreich sich gegen einen Überfall von Süden schützen, was eine starke militärische Schwächung bedeutete.

König Wilhelm hatte bezeichnenderweise von einem ernsthaften Plan, einen Hohenzollernprinzen auf den spanischen Königsthron zu erheben, *keine Ahnung.* Er erhielt die Nachricht darüber erst Ende Februar 1870 und schrieb darauf unter dem 26. an Bismarck:

„Die Einlage fällt mir wie ein Blitz aus heiterer Luft auf den Leib! Wieder ein hohenzollerischer Thronkandidat, und zwar für Spanien. Ich ahndete kein Wort und spaßte neulich mit dem Erbprinzen über die frühere Nennung seines Namens, und beide verwarfen die Idee unter gleichem Spaß! Da Sie vom Fürsten Details erhalten haben, so müssen wir konferieren, obgleich ich von Haus gegen die Sache bin. Ihr W."

Bismarck ließ sich aber durch diese Ansicht des Königs nicht irremachen, er verfolgte konsequent seinen Plan und erreichte schließlich doch, daß in einer Beratung unter dem Vorsitz des Königs, an welcher der Kronprinz, der Fürst von Hohenzollern, er und Moltke teilnahmen, der Kandidatur des Prinzen Leopold zugestimmt wurde.

Napoleon soll anfangs die Nachricht von der Kandidatur des Hohenzollernprinzen ohne besonderen Widerspruch hingenommen haben, was für seine Apathie und sein Ruhebedürfnis spräche. Als aber Anfang Juli die provisorische Regierung Spaniens sich für die Kandidatur des Hohenzollern aussprach und dieser Beschluß in Frankreich bekanntwurde, begann der größte Teil der französischen Presse zu toben wegen der Gefahr, die ein Hohenzoller auf dem spanischen Königsthron für Frankreich bedeute. Jetzt mußte auch Napoleon sich rühren. Er sandte seinen Botschafter Benedetti um Aufklärung zu Bismarck. Dieser gab zur Antwort, das *Ministerium* wisse nichts von der Sache. So stellt er selbst in „Gedanken und Erinnerungen" die Sache dar. Dort erklärt er im zweiten Band auf Seite 80*: Politisch

* In einer Neuausgabe: Otto von Bismarck, „Gedanken und Erinnerungen". Herausgegeben von Reinhard Jaspert (Berlin 1951), dortselbst Seite 222. D. Hrsg.

habe er der Frage ziemlich gleichgültig gegenübergestanden. Auf der folgenden Seite aber äußert er bereits: „Wenn der Herzog von Gramont (in einer 1872 erschienenen Broschüre* sich bemüht, den Beweis zu führen, daß ich der spanischen Anregung gegenüber mich nicht ablehnend verhalten hätte, so finde ich keinen Grund, dem zu widersprechen."

Einer seiner Verehrer hat recht, wenn er schreibt: „Indem Bismarck Geschichte schreibt, macht er Geschichte", das heißt er dreht die Dinge so, wie sie ihm passen.

Dem Lärm in der französischen Presse folgte der Lärm in der deutschen. Aber zunächst nicht überall. Noch am 12. Juli sprach die „Kölnische Zeitung" sich sehr entschieden gegen die Hohenzollernkandidatur aus, im Interesse der Ruhe Europas. Und wie man in jenen Tagen in Bürgerkreisen über den Militarismus dachte, darüber legt Zeugnis ab ein Beschluß einer Vertrauensmännerversammlung der Fortschrittspartei für Rheinpreußen am 10. Juli in Köln. Jene Versammlung resolvierte:

> „Wir erwarten und fordern von den zu wählenden Abgeordneten zum Reichstag, daß sie in der nächsten Session des Reichstags insbesondere für die Verminderung der Militärlast durch Verringerung der Friedensarmee und Verkürzung der Dienstzeit eintreten und für den Fall, *daß diese Forderung abgelehnt wird, in Ausübung ihres verfassungsmäßigen Rechtes jedwede Bewilligung von Geldmitteln für das Militär dem Bundespräsidium verweigern ...*"

Da kam der 13. Juli [1870], der die Entscheidung brachte. Nach der offiziellen und offiziösen Darstellung der Begegnung des Grafen Benedetti mit König Wilhelm in Ems sollte Benedetti in brüsker Weise vom König gefordert haben, zu erklären, daß er nie wieder eine Hohenzollernkandidatur für den spanischen Thron zulassen werde, nachdem an demselben Tage auf Betreiben des Königs Wilhelm der Hohenzollernprinz seine Kandidatur *zurückgezogen* hatte. Der König hatte durch einen Adjutanten an Benedetti diesem mitgeteilt, daß er die Verzichtleistung approbiert habe. Auf einen nochmaligen Wunsch Benedettis, den König zu sprechen, ließ dieser, wie sein Generaladjutant Prinz Radziwill nachher in einer Erklärung mitteilte, „dem Grafen Benedetti durch mich zum dritten Male nach Tisch, etwa um 6 Uhr, erwidern, Seine Majestät müsse es entschieden ablehnen, in betreff der bindenden Erklärungen für die Zukunft sich in weitere Diskussionen einzulassen. Was er heute morgen gesagt, wäre sein letztes Wort in dieser Sache, und er könne sich lediglich darauf berufen. Hierauf erklärte Benedetti, sich seinerseits bei dieser Erklärung beruhigen zu wollen." Damit war tatsächlich der Zwischenfall erledigt. Aber nicht für Bismarck, dessen Pläne auf einen Konflikt mit Frankreich durch die Erklärung des Königs durchkreuzt waren. Er erzählt selbst in „Gedanken und Erinnerungen", daß, als er an jenem Tage mit Moltke und Roon gemeinsam speiste, diese über die

* Gramont, „La France et la Prusse avant la guerre (Paris 1872), Seite 21.

Nachricht von der Verzichtleistung des Prinzen von Hohenzollern auf den spanischen Thron im höchsten Grade deprimiert waren. Bismarck selbst war so aufgebracht, daß er seine Demission geben wollte. Bald darauf lief aus Ems eine lange Depesche ein, in der Abeken im Auftrag des Königs den Verlauf der letzten Zusammenkunft desselben mit Benedetti schilderte, deren Inhalt die letzte Hoffnung auf einen Konflikt mit Frankreich zerstörte. Roon und Moltke legten tiefbetroffen Gabel und Messer hin, erzählt Bismarck; daß die Aussicht auf Krieg geschwunden war, hatte ihnen den Appetit verdorben. Darauf setzte sich Bismarck — immer nach seiner eigenen Darstellung — an einen Nebentisch, nahm den Stift und strich die Depesche so zusammen, daß dieselbe einen völlig veränderten Charakter bekam. Als er sie in seiner Fassung Moltke und Roon vorlas, leuchteten beider Augen, und Moltke, der Schweiger, rief: „So, das hat einen anderen Klang, vorher war es eine Schamade, jetzt ist es eine Fanfare!" Alsdann setzten sich alle drei fröhlich zu Tisch und aßen mit bestem Appetit weiter. *Der Krieg war gesichert.*

Die Depesche ging in die Welt und wurde offiziell an alle fremden Kabinette mit Ausnahme des Pariser verschickt, was die schwerste Beleidigung für die französische Regierung war. In der redigierten Fassung lautete die Depesche:

„Ems, 13. Juli 1870. Nachdem die Nachrichten von der Entsagung des Erbprinzen von Hohenzollern der kaiserlich-französischen Regierung von der königlich-spanischen amtlich mitgeteilt worden ist, hat der französische Botschafter in Ems an Seine Majestät noch die Forderung gestellt, ihn zu autorisieren, daß Seine Majestät der König sich für alle Zukunft verpflichte, niemals wieder seine Zustimmung zu geben, wenn die Hohenzollern auf ihre Kandidatur wieder zurückkommen sollten. *Seine Majestät der König hat es darauf abgelehnt, den französischen Botschafter zu empfangen und demselben durch den Adjutanten vom Dienst sagen lassen, daß Seine Majestät dem Botschafter nichts weiter mitzuteilen habe.*"

Diese Bismarcksche Depesche hatte die gewünschte Wirkung. Sobald sie bekannt wurde, war die Aufregung in Frankreich und Deutschland und weit über diese Länder hinaus eine ungeheure. Ich bekam Kenntnis von derselben, als ich am Nachmittag des 14. Juli im Vorderhause bei meinem Friseur war und die damals von Professor Dr. Karl Biedermann redigierte „Allgemeine Deutsche Zeitung" hereingebracht wurde, die jene Depesche enthielt. Als ich sie gelesen, warf ich das Blatt mit den Worten auf den Tisch: Da haben wir den Krieg! Der Friseur erschrak über diese Äußerung aufs höchste, ich mußte ihm auseinandersetzen, warum die Depesche diese Bedeutung habe.

Wie vorauszusehen erfolgte am 19. Juli die Kriegserklärung Frankreichs an Deutschland, nachdem die französische Kammer bereits am 15. Juli eine Kriegsanleihe in Höhe von 700 Millionen Franken gegen eine kleine Minorität bewilligt hatte.

Meinungsverschiedenheiten

Die geschilderten Vorgänge hatten zwischen Liebknecht und mir abermals eine Meinungsverschiedenheit hervorgerufen. Liebknecht hatte die Ansicht, Napoleon wolle den Krieg, Bismarck habe aber nicht den Mut, den hingeworfenen Fehdehandschuh aufzunehmen. So schrieb er am 13. Juli [1870] im „Volksstaat": „Das Frankreich des Bonaparte hat dem Preußen des Bismarck die Kriegsfrage gestellt, und wenn letzteres sich nicht zu einem schimpflichen Rückzug entschließt, ist der Krieg unvermeidlich." Am 16. Juli schrieb er: „Der Mutige weicht zurück — vor dem Stärkeren. Die Hohenzollernkandidatur ist gegenüber der drohenden Haltung Bonapartes zurückgezogen worden; es bleibt Friede, und der großmächtige Norddeutsche Bund, der Deutschland Achtung im Ausland verschaffen sollte, hat mit derselben Demut wie weiland in der Luxemburger Affäre vor dem französischen Kaiserreich die Segel gestrichen."

Ich vertrat den entgegengesetzten Standpunkt. Wohl habe Napoleon den Krieg erklärt, aber er sei nach meinem Gefühl in eine Falle getappt, die Bismarck ihm gestellt; *letzterer* wolle den Krieg, und er habe sein Ziel erreicht. Ich war über die Auffassung des „Volksstaat" im höchsten Grade erregt, es kam zu lebhaften Erörterungen zwischen Liebknecht und mir, und erst auf eine Intervention Geibs kam es zu einer Verständigung zwischen uns. Vom 20. Juli ab vertrat der „Volksstaat" eine Auffassung, die auch ich durchaus teilte.

Ohne Ahnung, daß ein Krieg ausbrechen werde, hatten wir zum 17. Juli eine Landesversammlung der Sozialdemokratischen Arbeiterpartei nach Chemnitz einberufen. Natürlich mußten wir nunmehr zur Kriegsfrage Stellung nehmen. Dieses geschah durch folgende Resolution, die Liebknecht und ich vorschlugen und die einstimmig angenommen wurde.

> „Die Landesversammlung protestiert gegen jeden nicht im Interesse der Freiheit und Humanität geführten Krieg als einen Hohn auf die moderne Kultur. Die Landesversammlung protestiert gegen einen Krieg, der nur im dynastischen Interesse geführt wird und das Leben von Hunderttausenden, den Wohlstand von Millionen auf das Spiel setzt, um den Ehrgeiz einiger Machthaber zu befriedigen. Die Versammlung begrüßt mit Freuden die Haltung der französischen Demokratie und insbesondere der sozialistischen Arbeiter, sie erklärt sich mit deren Bestrebungen gegen den Krieg vollständig einverstanden und erwartet, daß auch die deutsche Demokratie und die deutschen Arbeiter in diesem Sinne ihre Stimme erheben."

Die Pariser Arbeiter hatten schon vor uns sich gegen den Krieg ausgesprochen. In ähnlichem Sinne wie wir erklärten sich die Arbeiter vieler Städte in öffentlichen Versammlungen, so unter anderen in Barmen, Berlin, Nürnberg, München, Königsberg, Fürth, Krefeld.

Anders dachte der Braunschweiger Parteiausschuß*, der zum 16. Juli eine Volksversammlung einberufen hatte, in der er eine Resolution annehmen ließ, in der die Versammelten sich auf den Standpunkt stellten, daß Napoleon und die Majorität der Volksvertreter Frankreichs die frivolen Friedensbrecher und Ruhestörer Europas seien. Die deutsche Nation dagegen sei die beschimpfte und angegriffene, deshalb müsse die Versammlung den Verteidigungskrieg als unvermeidliches Übel anerkennen, sie fordere jedoch das gesamte Volk auf, mit allen Mitteln dahin zu wirken, daß dem Volke selbst die Entscheidung zwischen Krieg und Frieden, wie überhaupt die vollste Selbstbestimmung werde. Dieser Auffassung des Parteiausschusses schloß sich eine große Zahl Parteiorte, namentlich in Norddeutschland, an. Es war also eine starke Meinungsverschiedenheit in der Partei vorhanden.

*

Der Reichstag war zum 19. Juli einberufen worden. Als Liebknecht und ich am 18. von Chemnitz abreisten, waren bereits die Bahnen durch die Militärtransporte so in Anspruch genommen, daß wir auf dem Görlitzer Bahnhof mehrere Stunden warten mußten, ehe wir weiterfahren konnten. Hier besprachen wir unsere im Reichstag zu beobachtende Taktik. Liebknecht war der Ansicht, wir müßten die Geldforderung strikt ablehnen, da beide Teile am Kriege schuld seien und wir für keinen Teil Partei ergreifen dürften. Ich erklärte dieses für einen Fehler. Nach Lage der Sache könnten wir allerdings für keinen der streitenden Teile Partei ergreifen. Dieser Eindruck würde aber gerade dann, und zwar zugunsten Napoleons, hervorgerufen, wenn wir gegen die Anleihe stimmten; es bliebe uns kein anderer Weg, als uns der Abstimmung zu enthalten. Schließlich ersuchte mich Liebknecht, den Entwurf einer Erklärung auszuarbeiten und am nächsten Tage mit nach Berlin zu bringen. Dies geschah. Nach einigen kleinen Änderungen stimmte Liebknecht meinem Entwurf zu, auch sollte ich die Erklärung im Reichstag abgeben.

In der Sitzung am 21. Juli nahm ich das Wort: „Da, wie wir vernommen, es der Wunsch ist, die Tagesordnung ohne Debatte zu erledigen, so sind wir übereingekommen, keine Debatte zu provozieren, obgleich wir mit der Ansicht des Hauses in keiner Weise einverstanden sind. Wir sind entschlossen, in der vorliegenden Frage uns der Abstimmung zu enthalten, und werden unsere Motive in einer schriftlichen Erklärung zu den Akten des Hauses niederlegen".

Simson als Präsident meinte: Das zu tun, könne er uns nicht hindern. Die Motivierung unseres Standpunktes lautete:

„Der gegenwärtige Krieg ist ein dynastischer Krieg, unternommen im Interesse der Dynastie Bonaparte, wie der Krieg von 1866 im Interesse der Dynastie Hohenzollern.

* der Sozialdemokratischen Arbeiterpartei. D. Hrsg.

Die zur Führung des Krieges dem Reichstag abverlangten Geldmittel können wir nicht bewilligen, weil dies ein Vertrauensvotum für die preußische Regierung wäre, die durch ihr Vorgehen im Jahre 1866 den gegenwärtigen Krieg vorbereitet hat.

Ebensowenig können wir die geforderten Geldmittel verweigern; denn es könnte dies als Billigung der frevelhaften und verbrecherischen Politik Bonapartes aufgefaßt werden.

Als prinzipielle Gegner jedes dynastischen Krieges, als Sozialrepublikaner und Mitglieder der Internationalen Arbeiter-Association*, die ohne Unterschied der Nationalität alle Unterdrücker bekämpft, alle Unterdrückten zu einem großen Bruderbund zu vereinigen sucht, können wir uns weder direkt noch indirekt für den gegenwärtigen Krieg erklären und enthalten uns daher der Abstimmung, indem wir die zuversichtliche Hoffnung aussprechen, daß die Völker Europas, durch die jetzigen unheilvollen Ereignisse belehrt, alles aufbieten werden, um sich ihr Selbstbestimmungsrecht zu erobern und die heutige Säbel- und Klassenherrschaft als die Ursache aller staatlichen und gesellschaftlichen Übel zu beseitigen."

Die geforderten 120 Millionen Taler Kriegsanleihe wurden vom Reichstag bewilligt. Fritzsche, Hasenclever, Mende und Schweitzer stimmten dafür, Försterling hatte im Frühjahr sein Mandat für Chemnitz niedergelegt. In der Nachkriegswahl war der Kreis den Hatzfeldtianern verlorengegangen. Als aber die Anleihe zur Zeichnung aufgelegt wurde, gab die deutsche Kapitalistenklasse der Welt ein trauriges Schauspiel. Obgleich das Geld mit 5 Prozent verzinst werden sollte und der Gläubiger für 100 Taler nur 88 zu geben brauchte, für die er aber nachher 100 Taler erhielt, *wurden nur 68 Millionen Taler gezeichnet.* Das war eine ungeheure Blamage. Anders in Frankreich. Dort wurden die geforderten 700 Millionen Franken voll gezeichnet, und zwar zu dem gleichen Zins, den Deutschland bot.

*

Unser Verhalten im Reichstag hatte die Differenzen zwischen uns und dem Parteiausschuß erweitert. Es kam zu sehr gereizten brieflichen Auseinandersetzungen, namentlich zwischen Liebknecht und dem Ausschuß, da Liebknecht nicht im Sinne des Ausschusses den „Volksstaat" redigieren wollte. Vergebens mahnte Liebknecht zur Vernunft. Unter dem 26. Juli schrieb er an Bracke unter anderem: „Ich nehme Euch Euren patriotischen Eifer nicht übel. Aber seid Eurerseits tolerant. Wenn Ihr mit Bebels und meinem Verhalten auf dem Reichstag nicht einverstanden seid, so muß dieser Zwist jetzt um jeden Preis beigelegt oder wenigstens ein offener Ausbruch vermieden werden. Es darf in einem Moment wie dem jetzigen in

* Die Internationale Arbeiter-Association wurde am 28. September 1864 in London gegründet. Karl Marx schrieb hierfür die sogenannte „Inauguraladresse" — die Geburtsurkunde der ersten Sozialistischen Internationale. Vgl. dazu: Ernst Jäckh, „Die Internationale" (Leipzig 1904); ferner: „Wesen und Werden der Sozialistischen Internationale". Herausgeber: Vorstand der SPD, Bonn (o. J.). D. Hrsg.

der Partei nichts vorkommen, was wie Uneinigkeit aussähe, und ich beschwöre Euch, alles zu unterlassen, was die Differenzen verschärfen könnte."

Diese Bitte war vergeblich. Schließlich war Liebknecht so verärgert, daß er drohte, auszuwandern, die Wirtschaft und der nationale Paroxismus ekle ihn an. Auch mir wurden die Nörgeleien der Braunschweiger zu arg. Am 13. August [1870] schrieb ich nach dort: „Wenn der Ausschuß gegen Liebknecht vorgeht, verzichten wir auf jede fernere Mitarbeit am »Volksstaat«. Nach Eurem Briefe (der an Liebknecht gerichtet war und Drohungen gegen ihn enthielt) scheint Ihr in eine Art von nationalem Paroxismus verfallen zu sein, scheint Ihr den Skandal und den Bruch in der Partei um jeden Preis zu wollen. Einen Vorstoß gegen die Parteiprinzipien könnt Ihr in unserem Verhalten auf dem Reichstag nicht nachweisen. Statt Euch damit zu begnügen, daß keine Verschärfung des Konflikts eintritt, verlangt Ihr von Leuten, die eine feste Meinung haben, die Änderung, die Verleugnung dieser Ansicht. Der »Volksstaat« hat sich gerade in den letzten Wochen streng als Parteiorgan gezeigt. Beweis: das einstimmige Wutgeheul unserer Gegner. Wollt Ihr auch in dieses nationalliberale Geheul mit einstimmen? Ihr sprecht von sächsischem Partikularismus. Und doch sind wir gerade in Sachsen gut *sozialdemokratisch,* und wir betrachten alle den Krieg als einen dynastischen. Marx hat sich auch für uns erklärt."

Am 1. September schrieb Liebknecht auf einen Brief von Bracke: „Nicht aus Furcht vor den Strebern habe ich Lust, wegzugehen, sondern aus Ekel vor dem patriotischen Dusel. Diese Krankheit muß ihren Verlauf nehmen, und während derselben bin ich hier sehr überflüssig, kann aber anderwärts sehr nützlich sein, zum Beispiel in Amerika. Doch es wird nicht so schlimm kommen, und ich werde nicht zu gehen brauchen."

August Geib-Hamburg suchte abermals zu vermitteln. Aber erfolgreicher als alle Vermittlung wirkte der Gang der Ereignisse, der uns bald wieder in die gleiche Schlachtlinie trieb.

Erklärungen und Proklamationen

Am 17. Juli [1870] fand in Berlin ein großer Kriegsrat statt. Wie es mit den Kriegsaussichten für Preußen-Deutschland stand, zeigt eine Erklärung Moltkes, die dieser zugleich im Namen Roons abgab: *„Preußen sei noch nie in der Lage gewesen, hinsichtlich seiner Heeresverfassung, Ausrüstung, Hilfsmittel usw. mit solchen Aussichten auf einen Erfolg einen Krieg anzunehmen wie gegenwärtig.* Er sei sehr genau über den Fortschritt (er hätte sagen können die Zurückgebliebenheit. A. B.) der französischen Rüstungen informiert, und *danach sei eine militärische Überrumpelung seitens Frankreichs nicht zu fürchten."*

Die Richtigkeit dieser Ansicht bestätigte sich sofort. In Deutschland glaubte man allgemein, der Kriegserklärung Napoleons werde ohne Verzug der Einbruch der französischen Armee in deutsches Gebiet folgen. Man wartete vergebens. In Frankreich hatte die Kriegserklärung ein vollständiges Durcheinander hervorgerufen, kein einziges Armeekorps war auf Kriegsfuß, die Kopflosigkeit herrschte von oben bis unten. Anfang August standen bereits 380 000 Deutsche 250 000 Franzosen gegenüber. Und wie man in deutsch-liberalen Kreisen die Situation ansah, bewies ein Toast von Professor Biedermann in Leipzig auf einem studentischen Fest, in dem er bereits *Ende Juli* ausführte: Wir werden die französische Nation danieder-werfen, daß sie in einem Menschenalter nicht mehr an Krieg denken kann. Wir werden das tun, indem wir dafür Sorge tragen, *daß der Leib Frankreichs etwas schmäler wird.*

Hier wurde also bereits auf eine Annexion angeschielt, noch ehe eine Schlacht geschlagen war...

Die Verhaftung des Braunschweiger Parteiausschusses

Im „Volksstaat" vom 30. Juli [1870] veröffentlichte der Parteiausschuß einen Aufruf, in dem der abweichende Standpunkt, der ihn damals von uns noch trennte, zum Ausdruck kam. Nachdem er die Partei zu energischer Tätigkeit aufgefordert, fuhr er fort: „Unsere Aufgabe ist es, bei der Geburt dieses, wie wir hoffen, *ganz* Deutschland umfassenden Staates *bestimmend mitzuwirken,* damit, wenn es möglich ist, *nicht der dynastische Staat,* sondern der *sozialdemokratische Volksstaat* (!!! A. B.) ins Dasein tritt; unsere Aufgabe ist es — mag der gewordene neue Staat bei der Geburt noch dynastische Färbung tragen —, ihm in ernstem, schwerem Kampfe den Stempel *unserer* Ideen aufzudrücken." Er hoffe, daß unsere Brüder mit Begeisterung und Mut uns bald zum Siege in Frankreich führten, doch solle man sich nicht vom Siegestaumel beherrschen lassen. Man müsse den Bruderkampf zwischen zwei Völkern bedauern, aber Deutschland sei unschuldig an dem Kriege; den Schuldigen werde die Strafe ereilen, dann aber gelte es, uns kräftig zu erhalten für den glorreichen gemeinsamen Kampf aller Unterdrückten der Erde. Sei Napoleon besiegt, werde das französische Volk freier aufatmen, und wir hätten alsdann unsere Machthaber daran zu erinnern, was dem Volke von Gottes und Rechts wegen gebühre und was zu fordern die unendlichen Opfer und Qualen des Krieges es doppelt und dreifach berechtigten.

Der Ausschuß ahnte in seinem Optimismus damals nicht, daß er das erste Opfer sein werde, das die Herrlichkeit des Sieges zu kosten bekommen werde. Die Armeen des Kaiserreichs wurden in rasch aufeinanderfolgenden Schlägen zu Boden geworfen, Deutschland sah ganze Armeen französischer

Gefangener in seinen Gauen, deren Unterbringung und Verpflegung bald eine unbequeme Last wurden. Es kam die Schlacht bei Sedan, die Napoleon unter Umständen annahm, daß man fast glauben sollte, er habe absichtlich so manövriert, um als Gefangener nach Deutschland, nicht als geschlagener Kaiser nach Frankreich zu kommen. Als die Nachricht von seiner Gefangenschaft nach Deutschland kam, jubelte alles, wir mit. Alle Welt erhoffte das Ende des Krieges, dessen Schlachten mit ihren ungeheuren Verlusten an Menschenleben schon den Überdruß am Kriege erzeugt hatten. „Ich scheue mich, nach den Verlusten zu fragen", schrieb der König von Preußen nach den Schlachten um Metz an die Königin. An den König von Württemberg telegraphierte er: „Die Verluste der letzten Schlacht (am 19. August) wie der vorhergehenden sind so bedeutend, daß die Siegesfreude sehr getrübt wird." Und die von Guido Weiß redigierte Berliner „Zukunft" schrieb: „Vor dem bleichen Purpur des Todes beugen sich auch die im Purpur Geborenen. Eine Furcht überkommt selbst die Furchtlosen: Zu weit ausgegriffen hat die Sichel, zu reichlich gedüngt ist das Blachfeld."

Doch der Krieg wütete weiter. Die Gefangennahme Napoleons bei Sedan beantwortete Paris mit der Erklärung der Republik, ein Ereignis, das namentlich im deutschen Hauptquartier sehr unangenehm berührte. Um Frankreich zu einer Republik zu machen, dafür hatte man den Krieg nicht begonnen. Man fürchtete das böse Beispiel, wie sich gezeigt hat, ohne Grund.

Als die Nachricht von der Verkündung der Republik nach Deutschland kam, stürzte Liebknecht in größter Aufregung und mit Tränen in den Augen zu mir in meine Werkstatt, um mir das Ereignis zu verkünden. Er war frappiert über die Kühle, mit der ich die Nachricht aufnahm. Aber auch im Braunschweiger Ausschuß hatte die Nachricht wie eine Bombe eingeschlagen und einen starken Gesinnungswechsel hervorgerufen. Jetzt waren mit einem Schlage alle Differenzen zwischen uns beseitigt. Sofortiger Friedensschluß mit der französischen Republik, Ersatz aller Kriegskosten, aber Verzicht auf jede Annexion waren die Forderungen, die wir jetzt gemeinsam erhoben. Aus dem Verteidigungskrieg war mittlerweile der Eroberungskrieg geworden. Was Biedermann schon Ende Juli angedeutet, wurde nach den vielen und raschen Siegen allgemeine Forderung der liberalen und konservativen Presse.

In einem Manifest, das der Generalrat der Internationalen Arbeiterassoziation mit Bezug auf den Krieg erließ und der „Volksstaat" am 7. August veröffentlichte, hieß es: „Das Kriegskomplott vom Juli 1870 ist nur eine verbesserte Auflage des Staatsstreichs vom Dezember 1851." Der Krieg habe so aberwitzig geschienen, daß Frankreich nicht daran glauben wollte, selbst die bürgerliche Opposition habe die Geldmittel verweigert. Die der Internationale angehörenden französischen Arbeiter hätten den Krieg als einen *dynastischen* Krieg verurteilt. „Welchen Verlauf auch immer der Krieg Louis Bonapartes mit Preußen nimmt, die Totenglocke des zweiten Kaiserreiches hat bereits in Paris geläutet. Es wird enden, wie es begonnen, mit einer Parodie." Auf deutscher Seite sei der Krieg ein Verteidigungskrieg, „aber welche Politik habe verschuldet, daß Deutschland in diese Lage komme?" Die Kritik der Bismarckschen Politik, die hier folgte, mußte der „Volksstaat" unterdrücken. „Wenn die deutschen Arbeiter es erlauben, daß der gegenwärtige Krieg seinen streng defensiven Charakter verliert und in einen Krieg gegen das französische Volk ausartet, wird Sieg oder Niederlage sich gleich verhängnisvoll erweisen." Der Generalrat weist alsdann darauf hin, daß in einem solchen Falle Rußland den Vorteil habe.

Im Sinne des Manifestes des Generalrats handelte jetzt der Braunschweiger Ausschuß, als er, datiert vom 5. September [1870], einen Aufruf „An alle deutschen Arbeiter" erließ. Mit Hinweis auf die neuesten Ereignisse in Frankreich erwarte er, daß die neue republikanische Regierung den Frieden mit Deutschland zu erreichen suche. Darin müßten die deutschen Arbeiter die Absichten der republikanischen Regierung unterstützen und einen ehrenvollen Frieden mit dem französischen Volke fordern, für den sie in Masse ihre Stimmen erheben sollten.

Der Ausschuß zitiert dann aus einem Briefe von Karl Marx* — dessen Name aber nicht genannt wurde —, was folgen werde und folgen müsse, wenn man auf die Annexion von Elsaß-Lothringen bestehenbleibe. Das Zitat lautet:

> „Wer nicht ganz vom Geschrei des Augenblicks übertäubt ist oder ein Interesse daran hat, das deutsche Volk zu übertäuben, muß einsehen, daß der Krieg von 1870 ganz so notwendig einen Krieg zwischen Deutschland und Rußland im Schoße trägt wie der Krieg von 1866 den von 1870... Durch den Verlauf des jetzigen Krieges *sei der Schwerpunkt der kontinentalen Arbeiterbewegung von Frankreich nach Deutschland verlegt.* Damit hafte größere Verantwortlichkeit auf der deutschen Arbeiterklasse."

Der Ausschuß akzeptierte diese Auffassung, forderte zu Kundgebungen auf gegen die Annexion von Elsaß-Lothringen und für einen ehrenvollen Frieden mit der französischen Republik. Der Aufruf schloß:

> „Wenn wir jetzt sehen, wie wieder ein großes Volk seine Geschicke in seine Hände genommen, wenn wir heute die Republik nicht allein mehr sehen in der Schweiz und jenseits der Meere, sondern auch faktisch Republik in Spanien, Republik in Frankreich, so lasset uns ausbrechen in den Ruf, der, wenn es auch heute noch nicht sein kann, auch für Deutschland einst die Morgenröte der Freiheit verkünden wird, in den Jubelruf: Es lebe die Republik!"

Am 11. September [1870] hatte der „Volksstaat" den hier erwähnten Aufruf abgedruckt, in der nächsten Nummer am 14. mußten bereits Liebknecht

* Antwort von Karl Marx, vom 3. September 1870 datiert, auf einen Brief des Braunschweiger Ausschusses der Sozialdemokratischen Arbeiter-Partei. Wilhelm Bracke hat einige Teile dieses Marx-Briefes wörtlich dem 2. Aufruf des Braunschweiger Ausschusses einverleibt. D. Hrsg.

und ich eine Ansprache an die Parteigenossen veröffentlichen, in der wir anzeigten, daß der General Vogel v. Falckenstein in Hannover — wie sich herausstellte wider Recht und Gesetz — Befehl gegeben hatte, den Parteiausschuß, und zwar Bracke, Bonhorst, Spier, Kühn und den Buchdruckereibesitzer Sievers, mit Ketten gefesselt und unter starker militärischer Bedeckung nach der Festung Lötzen in Ostpreußen zu transportieren und dort zu internieren. Die den Verhafteten widerfahrene Behandlung war eine höchst brutale, um nicht zu sagen grausame; sie brauchten allein 36 Stunden, um nach Königsberg zu gelangen. Auf der Reise hielt man sie überall von seiten des Publikums für gefangene Landesverräter und behandelte sie danach. Wir forderten auf, daß bis auf weitere Anordnung der Kontrollkommission Briefe und Gelder an Geib-Hamburg gesandt werden sollten. Der Schluß lautete:

„Parteigenossen! Es ist ein schwerer Schlag, der die Partei getroffen, und es werden ihm vielleicht andere folgen.

Steht fest und unverzagt; in der Gefahr zeigt sich die echte Überzeugung, bewährt sich der rechte Mann.

Arbeitet kräftig für die Ausbreitung der Partei und unserer Prinzipien, aber seid vorsichtig im Reden, vorsichtig auch im Schreiben — die uns feindliche Gewalt sucht alles gegen uns zu benutzen.

Wirkt kräftig für die Verbreitung des Parteiorgans, denn in ihm liegen in diesem Moment des geistigen Kampfes unsere Macht und unsere Stärke.

Es lebe der internationale Kampf des Proletariats! Hoch die sozialdemokratische Organisation!"

Die Nennung von Geibs Namen in unserer Ansprache genügte für Vogel v. Falckenstein, um auch diesen nach Lötzen schaffen zu lassen. Dasselbe Schicksal traf Johann Jacoby wegen einer Rede in Königsberg gegen die Annexion und Gutsbesitzer Herbig, der Vorsitzender jener Versammlung gewesen war. Vogel v. Falckenstein handelte als Oberstkommandierender in Norddeutschland, das er gegen eine eventuelle Landung der Franzosen an den Nordküsten verteidigen sollte. In Ermangelung kriegerischer Taten verfiel er auf Polizeimaßregeln ...

In Harburg wurden auch York und mehrere Genossen und in Halberstadt Naters verhaftet und ins Gefängnis gesetzt, um ihnen einen Prozeß wegen Verbreitung des Manifestes des Parteiausschusses zu machen. In Sachsen erließ das Generalgouvernement für das 12. Armeekorps Ende September eine Verordnung, wonach alle Volksversammlungen mit Rücksicht auf die Endziele des Krieges verboten wurden ...

Anfang Oktober bedauerte die offiziöse „Norddeutsche Allgemeine Zeitung", daß man Liebknecht und mich nicht ebenfalls in Haft genommen habe wie den Braunschweiger Ausschuß, Johann Jacoby usw. Ihr Wunsch fand bald Erfüllung ...

Annexionen und Kaiserkronen

Der Krieg mit Frankreich wurde nach Sedan mit ungeschwächten Kräften weitergeführt. Die kaiserliche Armee war zwar vernichtet oder gefangen, aber jetzt hatte die Regierung der nationalen Verteidigung, an deren Spitze Gambetta und Freycinet standen, die Organisation neuer Armeen in die Hand genommen. Diese wurden mitten im Kriege sozusagen aus dem Boden gestampft. Ein interessantes Buch über diese großartige Leistung ist „Léon Gambetta und seine Armee" von Freiherrn von der Goltz, Berlin 1877. Das Hauptverdienst fiel aber nicht Gambetta, sondern Freycinet, dem ehemaligen Ingenieur, zu. Hatte der Krieg gegen das Kaiserreich keine sechs Wochen gedauert, so jetzt gegen die Republik noch nahezu sechs Monate. Die neue Regierung hatte zwar Versuche gemacht, Frieden zu schließen, allein diese scheiterten an dem Verlangen Bismarcks nach Annexionen. Auch erklärte Bismarck, der immer noch an die Wiedereinsetzung Napoleons dachte, die Regierung der Landesverteidigung sei keine stabile Regierung, mit der man unterhandeln könne. Schließlich mußte man aber dennoch mit dieser Frieden schließen...

*

Auf den 24. November [1870] war der norddeutsche Reichstag zu einer außerordentlichen Session einberufen worden, die zwar kurz, aber sehr erregt war. Es handelte sich um eine weitere Bewilligung von Geldmitteln für die Fortführung des Krieges und um die Beratung der Versailler Verträge mit den süddeutschen Staaten und die neue Reichsverfassung.

Was bis dahin über die Versailler Verträge bekanntgeworden war, hatte in den liberalen Kreisen große Verstimmung hervorgerufen. Danach waren den süddeutschen Staaten, insbesondere Bayern, sogenannte Reservatrechte eingeräumt worden, die die Reichseinheit nur komplizierten. Die norddeutsche Bundesverfassung sollte mit den unumgänglich nötigen Änderungen, die die Versailler Verträge bedingten, Reichsverfassung werden. Die Freiheit, die Ende Juli in seinem Dankschreiben der König in Aussicht gestellt hatte, blieb, wo sie war, in der Kaserne. Nicht einmal die Diäten wurden bewilligt. War schon durch diese Vorgänge die Stimmung eine gedrückte, so noch mehr durch die Tatsache, daß der Krieg sich in die Länge zog, ungeheure Opfer aller Art kostete und sich ein Ende nicht absehen ließ. Anfang September hatte Moltke an seinen Bruder geschrieben, er hoffe Ende Oktober in Creisau (seinem Gute in Schlesien) zu sein und Hasen zu schießen. Diese blieben aber unbehelligt von der Moltkeschen Flinte.

Im Reichstag herrschte über die Nachrichten vom Kriegsschauplatz eine sehr gedrückte Stimmung. So hatte man sich den Gang der Dinge nicht vorgestellt...

Die Thronrede, mit welcher der Reichstag eröffnet wurde, verlas der Präsident des Bundeskanzleramts, Delbrück; es hieß darin, die jetzigen Machthaber Frankreichs zögen es vor, die Kräfte einer edlen Nation einem aussichtslosen Kampfe zu opfern. In einem gewissen Widerspruch hiermit wurde bemerkt: Frankreich habe keine Regierung, mit der man unterhandeln könne; es seien auch durch die Haltung der Bevölkerung die Hoffnungen auf dauernden Frieden vernichtet worden. Sobald Frankreich sich erholt oder durch Bündnisse sich stark genug fühle, sei eine Wiederaufnahme des Krieges zu erwarten. Man sah also ein, wohin das Verlangen nach Annexionen die künftige Entwicklung treiben werde.

Am 26. November [1870] stand die Forderung der weiteren Geldbewilligung (100 Millionen Taler) auf der Tagesordnung. Ich nahm zu dieser Forderung das Wort. Vor mir hatte der Abgeordnete Reichensperger sich für die Bewilligung ausgesprochen. Meine Rede war nicht lang, aber sie erweckte einen Sturm, wie ich ihn seitdem nie wieder mit einer Rede hervorrief. Ich führte aus: Ich glaubte ein so guter Deutscher zu sein wie der Vorredner, trotzdem käme ich bei Prüfung der Sache zu dem entgegengesetzten Resultat. Ich gab eine kurze historische Übersicht bis zum Sturze des Kaiserreichs und wies nach, daß mit der Gefangennahme Napoleons die eigentliche Kriegsursache beseitigt sei. Dabei stützte ich mich auf die Thronrede vom 19. Juli und die Proklamation des Königs von Preußen vom 11. August. Meine Ausführungen riefen große Unruhe und heftigen Widerspruch hervor. Die Behauptung, Frankreich besitze keine Regierung, mit der man unterhandeln könne, sei falsch. Ich wies dieses in meinen Ausführungen nach. Was den Friedensschluß unmöglich mache, sei die Forderung der Annexionen.

Ich verurteilte dann scharf, daß man uns verbiete, in öffentlichen Versammlungen unseren Standpunkt über die Annexionen darzulegen. Diesen unseren Standpunkt begründete ich näher. Wiederum regnete es Unterbrechungen. Als ich dann auf die traurige Rolle hinwies, die die deutsche Kapitalistenklasse bei der ersten Kriegsanleihe gespielt und wie ganz anders sich dagegen die französische Bourgeoisie im gleichen Falle benommen habe, brach vollends der Sturm los. Ein großer Teil des Hauses hatte einen förmlichen Tobsuchtsanfall; man überschüttete uns mit Schimpfworten der gröbsten Art, Dutzende von Mitgliedern drangen mit erhobenen Fäusten auf uns ein und drohten uns hinauszuwerfen. Viele Minuten lang konnte ich nicht zu Worte kommen; zum Schluß empfahl ich die Annahme des Antrags, den Liebknecht und ich gestellt hatten. Dieser Antrag lautete:

„Der Reichstag wolle beschließen:

Den Gesetzentwurf, betreffend *den ferneren Geldbedarf für die Kriegführung, abzulehnen* und folgendem Antrag seine Zustimmung zu geben:

In Erwägung, daß der am 19. Juli von Louis Bonaparte, damals Kaiser der Franzosen, erklärte Krieg durch die Gefangennahme Louis Bonapartes und die

Niederwerfung des französischen Kaiserreichs tatsächlich sein Ende erreicht hat;

in Erwägung, daß nach den eigenen Erklärungen des Königs von Preußen in der Thronrede am 19. Juli und der Proklamation an das französische Volk vom 11. August der Krieg deutscherseits nur ein Verteidigungskrieg und kein Krieg gegen das französische Volk sei;

in Erwägung, daß der Krieg, welcher trotzdem seit dem 4. September geführt wird, in schroffstem Widerspruch mit dem königlichen Wort, nicht ein Krieg gegen die kaiserliche Regierung und die kaiserliche Armee, welche nicht mehr existieren, sondern ein Krieg gegen das französische Volk ist, nicht ein Verteidigungskrieg, sondern ein Eroberungskrieg, nicht ein Krieg für die Unabhängigkeit Deutschlands, sondern ein Krieg für die Unterdrückung der edlen französischen Nation, die nach den Worten der Thronrede vom 19. Juli berufen ist, »die Segnungen christlicher Gesittung und steigenden Wohlstandes gleichmäßig zu genießen und zu begehren und zu einem heilsameren Wettkampf als zu dem blutigen der Waffen«,

beschließt der Reichstag, die verlangte Geldbewilligung für die Kriegführung *abzulehnen,* und fordert den Bundeskanzler auf, dahin zu wirken, *daß unter Verzichtleistung auf jede Annexion französischen Gebiets mit der französischen Republik schleunigst Frieden geschlossen werde.*"

Nach mir kam der Abgeordnete Lasker zum Wort, der sich in den Tönen höchster sittlicher Entrüstung über uns und das französische Volk erging. Köstlich war, wie er die Finanzwelt gegen meine Vorwürfe in Schutz nahm. „Es ist wahr", führte er aus, „daß die große Finanzwelt sich nicht erheblich beteiligt hat; es stand kein Gewinn in Aussicht (im Falle des Sieges sogar ein recht großer. A. B.), und es ist die Weise der Geschäftsleute, wie dies in der Natur des Geschäftslebens liegt, sich nicht als Geschäftsleute zu beteiligen, wenn eben ein Gewinn nicht sichtbar ist. Nun, auch dort die Männer — auf uns zeigend —, die über den Gewinn und die Belohnung lachen, üben doch ihre ideale Tätigkeit gegen Entgelt aus (Heiterkeit), und ihre Leistungen, welche sie als apostolische bezeichnen, erfolgen gegen Diäten. (Heiterkeit. Sehr gut!) Welche Verwirrung der Begriffe, wenn diese Herren, welche nach der Natur ihrer Leistungen vielleicht mit geringeren Summen sich begnügen müssen (das Haus schüttelt sich vor Lachen), über die Lust am Gewinn die Nase rümpfen. Also, die höhere Finanzwelt hat die Gelegenheit nicht für geeignet gehalten, gewinnbringende Geschäfte zu machen."

Öder und widerspruchsvoller konnte wirklich nicht die deutsche Kapitalistenklasse zu rechtfertigen versucht werden. (In einer zweiten Rede antwortete ich gebührend Lasker.) Nach Lasker folgte Braun-Wiesbaden, diesem Liebknecht. Dieser ging den liberalen Vorrednern kräftigst zu Leibe. Wiederum heftige Unterbrechungen, Ordnungsruf des Präsidenten.

Liebknecht führte unter anderem aus:

„Die Regierung, die im Juli den Krieg erklärt hat, ist beseitigt und ihr Führer sitzt auf Wilhelmshöhe und ist der gute Bruder des Königs von Preußen; er schwelgt in kaiserlichem Luxus, während die deutschen Krieger draußen ihr

Blut vergießen und die furchtbarsten Strapazen erdulden müssen im Kampfe gegen das französische Volk, welches unser Brudervolk trotz alledem und alledem ist und welches den Frieden mit uns will. (Unruhe, Zurufe.) Es ist wahrlich ehrenhafter, der Bruder des französischen Volkes und der französischen Arbeiter zu sein, als der liebe Bruder des Schurken auf Wilhelmshöhe. (Abgeordneter Dr. v. Schweitzer: Bravo, bravo!)"

Liebknecht schloß:

„Die Anleihe, die man von uns fordert, ist für die Durchführung der Annexion bestimmt, wie das ja auch aus dem Wortlaut der Thronrede hervorgeht. Die Annexion aber bringt uns nicht den Frieden, sondern den Krieg. Indem sie auch nach dem Frieden eine beständige Kriegsgefahr schafft, befestigt sie in Deutschland die Militärdiktatur... Aus diesen Gründen bin ich natürlich gegen die Kriegsanleihe und habe mit meinem Freunde Bebel den Antrag auf Verweigerung derselben gestellt."

Dieser Antrag wurde gegen fünf Stimmen abgelehnt...

Gegen die Kriegsanleihe stimmten in dritter Lesung Dr. Ewald (Hannoveraner), Fritzsche, Hasenclever, Liebknecht, Mende, Schraps, Schweitzer und ich...

In einer der folgenden Sitzungen standen die Verträge mit Baden, Hessen, Württemberg und Bayern zur Beratung. Ich erklärte mich sowohl gegen diese wie gegen die neue Verfassung überhaupt. Das Volk werde in Bälde zur Einsicht darüber kommen, wie es mit der deutschen Freiheit und Einheit aussehe. Die drei Kriege, die Deutschland seit zehn Jahren durchzuführen gehabt habe, hätten es in freiheitlicher Beziehung nur zurückgebracht. Doch das Volk werde einst sein Selbstbestimmungsrecht fordern und erlangen und dann eine Verfassung sich selber schaffen, die nur die Republik zum Ziele haben könne.

Nach mir nahm der Geheime Regierungsrat Wagener das Wort und erzählte zu Liebknechts und meiner großen Überraschung, daß wir, wie er aus der ihm soeben übermittelten „Börsenzeitung" ersehen habe, von dem *französischen Konsul* in Wien, Lefaivre, den Dank der französischen Republik für unser Auftreten im Reichstag empfangen hätten. (Lebhafte Zurufe: Hört! Hört! und Pfui!) Ich konnte darauf in einer persönlichen Bemerkung nur antworten, daß bis zu diesem Augenblick weder Liebknecht noch mir ein solcher Brief zugegangen sei, was mir um so unbegreiflicher wäre, da, wie ich eben gehört, auch die „Norddeutsche Allgemeine Zeitung" den Brief abgedruckt habe. Ich sei der Meinung, daß der Brief eine elende Mystifikation sei, die vom preußischen Pressebüro ausgehe, um mich und Liebknecht zu diskreditieren. In der folgenden Sitzung hielt Wagener seine Behauptung aufrecht. Der Brief, der an meine Adresse geschickt worden, sei echt. Ich antwortete am Schluß der Sitzung, daß ich bis zu diesem Augenblick den fraglichen Brief nicht erhalten habe, also bei meiner ersten *Erklärung verbleiben* müsse. Schließlich erhielt ich ihn aber dennoch; er war an Liebknecht und mich gerichtet. Der Brief existierte also, er war vom 2. Dezember datiert und hatte *sechs Tage* gebraucht, bis er in meine Hände gelangte. Er lautete:

„Meine Herren! Im Namen der französischen Republik, deren Regierung mich zu ihrem speziellen Vertreter bei der Demokratie Deutschlands bestellt hat, erachte ich es für meine Pflicht, Ihnen für die edlen Worte, die Sie im Berliner Parlament inmitten einer durch den Geist der Eroberung und der Trunkenheit des Militarismus fanatisierten Versammlung gesprochen haben, meinen Dank auszudrücken. Der Mut, den Sie bei dieser Gelegenheit bewiesen haben, hat die Aufmerksamkeit von ganz Europa auf Sie gelenkt und Ihnen einen ruhmvollen Platz in der Reihe der Streiter für Freiheit erobert. Der freisinnige und humanitäre Geist Deutschlands erleidet in diesem Augenblick, wie Sie, meine Herren, es so beredt dargetan haben, eine jener Verfinsterungen, die wir selbst während der Periode unseres ersten Kaiserreichs durchgemacht haben, und geht denselben Enttäuschungen entgegen. Eine Sucht nach brutaler Herrschaft hat sich der erleuchteten Geister bemächtigt. Jene Denker, die noch vor kurzem solche Lichtstrahlen über die Welt aussandten, sind heute unter der Eingebung des Herrn v. Bismarck zu Aposteln des Mordes und der Vernichtung einer ganzen Nation geworden. Sie, meine Herren, sind es und Ihre Partei, welche bei diesem allgemeinen Abfall die große deutsche Tradition aurechterhalten. — In unseren Augen sind Sie die großen Vertreter einer deutschen Nation, die wir mit einer wahrhaft brüderlichen Liebe umfassen und die wir zu lieben nicht aufgehört haben. Frankreich begrüßt Sie, meine Herren, und dankt Ihnen, denn es erblickt in Ihnen die Zukunft Deutschlands und die Hoffnung auf eine Versöhnung zwischen den beiden Völkern."

Der Brief mochte gut gemeint sein, aber in jenem Augenblick bedeutete er eine große Taktlosigkeit. Wer ihn veröffentlicht hat, haben wir nie erfahren. Ich vermute, der Konsul wurde zu dem Briefe von einer Seite animiert, die ein Interesse daran hatte, uns zu schaden.

Während der Verfassungsberatung kam es zu einer heiteren Szene. Es war bekanntgeworden, daß der König Ludwig II. von Bayern nach langem Drängen und Unterhandeln sich bereit erklärt hatte, die deutschen Bundesfürsten und freien Städte zu ersuchen, dem König von Preußen die deutsche Kaiserkrone anzutragen. Die Mitteilung dieses Ereignisses sollte mit einer feierlichen Überraschung im Reichstag erfolgen. In der betreffenden Sitzung erhob sich der Abgeordnete Friedenthal und stellte eine diesbezügliche Anfrage. Darauf erhob sich feierlich der Präsident des Bundeskanzleramtes, Delbrück, um das betreffende Schriftstück vorzulesen. Aber er wußte nicht, in welche Tasche er es gesteckt hatte. In höchster Aufregung durchsuchte er krampfhaft alle Taschen, ein Schauspiel, das im Hause ungeheure Heiterkeit hervorrief. Schließlich fand er den Brief, aber die Wirkung war verpufft. Delbrück war ein sehr tüchtiger Beamter, aber die trockenste Bürokratennatur, die man sich vorstellen konnte. Eine feierliche Manifestation zu inszenieren, dazu war er ganz und gar nicht der Mann. Bismarck brauste auf, als er in Versailles von der mißlungenen Manifestation hörte.

Ferdinand Lassalle

1825–1864

Wilhelm Liebknecht

1826—1900

In dieser Debatte erregte eine Rede Liebknechts über die neue Verfassung und das neue Kaisertum Stürme der Entrüstung. Er warf einen Rückblick auf die deutschen Einheitsbestrebungen, die eine ganz andere Einheit Deutschlands als Ziel gehabt hätten als jene, die jetzt geschaffen werde. Diese sei ein Gewaltwerk von oben, über die sich die Fürsten verständigt hätten und zu dem der Reichstag einfach ja sagen solle und müsse. Die Verfassung zeige, daß sie im Heerlager zu Versailles ihren Ursprung habe. Die dort abgeschlossenen Verträge mit den süddeutschen Staaten zeigten aber auch, daß es sich nicht einmal um eine äußere Einheit handle. Das Hindernis einer wirklichen Einheit Deutschlands bilde das Haus Hohenzollern, dessen Interessen im Gegensatz zu denen des deutschen Volkes stünden. Die Krönung des neuen Kaisers solle man auf dem (Berliner) Gendarmenmarkt vornehmen, der das geeignete Symbol hierfür sei. Denn dieses Kaisertum könne nur durch den Gendarmen aufrechterhalten werden. Mehrere Ordnungsrufe und eine Reihe von Zurechtweisungen durch den Präsidenten gaben der Rede die Weihe.

Am 10. Dezember [1870] wurde eine Deputation gewählt, die dem König die beschlossene Adresse mit den Glückwünschen des Reichstages zur Kaiserwürde nach Versailles überbringen sollte. Die Fortschrittspartei, die mit uns zum größeren Teil gegen das Verfassungswerk stimmte, hatte dem Büro mitgeteilt, daß sie auf Beteiligung an der Deputation verzichte. Die Mitglieder sollten durch das Los bestimmt werden. Wir schwiegen und ließen es darauf ankommen, ob einer von uns durch das Los für die Deputation bestimmt würde. Selbstverständlich hätte er nicht angenommen. Aber das Glück blieb uns fern. Als der Name Rothschilds aus der Urne gezogen wurde, ging Windthorst feierlich auf diesen zu, schüttelte ihm kräftig die Hand und gratulierte ihm zur Wahl. Das ganze Haus brach in stürmische Heiterkeit aus.

Die Deputation war von ihrer von vielen Hindernissen begleiteten Reise und von dem Empfang im Versailler Hauptquartier nicht entzückt. Der Empfang stand so gar nicht im Einklang mit den Vorstellungen, die sich die Deputation von ihrer „hehren Mission“ gemacht hatte. Der König selbst stand der Kaisermache so gleichgültig gegenüber, daß er ganz überrascht war, als der Kronprinz ihm mitteilte, die anwesenden Fürsten und Generale hätten den Wunsch, bei Überreichung der Reichstagsadresse durch die Deputation anwesend zu sein. Die trockene Antwort des Königs lautete: Wenn wirklich jemand von den Genannten dabei zu sein Lust habe, habe er nichts dawider. Seine Stimmung wäre wohl eine der neuen Würde günstigere gewesen, hätte die Deputation ihm in Aussicht stellen können, daß im Falle der Annexion von Elsaß-Lothringen dieses Preußen angegliedert werden solle. Es war der erste große Krieg, den ein Hohenzoller siegreich führte, der ohne Landerwerb für Preußen endete. Das konnte ein Hohenzoller nur schwer verwinden.

Es ist also wie so vieles andere eine Geschichtslegende, zu behaupten, der damalige König habe die deutsche Kaiserwürde als das Ziel seines Sehnens angesehen. Daher entspricht auch die Darstellung, die der Kaiser Wilhelm II. am 26. Februar 1894 in einer Rede bei dem Festessen des Provinziallandtags der Provinz Brandenburg gab, nicht den geschichtlichen Tatsachen. Damals führte Wilhelm II. mit Hinweis auf die Einigung Deutschlands aus:

„Das alte Deutsche Reich wurde verfolgt von außen von seinen Nachbarn und von innen durch seine Parteiungen. Der einzige, dem es gelang, gewissermaßen das Land einmal zusammenzufassen, das war der Kaiser Friedrich Barbarossa. Ihm dankt das deutsche Volk noch heute dafür. Seit der Zeit verfiel unser Vaterland, und es schien, als ob niemals der Mann kommen sollte, der imstande wäre, dasselbe wieder zusammenzufügen. Die Vorsehung schuf sich dieses Instrument und suchte sich aus den Herrn, den wir als den ersten großen Kaiser des neuen Deutschen Reiches begrüßen konnten. Wir können ihn verfolgen, wie er langsam heranreifte von der schweren Zeit der Prüfung bis zu dem Zeitpunkt, wo er als fertiger Mann, dem Greisenalter nahe, zur Arbeit berufen wurde, sich jahrelang auf seinen Beruf vorbereitend, die großen Gedanken bereits in seinem Haupte fertig, die es ihm ermöglichen sollten, das Reich wieder erstehen zu lassen. Wir sehen, wie er zuerst sein Heer stellt und aus dingfesten Bauernsöhnen seiner Provinzen sie zusammenreiht zu einer kräftigen, waffenglänzenden Schar; wir sehen, wie es ihm gelingt, mit dem Heer allmählich eine Vormacht in Deutschland zu werden und Brandenburg-Preußen an die führende Stelle zu setzen. Und als dies erreicht war, kam der Moment, wo er das gesamte Vaterland aufrief und auf dem Schlachtfeld der Gegner die Einigung herbeiführte."

In Wahrheit lagen die Dinge so, daß nicht der alte Wilhelm, sondern sein Sohn, der Kronprinz — der spätere Kaiser Friedrich —, Sehnsucht nach der Kaiserwürde empfand und damals in Versailles alles aufbot, um dieselbe durchzusetzen. Sein Freund, der bekannte Schriftsteller Gustav Freytag, behauptete sogar, daß dem Kronprinzen allein die Erlangung der Kaiserwürde für die Hohenzollern zu danken sei. Sicher ist, daß neben dem Kronprinzen auch Bismarck alles aufbot, um die Kaiserwürde für die Hohenzollern zu erlangen. Bismarck, der sicher hier der kompetenteste Beurteiler ist, schreibt über die Stellung des Königs zur Kaiserwürde in seinen „Gedanken und Erinnerungen"*:

„Die Kaiserkrone erschien ihm im Lichte eines übertragenen modernen Amtes, dessen Autorität von Friedrich dem Großen bekämpft war, den Großen Kurfürsten bedrückt hatte. Bei den ersten Erörterungen sagte er: „Was soll mir der Charakter-Major?", während ich unter anderem erwiderte: „Eure Majestät wollen doch nicht ewig ein Neutrum bleiben, das »Präsidium«? In dem Ausdruck »Präsidium« liegt eine Abstraktion, in dem Worte »Kaiser« eine große Schwungkraft."...

* In der Neuausgabe: Otto von Bismarck, „Gedanken und Erinnerungen". Herausgegeben von Reinhardt Jaspert (Berlin 1951), auf Seite 249. D. Hrsg.

Unsere Verhaftung

An der Spitze des „Volksstaat" vom 7. September [1870] hatten wir mitgeteilt, wir hätten aus sicherster Quelle in Erfahrung gebracht, daß auf entschiedenes Verlangen im deutschen Hauptquartier, speziell des Grafen v. Bismarck, die sächsische Regierung entschlossen sei, gegen unsere Partei mit allem Nachdruck vorzugehen. Haussuchungen und Verhaftungen sollten bevorstehen. Wie auf Kommando ging fast die gesamte Presse, die liberale voran, in Hetzartikeln gegen uns los. Man trieb die Unverschämtheit so weit, daß man uns des Landesverrates zugunsten Frankreichs bezichtigte ...

Am 17. Dezember [1870] morgens arbeitete ich in meiner Werkstatt, als plötzlich meine Frau totenbleich hereinstürzte und mir mitteilte, daß oben in unserer Wohnung ein Polizeibeamter sei, der mich zu sprechen wünsche. Ich wußte woran ich war. Ich eile die Hintertreppe hinauf und treffe in unserer Wohnstube den mir bekannten Beamten, zugleich aber auch einen Soldaten in kriegsmäßiger Ausrüstung. Auf meine Frage, was das bedeute, antwortete mir meine Frau, der Mann sei soeben als Einquartierung eingetroffen. Alsdann teilte mir der Beamte mit, er habe Auftrag, meine Papiere zu beschlagnahmen. Das war rasch geschehen, ich hatte für reinen Tisch gesorgt. Der Beamte erklärte weiter, er habe auch Auftrag, mich zu verhaften. Ich kleidete mich rasch um, nahm Abschied von Frau und Kind, mit der Vertröstung, ich würde bald zurückkommen, und stieg in die vor dem Hause wartende Droschke, die mich zunächst nach dem Polizeiamt, von dort nach dem Bezirksgericht führte. Hier wurde mir im Bezirksgerichtsgefängnis eine Zelle angewiesen. Ich mache kein Hehl daraus, daß, nachdem der Beamte das große Schloß und die beiden eisernen Riegel, womit nach alter Väter Weise die Tür versehen war, hinter mit abgeschlossen hatte, ich wütend in der Zelle auf und ab lief und meinen Feinden fluchte. Aber was half es? Der Kluge gibt nach.

Am nächsten Morgen (Sonntag) traten der Staatsanwalt und der Bezirksgerichtsdirektor, der die Oberaufsicht über das Gefängnis hatte, herein und fragten: ob ich Wünsche hätte. Ich bat, daß ich mir Bücher dürfe kommen lassen und um Licht bis abends 10 Uhr. Der Direktor sagte beides zu, Licht aber nur bis abends 8 Uhr. Der Staatsanwalt teilte mir mit, daß es sich bei der Untersuchung um meine gesamte agitatorische Tätigkeit handeln werde, die man als staatsgefährlich und hochverräterisch ansehe. Die Untersuchung werde längere Zeit währen, da auch Recherchen nach auswärts nötig seien. Ich würde morgen vor dem Untersuchungsrichter mein erstes Verhör haben. Meine Spannung war groß. Der Untersuchungsrichter, Landgerichtsrat Ahnert, dem ich vorgeführt wurde, empfing mich mit strenger Miene und großer Zurückhaltung. Es werde gegen mich, Liebknecht und Hepner, die beide ebenfalls verhaftet seien, was ich erst jetzt erfuhr, die Anklage auf

Versuch und Vorbereitung zum Hochverrat erhoben werden. Daß Liebknecht mit mir gepackt war, fand ich natürlich, aber auch der Unglückswurm Hepner, der erst kurze Zeit zweiter Redakteur am „Volksstaat“ war? Der war doch so unschuldig wie ein neugeborenes Kind. Weiter teilte mir zu meiner nicht geringen Überraschung und Enttäuschung der Richter mit, daß er die Untersuchung noch nicht weiterführen könne, *weil der Hauptteil des Untersuchungsmaterials noch in Braunschweig sei.* Er hoffe aber, daß dasselbe noch vor Neujahr eintreffe, worauf er alsdann mit allem Fleiß an die Arbeit gehen werde. Man hatte uns also, strenggenommen, ohne gesetzlichen Grund verhaftet, denn weder der Richter noch der Staatsanwalt kannten das Anklagematerial, auf Grund dessen wir angeklagt werden sollten. Es war also offenbar der Wunsch des Hauptquartiers, uns möglichst rasch unschädlich zu machen, für unsere Verhaftung maßgebend gewesen.

Ich war sehr ärgerlich, als ich in meine Zelle zurückkehrte; ich hatte jetzt reichlich Zeit, mich zunächst mit dieser zu beschäftigen. Die Zelle hatte genügend Raum, denn sie war fast leer. In einer Ecke an der Tür stand ein großer, verdeckter hölzerner Kübel, über dessen Zweck ich kein Wort zu verlieren nötig habe. An der einen Wand war ein kleines Regal angebracht, auf dem ein Wasserkrug stand und ein Gesangbuch und das Neue Testament lagen. An der anderen Wand war eine drei Fuß lange schmale Bank befestigt, so daß man sie nicht wegrücken konnte, und vor derselben hatte man mir, als besondere Vergünstigung, ein kleines Tischchen aufgestellt, so groß, daß, wenn ich einen Band „Gartenlaube“ darauf ausbreitete, die Tischplatte bedeckt war; ein Bett war nicht vorhanden, die Matratze, die abends auf den Fußboden gelegt wurde, wanderte am nächsten Morgen auf den Korridor auf einen Berg anderer Matratzen. Unten vor meinem Fenster, das fest vergittert war und nur durch Besteigen des Tischchens erreicht werden konnte, hörte ich Tag und Nacht ein eigentümliches Geräusch. Als ich an das Fenster stieg, sah ich, daß unten in einem Garten sechs große Kaffeeröstmaschinen aufgestellt waren, in denen große Quantitäten Kaffee für die im Felde stehenden Truppen geröstet wurden.

Der Winter 1870/71 war wohl der strengste, den wir in vielen Jahrzehnten hatten. Die armen Teufel im Felde — Deutsche wie Franzosen — litten fürchterlich unter Kälte, Eis und Schnee. Das Unwetter hatte früh eingesetzt und hörte erst spät auf. Aber auch in meiner Zelle war es scheußlich kalt. Der alte vorsintflutliche eiserne Ofen, der morgens um 5 Uhr mit einer Handvoll Kohlen geheizt wurde, gab keine besondere Wärme ab. Außerdem mußte ich doch frische Luft haben. Öffnete ich also morgens die Fensterklappe, so war das bißchen Wärme im Nu verflogen. Ich fror hundemäßig. Um mich zu erwärmen, setzte ich mich auf das Tischchen, stützte die Füße auf die Bank und umwickelte die Beine mit einer weißen wollenen Decke, die ich als Bettdecke erhalten hatte. Trotzdem bekam ich einen Blasenkatarrh. Zum Unglück lag meine Zelle auch noch nach Norden. Liebknecht, als dem ältesten unter uns, hatte man ein Zimmer, das damals für sogenannte Wechselgefangene reserviert war, eingeräumt. Dies erfuhr ich bei einem Besuche meiner Frau, die wöchentlich einmal in Gegenwart des Untersuchungsrichters mich kurze Zeit sprechen durfte. Auch wurde mir die Korrespondenz mit ihr unter Kontrolle des Richters gestattet.

Sehr rasch entdeckte ich aber zu meinem großen Unbehagen, daß ich die Zelle nicht allein bewohnte; dieselbe wimmelte von Ungeziefer. Nun, ich hatte Zeit zur Jagd, und ich war dabei erfolgreicher als Moltke mit seiner Hoffnung auf die Creisauer Hasen. Die weiße Wolldecke wurde zur Falle. Ich hatte bald eine Rekordziffer erreicht. Ich tötete an einem Tage, meine Leserinnen mögen nicht erschrecken, 81 der braunen Kerle, die man Flöhe nennt. Allmählich brachte ich die Zelle rein, auch ohne Insektenpulver, das mir meine Frau auf mein Verlangen ein paarmal sandte, das ich aber nie erhielt, weil es die Aufseher für sich verbrauchten. Ich hatte auch durchgesetzt, daß meine Matratze in der Zelle blieb, die vordem jedesmal am Abend voll Ungeziefer wieder zu mir hereingebracht wurde. Kaum hatte ich aber mein „Heim" rein, so wurde ich auf Anordnung des Arztes nach der Westseite umquartiert. Ich erhielt jetzt eine Zelle, in der vor mir eine Kindsmörderin zugebracht hatte, wie mir mein Aufseher in liebenswürdiger Weise mitteilte. Nun hatte ich die Arbeit des Reinigens von neuem vorzunehmen.

Eine Untersuchungshaft wie die unsere ist die scheußlichste aller Haftarten. In strenger Einzelhaft hinter Schloß und Riegel sitzen müssen, ohne zu wissen wie lange die Haft währt und welches Anklagematerial vorliegt, wirkt ungemein aufregend und nervenzerrüttend. Endlich wurde ich Anfang Januar wieder dem Untersuchungsrichter vorgeführt. Als ich in das Zimmer des Richters trat, fiel mein Blick auf ein stattliches Bündel blauer Papiere, die auf der breiten Fensterbank lagen. Es waren meine Briefe an den Parteiausschuß, die dieser mit den Briefen von Liebknecht, Marx und Engels ganz besonders sorgfältig und liebevoll aufbewahrt hatte. Ich weiß nicht, was ich getan, hätte ich in diesem Augenblick unseren Parteisekretär Bonhorst zwischen den Fingern gehabt. Bald ergab sich aber, daß ich keine Ursache hatte, mich über die beschlagnahmten Briefe zu ärgern. Der Untersuchungsrichter teilte mir mit, daß er erst vor ein paar Tagen das Anklagematerial erhalten habe, daß er aber gewillt sei, nach Möglichkeit die Untersuchung zu beschleunigen. Und er hielt Wort.

Mit jedem neuen Verhör wurde der Richter zugänglicher. Selbstverständlich waren unsere Briefe das erste Material, was er durchstudierte. Und da nun diese fast alle streng vertraulicher Natur waren, so hatten wir darin uns gegenseitig nicht nur unsere Parteischmerzen, sondern auch unsere großen und kleinen Privatschmerzen mitgeteilt, und dabei stellte sich heraus, daß keiner von uns auf Rosen gebettet war. Wohl zu seiner eigenen

Überraschung entdeckte der Untersuchungsrichter, daß wir keine Landesverräter und Königsmörder seien, sondern Menschen, die von den besten Absichten beseelt waren und warmes Herzblut in den Adern hatten. Ende Februar hatte der Untersuchungsrichter das Riesenmaterial, daß quantitativ sehr groß war — es waren allein gegen 2000 Briefe vorhanden —, durchgearbeitet und die Untersuchung geschlossen. Der Untersuchungsrichter hatte, und er war ein sehr intelligenter und gewissenhafter Mann, wie wir später durch unseren Rechtsanwalt Otto Freytag erfuhren, die Überzeugung gewonnen, daß wir nicht nur nicht wegen Versuchs, sondern auch nicht wegen Vorbereitung zum Hochverrat verurteilt werden könnten. Er stellte demgemäß den Antrag auf unsere Haftentlassung, dem aber die Staatsanwaltschaft widersprach...

*

Im Januar [1871] wurden die Wahlen zum Reichstag ausgeschrieben; sie sollten am 3. März vorgenommen werden. Eine Landesversammlung der Partei hatte uns wieder in unseren alten Wahlkreisen aufgestellt. In Leipzig vereinigten sich die Lassalleaner mit unseren Genossen auf meine Kandidatur. Ich ließ das Komitee wissen, daß ich im Interesse der Konzentration der Mittel und Kräfte auf die aussichtsreichen Wahlkreise eine Kandidatur für Leipzig nicht annehmen könne. Es blieb aber dabei. In bürgerlichen Kreisen veranstaltete man Geldsammlungen, um Liebknechts und meine Wahl zu verhindern. In meinem Wahlkreis — Glauchau-Meerane-Hohenstein — hatten die Gegner sich auf die Kandidatur von *Schultze-Delitzsch* gegen mich vereinigt. Schulze nahm die Kandidatur an, er weigerte sich aber, Wählerversammlungen abzuhalten, da ich an der Abhaltung solcher verhindert sei; dieselben wären ihm wahrscheinlich schlecht bekommen...

Die Wahlen verliefen ungünstig; sie fanden statt unter Glockengeläute und Kanonendonner, da am 3. März [1871] der Präliminarfriede in Versailles unterzeichnet wurde. Die einzigen Sieger waren Schraps und ich im 17. und 18. sächsischen Wahlkreis. Ich hatte mit 7344 Stimmen gegen Schulze-Delitzsch mit 4679 Stimmen gesiegt. Schraps, der strenggenommen nicht mehr zur Partei gehörte und an dessen Stelle von Rechts wegen Julius Motteler hätte aufgestellt werden sollen, siegte mit 5875 gegen 5706 Stimmen. Liebknecht unterlag im 19. sächsischen Wahlkreis mit 3981 gegen 5134 Stimmen...

In Leipzig hatte ich 2576, mein Gegenkandidat, Bürgermeister Dr. Stephani, 7312 Stimmen erhalten. Das Resultat galt als sehr günstig; im Herbst 1867 erhielten wir nur 900 Stimmen. In Leipzig-Land war Johann Jacoby aufgestellt worden, der mit 2877 gegen 5718 Stimmen seinem Gegner unterlag. Bracke wurde in Chemnitz und im 22. sächsischen Wahlkreis aufgestellt und erhielt 2972 bzw. 3477 Stimmen. Wir hatten in Sachsen über 39 000 Stimmen auf unsere Kandidaten vereinigt. In manchen Wahlkreisen, wie Bielefeld, hatten unsere Parteigenossen den Kandidaten des Allgemeinen Deutschen Arbeitervereins (Pfannkuch) unterstützt, in Mittel- und Süddeutschland hatten sie fast überall von der Aufstellung eigener Kandidaten abgesehen. Der Allgemeine Deutsche Arbeiterverein hatte im ganzen 63 000 Stimmen auf seine Kandidaten vereinigt.

Wie die angeführten Zahlen zeigen, war die Beteiligung an der Wahl eine schwache, nirgends herrschte Begeisterung für das neue Reich. Der schwere Druck, der auf Handel und Wandel lastete, die Arbeitslosigkeit, alles Folgen des Krieges, dazu der lange und harte Winter, der den Massen ebenfalls schwere Opfer auferlegte, schufen eine sehr gedrückte Stimmung.

Sobald ich die offizielle Nachricht von meiner Wahl erhalten hatte, schickte ich aus dem Gefängnis meinem Wahlkomitee folgende Danksagung zur Veröffentlichung:

„An meine Wähler! Parteigenossen! Ihr habt mir aufs neue einen glänzenden Beweis Eures Vertrauens gegeben, indem Ihr mich nunmehr zum dritten Male zum Vertreter des 17. Wahlkreises in den Reichstag erwähltet.

Ihr habt mir Euer Vertrauen erhalten, obgleich ich nicht in Eurer Mitte erscheinen konnte, um meinen Standpunkt gegenüber der neuen Sachlage der Dinge darzutun. Ebensowenig habt Ihr Euch auch beirren lassen durch die heftige und niedrige Kampfweise, womit die Gegner den Wahlkampf führten.

Dies, verbunden mit der Tatsache, daß der unterlegene Gegner als die gefeiertste Größe des Liberalismus und Kapitalismus gilt, macht die diesmalige Wahl für mich doppelt ehrenvoll. Nehmt dafür meinen wärmsten und innigsten Dank entgegen und das Versprechen, daß ich tun werde, was in meinen Kräften steht, Euer Vertrauen zu rechtfertigen.

Es lebe die Sozialdemokratie! Das sei der Ruf, mit dem wir neuen Kämpfen entgegengehen.

Leipzig, Bezirksgerichtsgefängnis, den 13. März 1871.

Mit sozialdemokratischem Gruß
Euer A. Bebel."

Ich habe in meinem Leben oft das Glück gehabt, angesungen zu werden, und zwar im guten wie im schlimmen Sinne. Auch in dem jetzt verflossenen Wahlkampf spielte die Poesie eine, wenn auch zweifelhafte Rolle. So veröffentlichte der Bürgermeister Hohensteins, natürlich anonym, folgendes Gedicht.

Napoleon und Bebel

Er sitzt auf Wilhelmshöhe,
Er im Bezirksgericht.
Er hat sie in der Zehe
Und er im Kopf die Gicht...

In Leipzig hatte man, und das ist von einem gewissen kulturhistorischen Interesse, die Verhöhnung unserer Personen während unserer Haft noch weiter getrieben. So wurde in einem Tingeltangel eine Posse aufgeführt, betitelt: „Nebel und Piepknecht"; in einem anderen größeren Lokal der Stadt wurde eine Posse aufgeführt, betitelt: „Bebel oder der erleuchtete

Schuster mit seinem Jungen". In dieser Weise machten die „Patrioten" ihrem Zorn wider uns Luft.

Ein Teil der liberalen Presse war über meine Wahl höchlich aufgebracht und agitierte dafür, daß der Reichstag bei seinem Zusammentritt sich gegen meine Freilassung aus der Untersuchungshaft aussprechen sollte. Die „Magdeburger Zeitung" war von Leipzig aus im gleichen Sinne inspiriert worden. Darauf veröffentlichte unser Anwalt Otto Freytag ein Erklärung, in der er ausführte, die Behauptung, wir würden wegen Landesverrat oder Vorbereitung zum Landesverrat angeklagt, sei eine Unwahrheit. Wir würden wegen *Vorbereitung zum Hochverrat,* begangen durch unsere Agitation, angeklagt. *Liebknecht und mein Verhalten in der Kriegsfrage spiele auch nicht einmal nebensächlich eine Rolle.* Es sei auch eine dreiste Unwahrheit, wenn behauptet werde, Staatsanwalt und Untersuchungsrichter würden sich einer Haftentlassung widersetzen. Im Gegenteil, ihm habe der Untersuchungsrichter erklärt, daß gegen eine Haftentlassung, nachdem die Untersuchung beendet sei, nicht das geringste Bedenken vorliege. Ebenso werde der Staatsanwalt *keine* Bedenken gegen die Freilassung erheben.

Am 27. März stellte Schraps, unterstützt von den Mitgliedern der Fortschrittspartei, im Reichstag den Antrag auf meine Freilassung. Im Gegensatz hierzu beantragten die Abgeordneten Dr. Stephani-Leipzig und Professor Biedermann, den Reichskanzler um Auskunft, über den Stand der Sache zu ersuchen. In ihrem blinden Haß fühlten sie nicht das Kleinliche und Verächtliche ihrer Handlungsweise. Am 29. März wollte der Präsident die beiden Anträge auf die Tagesordnung der Sitzung vom 30. März setzen. Darauf erklärte der Abgeordnete Schraps zur Geschäftsordnung: *Er habe die Nachricht erhalten, daß wir am gestrigen Tage aus der Haft entlassen worden seien.*

So war es in der Tat. Die sächsische Regierung wollte die Debatte im Reichstag umgehen, so ordnete sie unsere Freilassung an. Am Nachmittag des 28. März gegen 4 Uhr wurden plötzlich mit besonderer Hast Schloß und Riegel an meiner Tür geöffnet, und herein stürzte der Aufseher mit dem Ruf: Ich glaube, Sie kommen frei! Als ich aus der Zelle trat, standen Liebknecht und Hepner bereits auf dem Korridor. Ohne ein Wort zu sagen, stürzten wir uns alle drei in die Arme. Wir hatten uns seit jener ominösen Versammlung am 15. Dezember mit keinem Auge gesehen. Vor den Untersuchungsrichter geführt, erklärte dieser, wir seien aus der Haft entlassen, doch müßten wir durch Handschlag versichern, keinen Fluchtversuch zu unternehmen und den Bezirk, Stadt- und Amtshauptmannschaft Leipzig, nicht ohne seine Zustimmung zu überschreiten. Nachdem wir unsere Siebensachen zur Abholung bereitgestellt, eilten wir fort nach Hause, wo es ein frohes Wiedersehen gab. Mein Töchterchen sprang mir mit einem Freudenschrei an den Hals ...

„Hochverräter“

Bei der Eröffnungsfeier des ersten Deutschen Reichstages am 23. März 1871 im sogenannten Weißen Saale des königlichen Schlosses zu Berlin trat Fürst Bismarck an den Abgeordneten v. Schwarze heran mit den Worten: „Nun, Herr Generalstaatsanwalt, was wird denn aus dem Prozeß Bebel und Genossen?“ Der Angeredete zuckte die Achseln und erwiderte: „Gar nichts wird!“ Worauf Bismarck unwillig antwortete: „Dann hätte man die Leute auch nicht einstecken sollen; jetzt fällt das Odium des Prozesses auf uns.“ Wenige Augenblicke nach jenem Vorgang wandte sich der sächsische Finanzminister v. Friesen, der die Unterhaltung zwischen Bismarck und Schwarze angehört hatte, an den Abgeordneten Professor Birnbaum, Vertreter für Leipzig-Land, mit den Worten: „Da hat unser Schwarze eine große Dummheit gemacht!“ Herr v. Schwarze hatte aber keine Dummheit gemacht, er hatte nur gesagt, was er als Jurist nach genauer Kenntnis des Inhalts der Akten sagen mußte. Schwarze hielt ebenso wie unser Untersuchungsrichter eine Verurteilung für unmöglich, und Bismarck hatte ganz vergessen, daß unsere Verhaftung am 17. Dezember 1870 nicht erfolgt war, weil man irgendwelche Beweise für unsere angebliche Vorbereitung zum Hochverrat hatte, sondern weil man die Tatsache der Beschlagnahme unserer Briefe bei dem Braunschweiger Ausschuß benutzen wollte, uns hinter Schloß und Riegel zu bringen. Uns war sogar mitgeteilt worden, daß Bismarck selbst vom Hauptquartier aus die Anregung zu unserer Verhaftung gegeben habe.

Die Frühjahrssession des Leipziger Schwurgerichts war für unsere Aburteilung bestimmt worden. Der Prozeß sollte Montag, den 11. März, seinen Anfang nehmen. Die Aufregung in Leipzig war groß. Seitens der Behörden rechnete man mit Unruhen. Das veranlaßte uns, an der Spitze des „Volksstaat“ vom 6. und 9. März folgende Aufforderung zu veröffentlichen:

An unsere Parteigenossen!

Wie Ihr wißt, beginnt am Montag, den 11. März, die Schwurgerichtsverhandlung in dem Hochverratsprozeß gegen uns. Viele von Euch werden derselben beiwohnen wollen. Dies veranlaßt uns, die dringende Aufforderung an Euch zu richten, weder durch Zeichen des Beifalls noch des Mißfallens die Verhandlungen zu unterbrechen. Geschehe was da wolle, verhaltet Euch ruhig. Mag unsere Gegnerschaft durch bübische Hetzartikel oder durch bezahlte Agents provocateurs Euch zu reizen suchen, macht diese perfiden Machinationen zuschanden. Die Abrechnung wird nicht ausbleiben.

Leipzig, den 3. März 1872. Bebel, Liebknecht, Hepner.“

Diese Mahnung war nicht überflüssig. In der Furcht, es werde unsere Verurteilung mißlingen, hielten es die Brockhaussche „Deutsche Allgemeine Zeitung", das „Leipziger Tageblatt" und die von Dr. Hans Blum redigierten „Grenzboten" für ihre vornehmste Aufgabe, durch Hetzartikel, die man den Geschworenen zustellte, diese gegen uns einzunehmen. Ebenso wurde in den verschiedensten Formen persönlich auf diese eingewirkt.

Es kann nicht meine Aufgabe sein, den Verlauf des Prozesses, der vierzehn Verhandlungstage in Anspruch nahm, in seinen Einzelheiten darzulegen. Das Anklagematerial bildete unsere gesamte agitatorische Tätigkeit in Vereinen, Versammlungen, Artikeln und Broschüren nebst einer Anzahl Briefe, die bei dem Braunschweiger Ausschuß gefunden worden waren. Außerdem wurde aber auch fast die ganze bis dahin in deutscher Sprache erschienene sozialistische Broschürenliteratur als belastend herangezogen, auch wenn wir an deren Verfasserschaft und Verbreitung gar nicht beteiligt waren, wie zum Beispiel bei dem „Kommunistischen Manifest"...

Unsere Reichstagsreden konnten auf Grund der Verfassung nicht unter Anklage gestellt werden, es sorgte aber die Leipziger liberale Presse dafür, daß die schärfsten Stellen aus denselben den Geschworenen bekannt wurden.

Als Belastungszeugen hatte die Staatsanwaltschaft eine Anzahl Herren aus Plauen im Vogtland geladen, die in den beiden Versammlungen anwesend gewesen waren, die ich im Frühjahr 1870 dort gegen Dr. Max Hirsch abgehalten hatte. Der Inhalt jener Reden, die damals wegen Inkrafttreten des deutschen Strafgesetzbuches nicht mehr verfolgt werden konnten, und ebenso die Liebknechtsche Rede „Über die politische Stellung der Sozialdemokratie", wegen der er 1868 in Berlin in contumaciam zu mehreren Monaten Gefängnis verurteilt worden war, wurden jetzt ebenfalls als Material für den Hochverratsprozeß verwendet. Die Belastungszeugen waren der Obergendarm aus Plauen, der meine Versammlungen überwacht hatte, ferner der Vorsitzende einer derselben, Rechtsanwalt Kirbach, ein Redakteur, ein Oberlehrer und der Einberufer der Versammlungen. Als Entlastungszeugen hatten wir Bracke und Spier laden lassen, die alsdann dem Prozeß bis zu seinem Schlußakt beiwohnten.

Präsident des Schwurgerichts war ein Herr v. Mücke, Bezirksgerichtsdirektor in Bautzen. Herr v. Mücke war im Gegensatz zu seinem Namen ein herkulisch gebauter Mann, der Hände wie ein Fleischer und eine so niedere Stirn besaß, daß man sich erstaunt fragte, wo in jenem Kopf das Gehirn sitze. Offenbar hatte der Justizminister Abeken sich als Präsident des Schwurgerichts den beschränktesten Kopf ausgesucht, den es unter den Gerichtsdirektoren in Sachsen gab. Will man in einem politischen Prozeß um jeden Preis eine Verurteilung herbeiführen, so empfiehlt sich, als Leiter eines solchen entweder einen gewissenlosen Streber — ein solcher scheint zu jener Zeit in Sachsen nicht vorhanden gewesen zu sein — oder einen beschränkten Kopf auszuwählen, der sich leicht beeinflussen läßt. Herr v. Mücke war seiner Aufgabe in keiner Weise gewachsen, weder beherrschte er das sehr umfängliche Aktenmaterial, noch besaß er das Maß von Unparteilichkeit und Ruhe, das erste Voraussetzung für den Leiter einer solchen Verhandlung ist. Auch war ihm bis dahin offenbar der Sozialismus ein mit sieben Siegeln verschlossenes Buch. Es stimmte oft sehr heiter und blamierte ihn gründlich, wenn er über unsere Ausführungen ganz aufgeregt wurde, Sinn und Tragweite derselben nicht verstehen konnte und dann in die Rolle fiel, uns widerlegen zu wollen, wozu er ganz und gar unfähig war und auch kein Recht hatte. Man konnte ihn naiv bis zur Bewußtlosigkeit nennen.

Unsere Verteidigung hatten die Rechtsanwälte Otto und Bernhard Freytag übernommen, die bei ihnen in den besten Händen lag. Beide machten durch ihre Kreuz- und Querfragen dem Präsidenten, der diese Fragen oft nicht verstand oder ihre Tragweite nicht übersah, das Leben sauer.

Unter den Geschworenen waren sechs Kaufleute, davon drei aus Leipzig, ein Rittergutsbesitzer, ein Oberförster und einige Gutsbesitzer. Die Verhandlungen waren für Leipzig eine Sensation. Tag für Tag war der geräumige Verhandlungssaal überfüllt mit Zuhörern aus allen Ständen. Mehrere Male waren auch der Justizminister und der Generalstaatsanwalt anwesend. Und da alle größeren Blätter Deutschlands ausführliche Berichte brachten und ihre Leser jetzt zum ersten Male zu hören bekamen, was der Sozialismus sei und was die Sozialisten erstrebten — soweit dies bei Zeitungsberichten möglich ist —, wirkten die Verhandlungen eminent agitatorisch. Dafür sorgten natürlich auch wir durch unsere Haltung, namentlich Liebknecht, der der eigentliche Führer des Prozesses wurde. An allerlei kleinen dramatischen Szenen fehlte es auch nicht. So, wenn der Präsident durch ungeschickte Fragen und Bemerkungen von Liebknecht gehörig auf den Sand gesetzt wurde, oder ich bei der Frage, was ich zu dem „Kommunistischen Manifest“ zu sagen habe, antwortete: ich sei damals, als dasselbe erschienen sei, kaum acht Jahre alt gewesen, oder Hepner wiederholt antworten mußte: er sei überhaupt noch nicht geboren gewesen, als dieses oder jenes Aktenstück erschien...

Am dreizehnten Verhandlungstag begannen unter enormem Zudrang des Publikums die Plädoyers, nachdem die Fragen für die Geschworenen formuliert worden waren. Der öffentliche Ankläger schloß seine Rede mit den Worten: Wenn Sie die beiden Angeklagten nicht verurteilen — von Hepner sprach er nicht, er gab ihn preis —, dann sanktionieren Sie für immer den Hochverrat!

Zunächst antwortete Rechtsanwalt Otto Freytag, der damit begann, zu erklären, er habe trotz einer dreiviertelstündigen Pause, die zwischen der Anklagerede des Staatsanwalts und seiner Rede lag, sich noch immer nicht von dem Erstaunen erholt, das bei ihm die Begründung der Anklage hervorgerufen habe. Nach einer mehrstündigen vorzüglichen Rede, in der er die Anklage gründlich zerzauste, beantragte er unsere Freisprechung. Am nächsten Morgen nahm Rechtsanwalt Bernhard Freytag das Wort. Auch er blieb an oratorischer und juristischer Gewandtheit nicht hinter seinem Bruder zurück. Nach etwa drei Stunden schloß er mit den Worten an die Geschworenen: Bejahen Sie die Fragen, so schaffen und sanktionieren Sie in Sachsen einen rechtlosen Zustand. Wegen dieser Worte kam es zwischen ihm und dem Präsidenten zu einer heftigen Auseinandersetzung. Der Präsident hatte diese Worte gerügt.

Nach dem Schlußwort des Staatsanwalts nahm noch einmal Otto Freytag das Wort, dagegen erklärte sein Bruder, daß, nachdem der Staatsanwalt auf seine Frage: worin „das bestimmte Unternehmen" bestehe, dessen er uns anklage, nicht geantwortet habe, er bei der eigentümlichen Disziplin, die in diesem Saale herrsche, auf weitere Auseinandersetzungen verzichte. Eine Erklärung, der wir uns anschlossen. So ging die Verhandlung einen Tag früher zu Ende als erwartet war. Bei der „Rechtsbelehrung" der Geschworenen durch den Präsidenten kam es abermals zwischen diesen und unseren Verteidigern zu lebhaften Auseinandersetzungen; sie wollten die „Rechtsbelehrung" desselben, weil von falschen Voraussetzungen ausgehend, nicht gelten lassen. Beide meldeten schon im voraus die Nichtigkeitsbeschwerde an.

Nach mehr als zweieinhalbstündiger Beratung verkündeten die Geschworenen, daß sie Liebknecht und mich der Vorbereitung zum Hochverrat schuldig befunden, Hepner freigesprochen hätten. Der Staatsanwalt beantragte hierauf gegen uns eine Höchststrafe von zwei Jahren Festung, weil die Vorbereitungsverhandlungen noch entfernte gewesen seien, gegen Hepner beantragte er Freisprechung. Der Gerichtshof erkannte demgemäß gegen Liebknecht und mich unter Anrechnung von zwei Monaten Untersuchungshaft*.

Unsere Parteigenossen waren über das Urteil höchst aufgebracht. Mich packte der Galgenhumor: „Wißt ihr was", äußerte ich zu den Verteidigern und Mitangeklagten nach Schluß der Verhandlung, „wir gehen heute abend dem Urteil zum Trotz in Auerbachs Keller (berühmt geworden durch die Kellerszene in Goethes »Faust«) und trinken eine Flasche Wein." — „Das tun wir", erklärte Otto Freytag, „und wir (er und sein Bruder) bezahlen die Zeche."

Unsere Frauen, die uns mit lautem Weinen empfingen, waren freilich von diesem Vorschlag sehr wenig erbaut. Es sei eine Frivolität, dergleichen

* Siehe dazu: „Der Hochverratsprozeß wider Liebknecht, Bebel, Hepner vor dem Schwurgericht zu Leipzig vom 11. bis 26. März 1872." (Berlin 1894.) D. Hrsg.

zu tun, wir seien schreckliche Männer. Aber sie waren tapfer und gingen schließlich mit. Auch Bracke mit seiner jungen, liebenswürdigen Frau, die ihn nach Leipzig begleitet hatte, und Spier waren bei der Partie. Meine Frau war noch vor der Verurteilung durch unseren Hausarzt in etwas eigentümlicher Weise getröstet worden. „Frau Bebel“, hatte er zu ihr gesagt, „wird Ihr Mann zu einem Jahre Festung verurteilt, so seien Sie froh, er braucht sehr dringend Ruhe.“

Am 27. März [1872], dem Tage, an dem wir die Entscheidungsgründe des Gerichtshofes erhalten hatten, erließen Liebkecht und ich im „Volksstaat“ eine kurze Ansprache „An die Parteigenossen“, in der wir sie aufforderten, tapfer zur Sache zu stehen und namentlich für die Verbreitung des „Volksstaat“ zu sorgen, der jetzt 5500 Abonnenten hatte. An demselben Tage veröffentlichten wir eine zweite Erklärung im „Volksstaat“. „Zu unserer Verurteilung“, in der es hieß:

„Der Wahlspruch der Herren Geschworenen ist *nicht wahr*. Was wir gewollt und getan, haben wir ohne Hehl bekannt; ein hochverräterisches Unternehmen im Sinne des Strafgesetzbuchs haben wir *nicht vorbereitet*. Wenn wir schuldig sind, ist jede Partei schuldig, die nicht gerade am Ruder ist. Indem man uns verurteilt, ächtet man die freie Meinungsäußerung.

Durch Ihren Wahrspruch, meine Herren Geschworenen, haben Sie im Namen der besitzenden Klasse die Gewalttat von Lötzen sanktioniert und der Reaktion einen Freibrief in blanko ausgestellt. Uns persönlich ist das Resultat gleichgültig. Dieser Prozeß hat so unendlich viel für die Verbreitung unserer Prinzipien gewirkt, daß wir gern die paar Jahre Gefängnis hinnehmen, die — falls Rechtskraft eintritt — über uns verhängt werden können. *Die Sozialdemokratie steht über dem Bereich eines Schwurgerichtes.* Unsere Partei wird leben, wachsen und siegen. Wohl aber haben Sie, meine Herren Geschworenen, durch Ihr Verdikt das Todesurteil gefällt über das Institut der heutigen Schwurgerichte, die, ausschließlich aus der besitzenden Klasse gebildet, nichts sind als Mittel der Klassenherrschaft und der Klassenunterdrückung.“

Die ganze demokratische und linksliberale Presse, die damals noch Bedeutung hatte, stand auf unserer Seite, mit Ausnahme der „Berliner Volkszeitung“. Diese folgerte: Das Schwurgericht ist Volkesstimme, Volkesstimme ist Gottesstimme, ergo ... Auch der frühere Appellationsgerichtspräsident Temme, einer der aufrechtesten Männer, die der preußische Richterstand je gehabt hat, der aber der Reaktion im Anfang der fünfziger Jahre zum Opfer gefallen war, veröffentlichte in einem Wiener Blatt einen scharfen Artikel wegen unserer Verurteilung. Ich hatte das Glück, Temme noch kurz vor seinem Ableben 1882* in Zürich kennenzulernen, wohin er sich zurückgezogen hatte; er war eine äußerst sympathische Persönlichkeit.

Herr v. Mücke und der Staatsanwalt Hoffmann wurden für ihre staatsretterische Tätigkeit durch Orden belohnt. Der Generalstaatsanwalt

* Hubertus Temme ist schon 1881 (!) in Zürich gestorben. D. Hrsg.

v. Schwarze, der bei der Anklage Geburtshelferdienste geleistet hatte, war schon zuvor belohnt worden. Als Antwort auf das Urteil erklärte Johann Jacoby am 2. April seinen Beitritt zur Sozialdemokratischen Arbeiterpartei. Dem Vorgehen desselben schloß sich der Berliner Demokratische Verein — nicht zu verwechseln mit dem Demokratischen Arbeiterverein — insofern an, als er mit großer Mehrheit dem Eisenacher Programm zustimmte.

Unsere Parteigenossen legten in der Parteipresse und in zahlreichen Volksversammlungen schärfsten Protest gegen das Urteil ein, was freilich zur Folge hatte, daß eine große Anzahl derselben gerichtlich verurteilt wurde.

Kurz nach Schluß des Prozesses befiel mich eine sehr schmerzliche Brustfellentzündung, die mich mehrere Wochen ans Bett fesselte. Auch hatten Agitation, parlamentarische Tätigkeit, Untersuchungshaft und Prozeß, wozu noch angestrengte Tätigkeit in meinem Geschäft kam, das meine Kräfte ebenfalls in hohem Grade in Anspruch nahm und mich zu Erweiterungen meines kleinen Betriebes nötigte, meine Nerven zerrüttet. Ich litt neben heftigen Schmerzen an großer Schlaflosigkeit. In den Nächten, in denen ich mich schlaflos im Bett wälzte, dachte ich öfter an Bismarck, der damals insofern mein Leidensgefährte war, als er nach den Berichten der Zeitungen ebenfalls an Schlaflosigkeit und neuralgischen Schmerzen litt. Geteilter Schmerz ist halber Schmerz.

In Festungshaft

Hubertusburg

Am 1. Juli 1872 schrieb mir Bracke einen Abschiedsbrief, in dem er äußerte: „Wenn Eure Familien nicht wären, könnte ich fast triumphieren über die Einfalt unserer Feinde! Du zum Beispiel wirst Dich körperlich erholen und viel lernen; dann bist Du ein verdammt gefährlicher Kerl, und schließlich wird Deine liebe Frau auch, trotz des harten Loses der Trennung, zufrieden sein, wenn Du auf diese Weise eine Kurzeit durchmachst, die Dich wieder kräftigt fürs ganze Leben." Am 8. Juli, dem Tage meines Haftantritts, veröffentlichte ich folgende Erklärung:

„An meine Wähler im 17. sächsischen Wahlkreis!

Freunde und Gesinnungsgenossen! Das Königliche Bezirksgericht zu Leipzig hat die Gewogenheit gehabt, mir wegen »Majestätsbeleidigung«* neben einer neunmonatigen Gefängnisstrafe auch »den Verlust der bekleideten öffentlichen Ämter sowie der aus Wahlen hervorgegangenen Rechte« abzuerkennen.

Durch dieses Erkenntnis bin ich des mir von euch verliehenen Mandats *verlustig* geworden.

Freunde und Gesinnungsgenossen! Der Schlag soll nicht nur mich, er soll auch euch, deren *Vertreter* ich bisher war, er soll die *Partei* treffen, der wir angehören. *Zeigen wir, daß der geführte Schlag ein Schlag ins Wasser ist.* Ihr seid vor die Alternative einer Neuwahl gestellt. *Ich biete mich euch für dieselbe aufs neue als Kandidat an.* Habe ich nach eurer Meinung das in mich gesetzte Vertrauen gerechtfertigt, dann wählt mich wieder.

Seid versichert, die erhaltenen »Strafen« machen mich nicht mürbe. Festung und Gefängnis sind nicht die Mittel, mir bessere Begriffe über unsere faulen Gesellschaftszustände beizubringen. Die Gesellschaft, die zu solchen Mitteln der Belehrung greifen muß, verdient, daß sie aufhört zu existieren.

Führen wir also den Krieg fort mit aller uns zu Gebote stehenden Kraft und mit aller Zähigkeit; gebt mir durch die Neuwahl das Mittel in die Hand, daß ich auch für die nächsten Jahre mich an diesem Kampfe beteiligen kann. Der Tag kommt, wo auch unsere Stunde schlägt.

Lebt wohl! Auf Wiedersehen zu neuem Kampf und Sieg!"

Am Nachmittag desselben Tages reiste ich nach Hubertusburg. Am Bahnhof hatte sich eine große Zahl Männer und Frauen eingefunden, um sich von mir zu verabschieden. Meine Frau hatte ich gebeten, mit unserem Töch-

* Bebel wurde zusätzlich am 6. Juli 1872 wegen Majestätsbeleidigung, „begangen" durch zwei Reden in Volksversammlungen im Bezirk der Leipziger Amtshauptmannschaft, zu neun Monaten Gefängnis verurteilt, die er im Anschluß an die Festungszeit im Landesgefängnis Zwickau verbüßte. D. Hrsg.

terchen zu Hause zu bleiben. Unter dem Gepäck, das ich mitnahm, befand sich auch ein großes Vogelbauer mit einem prächtigen Kanarienhahn, den mir ein Dresdener Freund als Gesellschafter für meine Zelle geschickt hatte. Er wurde, nachdem ich ihm zu einem Weibchen verholfen, der Stammvater einer Kinder- und Enkelschar, die ich in Hubertusburg züchtete. An der Station Dahlen, an der ich aussteigen mußte, um von dort zu Wagen nach Hubertusburg zu fahren, brachte man mir eine eigenartige Ovation. Als ich ausstieg, standen sämtliche Schaffner an dem langen Personenzug vor ihren Wagen und salutierten, indem sie die Hand an die Mütze legten. Der Lokomotivführer schwenkte die Mütze, ebenso schwenkte ein großer Teil der Passagiere, der in den Fenstern lag, Hüte und Mützen und rief mir Lebewohl zu. Ich war sehr gerührt über diese Zeichen der Sympathie.

Als ich in Hubertusburg ankam und mit Liebknecht zusammentraf, lachte er mich aus, daß ich mir noch neun Monate Gefängnis geholt. Da sei er doch klüger gewesen. Er hatte gut lachen. Er hat nachher für die Artikel, die er heimlich aus Hubertusburg an den „Volksstaat" schrieb, weit mehr als neun Monate Gefängnis den verantwortlichen Redakteuren aufbrummen helfen. Und wie vorsichtig glaubte er zu sein. Hatte er einen solchen Artikel auf der Pfanne und hegte er Bedenken gegen seine Fassung, so zog er mich zu Rate. Er las mir alsdann die betreffende Stelle vor. Warnte ich ihn, eine mir bedenklich scheinende Stelle im Artikel zu lassen, so versuchte er mir nachzuweisen, daß und warum sie nicht gefährlich sei. Er erhielt alsdann regelmäßig von mir die Antwort: Du würdest recht haben, dächten Staatsanwalt und Richter so wie du. Er kaute alsdann an einem Fingernagel und überlegte sich die neue Fassung. Manchmal war diese aber noch schärfer als die frühere. Er trennte sich sehr ungern von einem Gedanken, mit dessen Veröffentlichung er den Gegner ärgern konnte.

Außer Liebknecht waren noch Karl Hirsch und ein Chemnitzer Parteigenosse in der Festungshaft. Vahlteichs Haft war bereits zu Ende, doch sorgten die Gerichte stets für Ersatz. Wir waren meist fünf bis sechs Genossen, darunter zeitweilig auch irgendein Student, der wegen Duellgeschichten zu kurzer Festungshaft verurteilt worden war. Erst als meine Haft zu Ende ging, war ich der letzte Mohikaner, den Hubertusburg beherbergt hatte.

Es fiel uns auf, daß wir unsere Haft auf Hubertusburg statt auf der sächsischen Festung Königstein zu verbüßen hatten. Der Grund war, daß auf Königstein sich keine Räume für Zivilgefangene befanden, diese mußten erst erstellt werden.

Hubertusburg ist weiteren Kreisen bekanntgeworden durch den 1763 hier abgeschlossenen Friedensvertrag, der den Siebenjährigen Krieg beendete. Das Schloß ist ein stattlicher Bau im Zopfstil. Vor demselben dehnt sich ein großer Hof aus, der durch pavillonartige ein- und zweistöckige Gebäude eingeschlossen ist, die früher den Hofbeamten und Bediensteten zur Wohnung dienten. Zu unserer Zeit wohnten dort die Beamten der in Hubertusburg vereinigten Anstalten und hatten daselbst ihre Büros. Längere Zeit waren Teile der Gebäude als Landesgefängnis benutzt worden. Für uns Festungsgefangene war ein Flügel dieser Bauten reserviert, in dem man sieben oder acht Zellen eingerichtet hatte. Mit Hubertusburg verbunden waren ein Siechenhaus und eine Irrenanstalt für Frauen und eine Pflegeanstalt für blinde und blödsinnige Kinder. Die Insassen dieser Anstalten bekamen wir aber nicht zu sehen. Unsere Zellen besaßen hohe Fenster, die mit Eisenstäben versehen waren. Wir blickten aus den Fenstern in den großen Wirtschaftsgarten, in dem wir unsere Spaziergänge zu machen hatten, und über dessen Mauern hinaus auf Wald und Flur und das in der Ferne liegende kleine Städtchen Mutzschen.

Die Reinigung unserer Zellen besorgte ein sogenannter Kalfaktor. Für deren Reinigung und Miete — der Staat gibt auch den Gefängnisraum nicht umsonst — hatten wir monatlich fünf Taler zu zahlen. Unser Essen bezogen wir aus einem Gasthaus des an Hubertusburg grenzenden Wermsdorf. Unsere Tagesordnung war folgende: Morgens 7 Uhr mußten wir angekleidet sein, alsdann wurden die Zellen zwecks der Reinigung geöffnet. Während dieser Zeit frühstückten wir auf dem breiten Korridor, der vor den Zellen hinlief. Diese Pause benutzte Karl Hirsch, um mit einem Zivilgefangenen eine Partie Schach zu spielen, wobei sich die beiden zu unserem größten Ergötzen regelmäßig in die Haare gerieten. Um 8 Uhr wurden wir wieder eingeschlossen bis 10 Uhr, zu welcher Zeit wir unseren Spaziermarsch im Garten unternahmen. Um 12 Uhr wieder Einschließung bis 3 Uhr im Winter, 4 Uhr im Sommer, dann zweiter Spaziergang, von 5 beziehungsweise 6 Uhr ab wieder Einschließung bis nächsten Morgen. Da wir das Recht hatten, bis 10 Uhr abends Licht brennen zu dürfen, waren diese Stunden meine Hauptarbeitszeit. Nach einigen Monaten erlangte ich, daß Liebknecht den Vormittag von 8 bis 10 Uhr in meine Zelle mit eingeschlossen wurde, um mir englischen und französischen Unterricht zu geben. Bei dieser Gelegenheit wurden dann auch die Interna der Partei und die politischen Vorgänge erörtert. Die Korrespondenz für mein Geschäft erledigte ich auf Grund der Unterlagen, die mir täglich meine Frau sandte.

Liebknecht und ich waren passionierte Teetrinker. Tee konnten wir aber nicht erhalten, und das Selbstkochen war der Feuersgefahr wegen verboten. Aber Verbote sind da, um übertreten zu werden. Ich verschaffte mir also heimlich eine Teemaschine und die nötigen Ingredienzien. Sobald am Abend der Aufseher die Zelle abgeschlossen und sich entfernt hatte, begann ich Tee zu brauen. Um aber auch Liebknecht den Genuß desselben zu ermöglichen, hatte ich mir im Garten einen zwei Meter langen Stock zurechtgeschnitten. An dessen Ende befestigte ich eine Schnur, die mit einem von mir geflochtenen Netz versehen war, in das ich das gefüllte Glas stellen konnte. War der Tee fertig, klopfte ich Liebknecht, dessen Zelle neben der meinen lag, damit er ans Fenster trete. Alsdann streckte ich den Stock mit dem Teeglas zum Fenster hinaus, beschrieb mit demselben einen Bogen nach Liebknechts Fenster, worauf dieser, sobald er das Glas in Händen hatte, mit einem: „Ich hab's, danke!" den Empfang anzeigte. Ähnlich machten wir's mit dem Austausch der Zeitungen, die jeder sobald als möglich lesen wollte. Wir hatten vor den Fenstern der Zellen, längs der Eisenstäbe, eine Schnur ohne Ende angebracht. Wer mit dem Lesen seiner Zeitung fertig war, befestigte diese mit einem Haken an die Schnur, darauf klopfte er dem Nachbar, der alsdann ans Fenster trat und das Zeitungspäckchen zu sich heranlotste.

Kaum hatte ich mich in meiner Zelle häuslich eingerichtet, als ich wie ein Taschenmesser zusammenklappte. Die großen Anstrengungen und Aufregungen der letzten Jahre hatten mir nicht zum Bewußtsein kommen lassen, wie sehr meine Kräfte heruntergekommen waren. Jetzt, wo ich gewaltsam zur Ruhe verwiesen worden war und die Spannung nachließ, brach ich zusammen. Die Erschöpfung war so groß, daß ich wochenlang keine ernste Arbeit vornehmen konnte. Aber absolute Ruhe und frische Luft brachten mich allmählich wieder auf die Füße. Mein Hausarzt hatte recht, als er meine Frau tröstete, ein Jahr Festung werde meiner Gesundheit nützlich sein. Später stellte sich bei einer genauen ärztlichen Untersuchung auch heraus, daß mein linker Lungenflügel stark tuberkulös angegriffen war und eine Kaverne aufwies, die auf der Festung ausheilte. Freunde, die das erfuhren, meinten lachend, da sei ich ja dem Staate Dank schuldig, daß er mich auf die Festung geschickt. Ich antwortete: Dank würde ich ihm schulden, hätte er mich zu meiner Gesundung zu Festung verurteilen lassen. Ich hatte wieder einmal, wie so oft im Leben, „Schwein" gehabt. Was mein Verderben sein konnte, schlug zum Guten aus.

Nachdem unabänderlich feststand, daß ich für einunddreißig Monate meine Freiheit eingebüßt hatte, entschloß ich mich, diese Zeit mit aller Kraft zu verwenden, um die Lücken meines Wissens einigermaßen auszufüllen. Sobald ich also wieder arbeitsfähig war, stürzte ich mich mit aller Energie in die Arbeit, das beste Mittel, über eine unangenehme Situation hinwegzukommen. Ich studierte hauptsächlich Nationalökonomie und Geschichte. Zum zweitenmal studierte ich Marx' „Kapital", dessen erster Band damals nur vorlag, Engels' „Lage der arbeitenden Klassen in England", Lassalles „System der erworbenen Rechte", Stuart Mills „Politische Ökonomie", Dührings und Careys Werke, Laveleyes „Ureigentum", Lorenz Steins „Geschichte des französischen Sozialismus und Kommunismus", Platos „Staat", Aristoteles' „Politik", Macchiavellis „Der Fürst", Thomas Morus' „Utopia", v. Thünens „Der isolierte Staat". Von den Geschichtswerken, die ich las, fesselten mich besonders Buckles „Geschichte der englischen Zivilisation" und Wilhelm Zimmermanns „Geschichte des Deutschen Bauernkrieges". Letztere gab mir die Anregung, eine populäre Abhandlung zu schreiben unter dem Titel

„Der Deutsche Bauernkrieg mit Berücksichtigung der hauptsächlichsten sozialen Bewegungen des Mittelalters. Das Buch erschien [1876] bei W. Bracke in Braunschweig; später, unter dem Sozialistengesetz, wurde seine Verbreitung verboten. Eine zweite Auflage, die eine Neubearbeitung erforderte, gab ich wegen Zeitmangels nicht mehr heraus. Auch die Naturwissenschaften vernachlässigte ich nicht. Ich las Darwins „Die Entstehung der Arten“, Häckels „Natürliche Schöpfungsgeschichte“, L. Büchners „Kraft und Stoff“ und „Die Stellung des Menschen in der Natur“, Liebigs „Chemische Briefe“ usw. Ebenso widmete ich dem Lesen der Klassiker einen Teil meiner Zeit. Ich war von einer wahren Lern- und Arbeitsgier befallen.

Ferner übersetzte ich während der Haft „Etude sur les doctrines sociales du Christianisme“ von Yves Guyot und Sigismond Lacroix, eine Übersetzung, die unter dem Titel „Die wahre Gestalt des Christentums“ bis heute erscheint. Dazu verfaßte ich eine Gegenschrift unter dem Titel „Glossen zu Yves Guyots und Sigismond Lacroix' »Die wahre Gestalt des Christentums«, nebst einem Anhang über die gegenwärtige und zukünftige Stellung der Frau“. Der letztere Aufsatz war, glaube ich, die erste parteigenössische Abhandlung über die Stellung der Frau vom sozialistischen Standpunkt aus. Die Anregung zu dieser Abhandlung hatte mir das Studium der französischen sozialistischen und kommunistischen Utopisten gegeben. Auch machte ich während dieser Haft die Vorstudien zu meinem Buche „Die Frau“, das zuerst im Jahre 1879 unter dem Titel „Die Frau in der Vergangenheit, Gegenwart und Zukunft“ erschien und trotz des Verbreitungsverbots unter dem Sozialistengesetz acht Auflagen erlebte. Im Jahre 1910 erschienen die 50. und 51. Auflage*.

Es war schön und nützlich, daß ich die Zeit meiner Gefangenschaft zu meinem eigenen Besten verwenden konnte, nichtsdestoweniger atmete ich auf und begrüßte den Tag, an dem ich meine Freiheit wiedererlangte. Da aber jeder Gefangene, der seiner baldigen Befreiung entgegensieht, von großer Unruhe und Ungeduld gepackt wird und Tage und Stunden zählt, suchte ich dieselbe dadurch zu meistern, daß ich mir vornahm, noch ein Pensum Arbeit zu erledigen, das nur unter äußerster Aufbietung der Kräfte bewältigt werden konnte. Nach dieser Methode verfuhr ich auch bei späteren Freiheitsentziehungen; ich fand sie probat.

Unsere Familien besuchten uns alle drei bis vier Wochen einmal. Wir setzten schließlich durch, daß sie die Gültigkeit der Rückfahrkarten — drei Tage — ausnutzen durften. Sie wohnten während der Zeit im Dorfe. Jede der Frauen brachte ein Kind mit; Frau Liebknecht ihren Ältesten, der etwas jünger war als meine Tochter. Die Reise war beschwerlich, namentlich in der ungünstigen Jahreszeit. Die Frauen und Kinder mußten schon früh vor 7 Uhr von Hause fort; Geld für eine Droschke auszugeben, hätte jede der Frauen

* 1920 bei J. H. W. Dietz Nachf. GmbH, Berlin/Stuttgart, das 185. Tausend. D. Hrsg.

als ein Verbrechen angesehen. Von vormittags 9.30 bis abends 7 Uhr durften sie in unserer Zelle bleiben, auch den Spaziergang im Garten mitmachen. Das war für uns eine große Erleichterung der Haft.

Ich hatte ein großes Bedürfnis zu körperlicher Arbeit. So kam ich auf den Gedanken, wir sollten uns zu diesem Zweck im Garten einige Beete anlegen. Unser Gesuch, uns dazu ein Stückchen Land zu überweisen, wurde abgelehnt, wir könnten aber von dem mehrere Meter breiten Rain, der sich längs der Gartenmauer hinziehe, in Betrieb nehmen, soviel wir wollten. So geschah es. Mit dem nötigen Werkzeug ausgerüstet, gingen wir an die Arbeit. Liebknecht, der damals seine Abhandlung über die Grund- und Bodenfrage schrieb, betrachtete sich als agrarischen Sachverständigen. Er versicherte, wir hätten an dem Rain einen vorzüglichen Humusboden zu bearbeiten. Als wir aber die Spaten in den Boden stießen, antwortete ein Mark und Bein durchdringendes Ächzen. Wir stießen bei jedem Spatenstich auf Steine. Liebknecht machte bei diesem Resultat ein langes Gesicht, wir lachten unbändig. Statt aus Humus bestand der Boden aus magerem Lehm, den wir, wie unser Aufseher versicherte, düngen müßten, wenn wir ernten wollten. Liebknecht und ich nahmen also einen großen Korb und zogen nach einem Komposthaufen, der in einer Ecke des Gartens angelegt war. Wer einen solchen Komposthaufen kennt, weiß, daß, wenn man ihn ansticht, ihm Düfte entströmen, die alle Wohlgerüche Indiens und Arabiens nicht überwinden können. Aber wir gingen mit wahrer Todesverachtung ans Werk, und nachdem wir den Korb gefüllt, steckten wir durch die Henkel zwei Stangen und trabten, Liebknecht vorn, ich hinten, nach unserem Beet. Die im Garten arbeitenden Frauen lachten aus vollem Halse, als sie unser Tun sahen. Ich habe damals und später öfter geäußert: Mutete der Staat uns eine solche Arbeit zu, wir hätten sie mit höchster Empörung zurückgewiesen. Das ist der Unterschied zwischen Zwang und freiem Willen.

Wir hatten unser Beet mit Radieschensamen bestellt und warteten sehnsüchtig auf die Ernte. Der Samen ging prachtvoll auf, das Kraut schoß mächtig in die Höhe, aber die ersehnten Radieschen zeigten sich nicht. Jeden Vormittag, sobald wir unseren Spaziergang antraten, veranstalteten wir Wettrennen nach dem Radieschenbeet, denn jeder wollte die ersten Früchte ernten. Vergebens. Als wir nun eines Tages kopfschüttelnd um unser Beet standen und tiefsinnige Betrachtungen über die fehlgeschlagene Ernte anstellten, lachte unser Aufseher, der in einiger Entfernung unserer Unterhaltung zugehört hatte, und sagte: „Warum Sie keine Radieschen bekommen, meine Herren, das will ich Ihnen sagen, Sie haben zu fett gedüngt!" Tableau! So war also alle unsere Mühe vergeblich gewesen.

In den ersten Monaten des Jahres 1873 sollte wieder der Reichstag zusammentreten, und so mußte die sächsische Regierung wohl oder übel eine Neuwahl für den von mir innegehabten Wahlkreis anordnen. Der Wahltag wurde auf den 20. Januar festgesetzt. Die ganze Partei betrachtete es als eine Ehrensache, nicht bloß das Mandat für mich wiederzuerobern, sondern auch mit höherer Stimmenzahl. Was an agitatorischen Kräften zur Verfügung stand, eilte in den Wahlkreis. Auer, Motteler, Vahlteich, Wilhelm Stolle, Walster, York usw. gingen an die Arbeit. Als Gegenkandidat hatten die Gegner den Bezirksgerichtsdirektor Petzold in Glauchau aufgestellt, ein wegen seines leutseligen Wesens im Wahlkreis sehr beliebter Herr. Aber das half ihnen nichts. Am Abend des Wahltages wurden für mich 10 740, für meinen Gegner 4240 Stimmen gezählt. Ich brauche nicht zu versichern, daß dieses Wahlresultat im Wahlkreis wie in der ganzen Partei stürmischen Jubel hervorrief. Das Resultat war eine klatschende Ohrfeige für den Gerichtshof, der mir das Mandat aberkannt hatte. Ich hatte fast 4000 Stimmen *mehr* erhalten als am 3. März 1871. Und damit nicht genug. Einige Tage nach der Wahl veröffentlichte mein besiegter Gegner in der Presse des Wahlkreises seinen Dank an die Partei, die den Wahlkampf gegen ihn in so anständiger Weise geführt habe.

Auer und York kamen nach der Wahl, nachdem sie zuvor meine Frau in Leipzig besucht und sie beglückwünscht hatten, zu mir nach Hubertusburg, um mir ebenfalls zu gratulieren. Es war ein fröhliches Wiedersehen.

Als dann die Session des Reichstags begann, machte ich den Versuch, von der sächsischen Regierung für die Teilnahme an dessen Sitzungen Urlaub zu erhalten. Wie ich vorausgesehen, ohne Erfolg. Nunmehr stellte Schraps, unterstützt von einer Anzahl liberaler Abgeordneter, den Antrag, mich für die Dauer der Session aus der Strafhaft zu entlassen. Dieser Antrag wurde mit großer Mehrheit abgelehnt. Der Abgeordnete v. Mallinckrodt erklärte, er bedauere, daß ich an den Sitzungen des Reichstags nicht teilnehmen könne, aber der § 31 der Reichsverfassung erstrecke die Immunität der Abgeordneten nicht auf die Strafhaft.

Ich bekenne, daß ich diesen Beschluß nicht bedauerte. Wäre ich freigekommen, so mußte ich um die Urlaubszeit länger im Gefängnis zubringen. Und da mich dieses Schicksal während drei bis vier Sessionen getroffen haben würde, wäre statt im Frühjahr 1875 frühestens Sommer 1876 meine Haft zu Ende gewesen ...

Liebknecht und ich hatten selbstverständlich das Bedürfnis, wenigstens mit den führenden Genossen draußen in möglichster Fühlung zu bleiben. Das war allerdings nur in beschränktem Maße möglich. Konnten wir auch öfter Briefe heimlich hinausbringen, die Gefahr bestand, daß durch eine ungeschickte Antwort dieser Verkehr dem Anstaltsdirektor verraten wurde, und das hätte für uns unangenehme Folgen gehabt. Es galt also, vorsichtig zu sein. So schrieben wir nach Möglichkeit direkt, obgleich diese Korrespondenz der amtlichen Kontrolle unterlag ...

*

Am 29. Oktober 1873 starb der König Johann von Sachsen, und sein Sohn Albert trat an seine Stelle. Da in der Regel ein solcher Thronwechsel mit einer Amnestie verbunden ist, hofften auch unsere Frauen auf eine solche. Man konnte ihnen das nicht verargen, denn sie litten am härtesten unter unserer Verurteilung und Haft, die wir als eine nicht zu vermeidende Konsequenz unserer Tätigkeit ansahen. Sobald wir aber von den erweckten Hoffnungen erfuhren, schrieben wir ihnen, sie möchten sich nicht mit falschen Hoffnungen tragen. Eine Amnestie werde kommen, aber nicht für uns. In dem Briefe an meine Frau bemerkte ich: der neue König werde eher alle Zuchthäusler Sachsens begnadigen als uns. Die Amnestie fiel sehr mäßig aus, von den zahlreichen gefangenen Parteigenossen in den verschiedenen sächsischen Gefängnissen wurde nach meiner Erinnerung nicht einer getroffen. Und das war gut so. Die allgemeinen Reichstagswahlen, die Anfang 1874 stattfanden, weil damals der Reichstag nur eine dreijährige Legislaturperiode hatte, zeigten eine Stimmung, die durch Amnestien nicht hätte verdorben werden dürfen.

Mir kam der Gedanke, daß ich mich auch als Gefangener in sehr nützlicher Weise an der Wahlagitation beteiligen könnte durch Abfassung einer Broschüre über die bisherige Tätigkeit des Reichstags, die den Kandidaten und Agitatoren der Partei das nötige Material liefere. Gedacht, getan. Die Broschüre erschien rechtzeitig unter dem Titel: „Die parlamentarische Tätigkeit des Reichstags und der Landtage und die Sozialdemokratie von 1871 bis 1873." Als Anhang hatte ich derselben die wichtigsten Bestimmungen des Reichswahlgesetzes, der Wahlgesetzverordnung, der einschlägigen Bestimmungen des Reichsstrafgesetzbuchs, der Vereinsgesetze und Winke für die Agitation angefügt. Die Broschüre, die anonym erscheinen mußte, wurde von der Partei mit großer Genugtuung begrüßt. Zwei Jahrzehnte später machte mir sogar der Abgeordnete Eugen Richter ein Kompliment darüber, als wir uns eines Tages auf einer Reise nach Hamburg in einem Wagenabteil begegneten. Wir hatten bis dahin, obgleich wir damals bereits über fünfundzwanzig Jahre Kollegen im Reichstag gewesen waren, nie miteinander eine Privatunterhaltung gepflogen. Diese kam jetzt in Fluß. Im Laufe der Unterhaltung erzählte mir Richter, er habe in den siebziger [?] Jahren in einer thüringischen Stadt einen Vortrag in einer Volksversammlung gehalten, wobei in der darauf stattgefundenen Debatte ihm ein Parteigenosse von mir eine Reihe Sünden vorgehalten, die er zum Teil längst vergessen gehabt habe. Da er bemerkte, daß der Redner die Vorwürfe aus einer Broschüre zitierte, habe er einen seiner Parteigenossen gebeten, sich an den Redner heranzuschlängeln, um festzustellen, was für eine Broschüre es sei, aus der er zitiere. Er habe alsdann sich dieselbe beschafft und aus dem Inhalt ersehen, daß die der Broschüre zugrunde liegende Idee eine sehr gute sei. Darauf habe er sich entschlossen, den Gedanken, wenn auch in anderer Form, ebenfalls für seine Partei zur Durchführung zu bringen. So sei sein bekanntes politisches Abc-Buch entstanden.* Ich war in diesem Augenblick

* Eugen Richter, „Politisches ABC-Buch". (Berlin 1870.)

ein wenig stolz, meinem vielgerühmten politischen Gegner als Lehrmeister gegenüberzusitzen. Später haben bekanntlich auch die anderen Parteien, unserem Beispiel folgend, derartige politische Leitfäden herausgegeben.

Eine andere Wirkung meiner Broschüre war, daß ein Kaplan Hohoff aus Hüffe in Westfalen sich veranlaßt sah, in mehreren Artikeln, die der „Volksstaat" veröffentlichte, gegen meine Auffasung des Christentums und des Kulturkampfes zu polemisieren. Ich antwortete in einer Reihe Artikel, die nachher als Broschüre unter dem Titel „Christentum und Sozialismus" erschienen sind und bis heute eine größere Zahl Auflagen erlebten*.

Die Wahlen waren auf den 10. Januar 1874 angesetzt worden. Das Wahlresultat war für uns sehr zufriedenstellend. Wir hatten auf den ersten Hieb sechs Abgeordnete durchgebracht — Geib-Freiberg, Liebknecht-Stollberg-Schneeberg, Most-Chemnitz, Vahlteich-Mittweida-Burgstädt, Motteler-Crimmitschau-Zwickau und mich in meinem alten Kreise Glauchau-Meerane. Im 13. Wahlkreis Leipzig-Land war Johann Jacoby in Stichwahl gekommen. Der Allgemeine Deutsche Arbeiterverein hatte zwei seiner Kandidaten durchgebracht. Hasenclever in Altona und Reimer im schleswig-holsteinschen Wahlkreis Seegeberg. Hasselmann kam in Barmen-Elberfeld zur Stichwahl und siegte. Auch Johann Jacoby siegte mit 7577 gegen 6674 Stimmen, aber zur allgemeinen und unangenehmen Überraschung der Partei lehnte er das Mandat ab. Es war richtig, er hatte bei der Befragung, ob er eine Kandidatur annehme, nicht auch die Zusage gemacht, daß er eine Wahl annehmen werde. Er hatte in seinem Briefe ausgeführt: Den Parteigenossen sei seine Ansicht über das preußisch-deutsche Kaisertum bekannt; sie möchten hiernach ermessen, wie wenig Verlangen er trage, an den unersprießlichen Reichstagsverhandlungen sich zu beteiligen. Sollte — aus taktischen Gründen — die Partei für gut befinden, ihn als Kandidaten aufzustellen, so habe er nichts dagegen, er müsse jedoch im voraus bemerken, daß er — im Falle der Wahl — die freie Entscheidung über Annahme oder Ablehnung des Mandats sich vorbehalte. In dem Ablehnungsbrief bemerkte er, er habe seine Kandidatur nur als Protestkandidatur aufgefaßt, denn wie er über die neue Ordnung der Dinge in Deutschland denke, habe er schon am 6. Mai 1867 im preußischen Abgeordnetenhaus ausgesprochen. Er glaube nicht daran, daß man auf parlamentarischem Wege einen Militärstaat in einen Volksstaat verwandeln könne.

Der Fehler lag beim Wahlkomitee, das auf seinen ersten Brief keine klipp und klare Antwort verlangte. Die Aufregung über den Schritt Jacobys wurde in der Partei noch größer, als bei der Nachwahl unser Kandidat Wilhelm Bracke mit 5676 gegen nahe an 8000 Stimmen, die auf den Gegner fielen, unterlag. Ich selbst war über den Vorgang so aufgebracht, daß ich einen heftigen Brief an Dr. Guido Weiß, den Freund Jacobys, schrieb, worin ich die Ablehnung der Wahl tadelte.

* August Bebel, „Christentum und Sozialismus". (Berlin 1891.)

Die beiden Fraktionen der Sozialdemokratie waren also nunmehr durch neun Abgeordnete im Reichstag vertreten. Die Stimmenzahl, die auf ihre Kandidaten fiel, betrug 351 670, davon kamen auf die Kandidaten des Allgemeinen Deutschen Arbeitervereins 180 319, auf die Kandidaten der Sozialdemokratischen Arbeiterpartei 171 351. Beide Fraktionen musterten also eine fast gleich starke Anhängerzahl; die Gesamtstimmenzahl war gegen 1871 um 200 Prozent, im ganzen um 236 000 Stimmen gestiegen.

Dieser glänzende Wahlausfall hatte in den höheren Regionen wie in den bürgerlichen Kreisen stark verschnupft. Ein solches Resultat hatte man nicht erwartet. Es zeigte sich, daß allen Verfolgungen und Schikanen zum Trotz die Partei ständig wuchs, und so verdichteten sich die schon vorhandenen Gedanken in den maßgebenden Kreisen mehr und mehr, der Partei mit Ausnahmemaßregeln auf den Leib zu rücken ...

Königstein

Im Laufe des März wurde uns offiziell mitgeteilt, wir würden am 1. April [1874] nach der Festung Königstein übergeführt werden. Die Nachricht war uns nicht angenehm. Liebknechts Haft ging Mitte April, die meine Mitte Mai zu Ende, und da kam uns ein Umzug mit unseren Büchern und Skripturen und verschiedenen Möbelstücken sehr ungelegen. Im letzten Moment wurde aber die Übersiedlung verschoben, und so konnte Liebknecht am 15. April von Hubertusburg nach Leipzig reisen. Ich aber mußte am 23. April 1874 die Reise nach dem Königstein in Begleitung eines Beamten in Zivil unternehmen. Als ich mich am Tage vor der Abreise vom Direktor verabschiedete und ihm für sein Entgegenkommen in so mancher Angelegenheit dankte, war er sehr gerührt. Er drückte mir zum Abschied warm die Hand und entließ mich mit den Worten: Gehen Sie mit Gott! Der beste Wunsch, den er von seinem Standpunkt aus wohl glaubte mir mitgeben zu können. Als ich dann am nächsten Morgen um 5 Uhr die Reise antrat, war auch die ganze Familie des Aufsehers versammelt, um sich von mir zu verabschieden. Dieser wurde nunmehr nach dem Waldheimer Zuchthaus versetzt; ich glaube, die Zeit, in der er uns unter seiner Obhut hatte, war die schönste seines Lebens. Er starb bald nachher.

Der 23. April war ein herrlicher Tag, das ganze Elbtal grünte und blühte in voller Frühlingspracht. Beim Aufstieg auf die Festung begegneten wir dem Gouverneur der Festung, Generalleutnant v. Leonhardti, dem ich durch meinen Begleiter vorgestellt wurde. Während wir nun selbander den Weg nach oben zurücklegten, ließ sich der General in eine Unterhaltung mit mir ein. Er wünschte zu wissen, wie die Tagesordnung und die Behandlung in Hubertusburg gewesen sei. Nachdem ich ihm die gewünschte Auskunft gegeben, meinte er: Na, schlechter sollen Sie es bei mir nicht haben.

Als Aufenthalt wurde mir ein altes, nach früheren Begriffen bombenfestes Gebäude angewiesen, das vordem Zeughaus war. Auf dem Korridor standen zur Stütze des Daches Balken von einer Dicke, wie man sie nur noch auf den Böden alter Kirchendächer sieht. Die Stube war geräumig und hatte zwei schießschartenartige Fenster, die mit dicken Eisenstäben versehen waren, als gelte es, Mörder und Mordbrenner in Gewahrsam zu halten. An der einen Wand stand ein riesiger Kachelofen, in dem die fünf Pfund Kohlen, die mir als tägliches Deputat der Staat gewährte — denn es war trotz der vorgeschrittenen Jahreszeit und dem prächtigen Frühlingswetter in dem Raum bitter kalt —, verschwanden. Ich mußte mir auf eigene Kosten noch Feuerungsmaterial beschaffen, wollte ich nicht frieren. Hätten wir unsere ganze Haft dort oben verbringen müssen, wir hätten eine kleines Vermögen für Feuerungsmaterial zugesetzt.

Eine interessante Persönlichkeit war mein Wärter. Dieser, ein siebzigjähriger Mann, leistete schon seit 36 Jahren auf der Festung Dienst und hatte 1849 zwei Mitglieder der provisorischen Regierung Sachsens, Todt und Heubner, ferner August Röckel und einen der Leiter des Dresdener Maiaufstandes, Michael *Bakunin,* den später nach den einen berühmt, nach den anderen berüchtigt gewordenen Führer der Anarchisten, in seiner Obhut. Die Genannten befanden sich auf der Festung in Untersuchungshaft.

Sehr beschränkt war der Raum für meinen Spaziergang, der sich auf einen einzigen kurzen Weg in dem kleinen Park der Festung erstreckte und bei dem regelmäßig ein Posten Wache stand, um die zahlreichen Besucher des Königsteins mir fern zu halten. Das einzig Zufriedenstellende war die Kost, die ich aus einer kleinen Wirtschaft auf der Festung bezog. Der Wirt schien mich in sein Herz geschlossen zu haben; das Essen war nicht nur sehr gut und billig, sondern auch sehr reichlich. Ich war verwundert, als ich am ersten Tage die für mich bestimmte Portion sah, war aber höchlich überrascht, als ich sie ganz verzehrte. Die Höhenluft tat ihre Wirkung. Die Soldaten der kleinen Besatzung klagten, daß sie hier oben nie satt würden und froh seien, wenn sie abgelöst würden, was alle drei Monate geschah.

Endlich kam der 14. Mai [1874], der Tag der vorläufigen Befreiung. Unter denen, die mich zu Hause begrüßten, befand sich auch Eduard Bernstein, der extra zu diesem Zweck von Berlin nach Leipzig gekommen war. Ich hatte Bernstein bereits 1871 in Berlin kennengelernt. Durch Vermittlung meines Rechtsanwalts Otto Freytag hatte sich das Ministerium herbeigelassen, mir bis zum Antritt der neunmonatigen Haft im Landesgefängnis in Zwickau eine sechswöchige Frist zu gewähren. Da in diese Pause Pfingsten fiel, machte ich mit meiner Frau und Tochter und einigen Freunden einen Ausflug nach der Sächsischen Schweiz und dem Königstein. Hier machte es mir großes Vergnügen, daß die Zelle, in der ich drei Wochen kampiert hatte, mittlerweile zu den Sehenswürdigkeiten der Festung avanciert war. Der Fremdenführer machte auf die Fenster der Zelle, die mich damals beherbergte, aufmerksam. Später ist ihm das verboten worden. Für die Dresdener Parteigenossen hieß der Königstein längere Zeit scherzweise die Bebelburg.

Zwickau

Nachdem ich vor meinem Haftantritt dem Direktor des Landesgefängnisses einen Besuch abgestattet, um zu erfahren, welche Erleichterungen er mir als politischer Gefangener während der Haft gewähren wollte, rückte ich am 1. Juli 1874 dort ein...

Den Besuch der Familie sollte ich monatlich einmal auf eine Stunde unter Aufsicht eines Beamten genießen können. Nachdem meine Frau einen solchen im dritten Monat meiner Haft gemacht hatte, verzichteten wir beiderseitig darauf, den Besuch zu erneuern. Zu den Kosten der Reise auch noch die Beamtenkontrolle über jedes Wort, das man miteinander sprach, in Kauf nehmen zu sollen, das war ein zu großes Opfer. Anderweitige Besuche empfing ich auch nur vereinzelt, ich sehnte mich nicht danach.

Ich stürzte mich nunmehr wieder mit allem Eifer in die Arbeit. Sehr aufregend wirkte auf mich, als von meiner Frau Berichte einliefen über den schweren Stand, den wir geschäftlich hatten, denn mittlerweile war die große Industriekrise mit aller Wucht hereingebrochen und machte sich obendrein für uns die ruinöse Konkurrenz eines neuerrichteten Fabrikbetriebs geltend. Wer eine solche Situation nie durchgemacht hat, ahnt nicht, wie niederdrückend das Bewußtsein vollständiger Hilflosigkeit auf den Gefangenen wirkt. Meine Hauptgefängnisarbeit war die schon erwähnte Geschichte des deutschen Bauernkriegs — die längst vergriffen ist —, die aber schon aus dem Grunde kein Meisterwerk werden konnte, weil mir die nötigen Hilfsmittel fehlten. Ich schrieb das Buch, weil mir der große deutsche Bauernkrieg von 1525 und die ihm unmittelbar vorhergehenden revolutionären Bauernaufstände mit das wichtigste Ereignis der neueren deutschen Geschichte zu sein dünkt, das die offizielle Geschichtschreibung zu schildern schmählich vernachlässigte...

Endlich waren auch die neun Monate Zwickau überstanden. Am 1. April 1875 — dem 60. Geburtstag Bismarcks — wurde ich entlassen. Der Abschied zwischen dem Direktor und mir war auch hier ein warmer. Ich habe allezeit den Grundsatz befolgt, sich in Unvermeidliches, das man nicht zu ändern vermag, nach Möglichkeit zu fügen und den Dingen die beste Seite abzugewinnen. Von diesem Gesichtspunkt ausgehend, bin ich, ohne mir dabei das geringste zu vergeben, den Gefängnisbeamten bei Ausübung ihres schweren Amtes möglichst entgegengekommen, indem ich mich in die vorgeschriebene Ordnung fügte. Dafür waren sie stets dankbar. In den größeren Gefängnissen haben es die Beamten mit so viel sozial bedenklichen und verkommenen Elementen zu tun — den traurigen Produkten unserer famosen sozialen Ordnung —, daß ihr Dienst einer der schwersten ist, den es gibt; sie sind glücklich, wenn sie Leute unter ihre Obhut bekommen, mit denen sie menschlich verkehren können.

Die Zwickauer Genossen hatten sich am Tage meiner Entlassung zu einer Ovation vereinigt; sie überreichten mir und meiner Frau ein paar feine, mit einer Widmung versehene Kaffeetassen. Wir sollten das sächsische Nationalgetränk künftig noch recht lange in voller Ruhe und Muße und ungetrennt genießen. Der Wunsch war gut gemeint, aber in Erfüllung ging er nicht.

Unter den zahlreichen Gratulanten, die mir ihre Glückwünsche zu meiner Befreiung übermittelten, befand sich auch die damals noch demokratische „Frankfurter Zeitung", die unter anderem mit Hinweis auf Bismarcks Geburtstag schrieb:

> „... Unser Glückwunsch sucht an einem anderen Orte einen anderen Mann. Er gilt dem schlichten Bürger und Arbeiter, der morgen nach fast ununterbrochener dreijähriger Haft das Gefängnis verläßt mit demselben fleckenlosen Rufe, mit dem er es nach einem Richterspruch, über den, soweit es von der Mitwelt noch nicht geschehen ist, die Nachwelt richten wird, betreten hat, geliebt von seinen Parteigenossen, gefürchtet und geachtet von seinen Gegnern. Wir zählten nicht zu diesen noch zu jenen, aber wir schätzten, wo wir sie finden, Überzeugungstreue und ehrliches, uneigennütziges Streben, und es erfüllt uns die stärkste Sympathie für jeden, der um ihrer willen leiden muß ... Gruß und Glückwunsch darum dem Reichstagsabgeordneten August Bebel."

Einige Monate zuvor hatte mir der Hauptbesitzer der „Frankfurter Zeitung", Leopold Sonnemann, 20 Flaschen Wein ins Gefängnis geschickt; ich ließ sie nach Hause wandern, da im Gefängnis solche Genüsse nicht gestattet werden. Ich trank sie nachher in Gemeinschaft mit meiner Frau und Freunden. Zu meiner Freilassung am 1. April sandte mir dann Sonnemann noch einen brieflichen Glückwunsch, worin er bemerkte: „Ich hoffe, daß nunmehr Dein Martyrium auf längere Zeit ein Ende hat." Wir duzten uns seit 1866 ...

Das Einigungswerk
der beiden sozialdemokratischen Parteien

Der Vereinigungskongreß war auf den 25. Mai 1875* und die folgenden Tage von dem vorberatenden Komitee [nach Gotha] einberufen worden. Nach jahrelangen gegenseitigen erbitterten Kämpfen standen sich jetzt die bisher feindlichen Brüder zu gemeinsamem Werke Auge in Auge gegenüber. Daß man sich nicht gleich brüderlich umarmte, sondern zum Teil noch immer mißtrauisch betrachtete, wer wird sich darüber wundern? Es bedurfte noch großer gegenseitiger Rücksichtnahme und gegenseitig einer Behandlung, als habe man es mit rohen Eiern zu tun, sollte es nicht zum Aufeinanderplatzen der noch vorhandenen persönlichen und sachlichen Gegensätze kommen. Neugierig und gespannt blickten unsere gemeinsamen Gegner in jenen Tagen nach Gotha, ob das Vereinigungswerk gelinge. Und es gelang nach einigen kleinen Reibereien über Erwarten und trug seine Früchte.

Auf dem Kongreß waren 25 659 Parteigenossen durch 127 Delegierte vertreten. Davon entfielen auf den Allgemeinen Deutschen Arbeiterverein 16 538 Mitglieder mit 71 Delegierten, auf die Sozialdemokratische Arbeiterpartei 9121 Mitglieder mit 56 Delegierten.

Die Versammlung eröffnete W. Bock-Gotha im Namen des Lokalkomitees und begrüßte die Anwesenden. Bock war einer der Mitbegründer der Sozialdemokratischen Arbeiterpartei in Eisenach, und nun legte er zum zweiten Male mit Hand ans Werk zur Gründung der neuen, größeren Partei.

Zu Vorsitzenden des Kongresses wurden Geib und Hasenclever gewählt. Bei der Mandatprüfung erklärte ich mich für die Zulassung einer kleinen Vereinigung von Lassalleanern in Leipzig, die sich vom Hauptverein abgesplittert hatte. Solle Vereinigung sein, so ganze. Auer widersprach. Mein Antrag fiel [durch], doch ließ man den Vertreter der Sekte mit beratender Stimme zu. Ich hatte also halb gesiegt. Weiter war von Breslau der Antrag gestellt, die beiden Fraktionen sollten vor Eintritt des Gesamtkongresses in die Beratung ihre Separatkongresse abhalten, um ihre inneren Angelegenheiten zu ordnen. Dagegen erklärte sich *Auer*. Diese könnten ebensogut nach dem allgemeinen Kongreß abgehalten werden. Die Eisenacher brauchten dazu einen Tag. Deren Abrechnungen stimmten, wie die anwesenden Delegierten bezeugen würden. Der Kongreß finde nach getroffenen Vereinbarungen der Vertreter der beiden Parteien statt. Hintergedanken

* Bebel ist hier ungenau. Der Vereinigungskongreß wurde bereits am 22. Mai 1875 eröffnet; die Verhandlungen dauerten bis zum 27. Mai. D. Hrsg.

habe niemand gehabt. Bei den Eisenachern gelte die Parole: Wir sind arm, aber ehrlich. Wir könnten den Kongreß nicht in die Länge ziehen, daher seien wir gegen den Breslauer Antrag. Diese Ausführungen Auers verletzten erklärlicherweise die andere Seite, und so nahm *Fritzsche* am folgenden Tage das Wort, um sich über die Äußerung Auers: „Wir sind arm, aber ehrlich", zu beschweren. Diese Worte erweckten den Verdacht, als gehe es im Allgemeinen Deutschen Arbeiterverein unehrlich zu. Geib beruhigte Fritzsche. Auer erklärte: Er halte die Äußerung unter den gegebenen Verhältnissen für gerechtfertigt. Die Lassalleaner hätten selbst solche Angriffe erhoben und dabei von „beiden Seiten" gesprochen.

Dieses war der einzige ernstliche Mißton, der in den Verhandlungen zum Vorschein kam.

In der Programmfrage war *Liebknecht* Referent. Im Programm* war der Satz enthalten: Die Befreiung der Arbeiter muß das Werk der Arbeiterklasse sein, „der gegenüber alle anderen Klassen nur eine reaktionäre Masse sind". Ich beantragte, an Stelle des letzten Satzes zu sagen: Der gegenüber alle anderen Klassen reaktionär sind. Vahlteich ging weiter und beantragte die Streichung des ganzen Abschnittes. Sein Antrag wurde mit 12 gegen 111 Stimmen, der meine mit 58 gegen 50 Stimmen abgelehnt. Bei der Spezialberatung der nächsten Forderungen beantragte ich, das Wahlrecht für Staatsangehörige beiderlei Geschlechts zu fordern. *Hasselmann* erklärte sich gegen, *Auer* für meinen Antrag.. Derselbe wurde mit 55 gegen 62 Stimmen abgelehnt. Nachträglich gab *Hasenclever* die Erklärung ab: Viele Delegierte hätten gegen meinen Antrag gestimmt, weil sie die Forderung durch den Ausdruck Staatsangehörigen gedeckt hielten; ähnlich äußerte sich Liebknecht, er habe aus stilistischen Gründen (beiderlei Geschlechts) gegen meinen Antrag gestimmt, in der Sache selbst sei er mit mir einverstanden. Es wurden alsdann noch eine Reihe kleinerer Verbesserungsanträge, die wir gestellt, angenommen. In der Endabstimmung fand das Programm einstimmig Annahme. In seinen prinzipiellen Sätzen lautete nunmehr dasselbe:

> 1. Die Arbeit ist die Quelle alles Reichtums und aller Kultur, und da allgemein nutzbringende Arbeit nur durch die Gesellschaft möglich ist, so gehört der Gesellschaft, das heißt allen ihren Gliedern, das gesamte Arbeitsprodukt, bei allgemeiner Arbeitspflicht, nach gleichem Recht, jedem nach seinen vernunftgemäßen Bedürfnissen.
>
> In der heutigen Gesellschaft sind die Arbeitsmittel Monopol der Kapitalistenklasse; die hierdurch bedingte Abhängigkeit der Arbeiterklasse ist die Ursache des Elends und der Knechtschaft in allen Formen.
>
> Die Befreiung der Arbeit erfordert die Verwandlung der Arbeitsmittel in Gemeingut der Gesellschaft und die genossenschaftliche Regelung der Gesamt-

* Hauptverfasser des Programms war Wilhelm Liebknecht; der Lassalleaner Wilhelm Hasselmann gab nur einige Abänderungen dazu. D. Hrsg.

arbeit mit gemeinnütziger Verwendung und gerechter Verteilung des Arbeitsertrags.

Die Befreiung der Arbeit muß das Werk der Arbeiterklasse sein, der gegenüber alle anderen Klassen nur eine reaktionäre Masse sind.

2. Von diesen Grundsätzen ausgehend, erstrebt die Sozialistische Arbeiterpartei Deutschlands mit allen gesetzlichen Mitteln den freien Staat und die sozialistische Gesellschaft, die Zerbrechung des ehernen Lohngesetzes durch Abschaffung des Systems der Lohnarbeit, die Aufhebung der Ausbeutung in jeder Gestalt, die Beseitigung aller sozialen und politischen Ungleichheit.

Die Sozialistische Arbeiterpartei Deutschlands, obgleich zunächst im nationalen Rahmen wirkend, ist sich des internationalen Charakters der Arbeiterbewegung bewußt und entschlossen, alle Pflichten, welche dieselbe den Arbeitern auferlegt, zu erfüllen, um die Verbrüderung aller Menschen zur Wahrheit zu machen.

3. Die Sozialistische Arbeiterpartei Deutschlands fordert, um die Lösung der sozialen Frage anzubahnen, die Errichtung von sozialistischen Produktivgenossenschaften mit Staatshilfe unter der demokratischen Kontrolle des arbeitenden Volkes. Die Produktivgenossenschaften sind für Industrie und Ackerbau in solchem Umfang ins Leben zu rufen, daß aus ihnen die sozialistische Organisation der Gesamtarbeit entsteht.

Im weiteren folgten die Forderungen für die Demokratisierung des Staates und die nächsten sozialen Forderungen*.

Wie aus dem Programm hervorgeht, war der Name der vereinigten Partei: „Sozialistische Arbeiterpartei." Über die vorgeschlagene Organisation berichtete *Hasenclever,* die mit einigen Änderungen ebenfalls nach der Vorlage einstimmig angenommen wurde. Danach stand an der Spitze der Partei ein Vorstand aus fünf Personen, die der Kongreß wählte. Für die Kontrolle der Geschäftsführung des Vorstandes wurde eine Kontrollkommission aus sieben Personen eingesetzt, deren Sitz der Kongreß bestimmte und deren Wahl durch die Mitglieder der Partei an dem Sitz der Kontrollkommission vorgenommen wurde. Außerdem wurde ein Ausschuß von achtzehn Personen, über Deutschland verteilt wohnend, gewählt, der als vor-

* Siehe dazu: „Das Gothaer Programm." Neudruck Offenbach 1947 (= Schriftenreihe Demokratie und Sozialismus, Heft 7). Hier ist das vollständige Programm abgedruckt. Gleichzeitig finden wir hier die protokollarische Niederschrift der Verhandlungen des Vereinigungskongresses und den Nachdruck der Kritik von Karl Marx am Gothaer Programm. Karl Marx schickte seine „Randglossen zum Programm der Deutschen Arbeiterpartei" (der Titel „Kritik des Gothaer Programms" entstand erst sehr viel später), die sich auf den Vorentwurf bezogen, am 5. Mai 1875 an Wilhelm Bracke und bat diesen, das Manuskript auch den anderen Führern der „Eisenacher" (Bebel, Liebknecht, Auer, Geib) zugänglich zu machen. Aus einem Brief von Friedrich Engels an Karl Kautsky vom 11. Februar 1891 (s. „Die Gesellschaft", Berlin, 1932, Heft 5) wurde bekannt, daß Wilhelm Liebknecht das Schriftstück Bebel vorenthielt. Engels veröffentlichte die Marxschen „Randglossen" und den Brief an Bracke erstmalig in der „Neuen Zeit", Stuttgart, Jahrg. IX, 1890/91, Bd. 1, Nr. 18, mit einigen Auslassungen, die aus pressegesetzlichen Gründen notwendig waren. D. Hrsg.

läufig richtende Instanz über den Parteivorstand zu entscheiden hatte und bei besonders wichtigen Vorgängen zur Beratung von seiten des Vorstandes eingeladen werden sollte. Die Leitung der örtlichen Geschäfte wurde einem Agenten übertragen, den auf Vorschlag der Mitglieder eines Ortes der Parteivorstand einsetzte. Man hoffte damit einer Anklage wegen gesetzwidriger Verbindung von Vereinen aus dem Wege zu gehen. Wie sich bald ergab, vergeblich.

Als Sitz des Parteivorstandes wurde auf meinen Vorschlag Hamburg bestimmt. Weiter wurden die von mir vorgeschlagenen Gehälter für die fünf Vorstandsmitglieder angenommen, wonach der geschäftsführende Vorsitzende *monatlich* 65 Taler, sein Stellvertreter 15 Taler, die beiden Schriftführer je 50 Taler, der Kassierer 35 Taler erhalten sollten. Diese Sätze waren vorher unter uns vereinbart worden; ebenso schlug ich im Namen der Eisenacher vor, in den neuen Vorstand drei Lassalleaner und zwei Eisenacher zu wählen, was ebenfalls Annahme fand. Darauf wurden *Hasenclever* als erster, *Hartmann*-Hamburg als zweiter Vorsitzender, *Auer* und *Derossi* als Schriftführer, *Geib* als Kassierer gewählt. Sitz der Kontrollkommission wurde Leipzig und ich deren Vorsitzender.

Offizielle Organe der Partei wurden der „Neue Social-Democrat" in Berlin und der Leipziger „Volksstaat".* Beide Blätter gingen in Parteieigentum über...

* Der „Neue Social-Democrat" (1871 bis 1877) war das dreimal wöchentlich erscheinende Organ des Lassalleschen Allgem. Deutschen Arbeitervereins, die Fortsetzung der von J. B. von Schweitzer gegründeten Zeitung „Social-Democrat", die von 1864 bis 1871 herauskam. Nicht zu verwechseln mit der vom 28. September 1879 bis 22. September 1888 in Zürich, vom 1. Oktober 1888 bis 27. September 1890 in London als Zentralorgan der Deutschen Sozialdemokratie erscheinenden Wochenzeitung gleichen Namens. — Der Leipziger „Volksstaat" (1869 bis 1876) war das Zentralorgan der Sozialdemokratischen Arbeiter-Partei (Eisenacher). Es erschien dreimal wöchentlich und wurde von Wilhelm Liebknecht, während dessen zweijähriger Gefängnishaft (1872 bis 1874) von Wilhelm Blos redigiert. Im Jahre 1876 trat der Leipziger „Vorwärts" unter der Redaktion von Wilhelm Liebknecht und Wilhelm Hasselmann als Zentralorgan der vereinigten Parteien an die Stelle von „Volksstaat" und „Neuer Social-Democrat". D. Hrsg.

Weggenossen — Kampfgenossen

*Ferdinand Lassalle und der Allgemeine Deutsche Arbeiterverein**

Anfang März 1863 erschien Lassalles „Offenes Antwortschreiben an das Zentralkomitee zur Berufung eines allgemeinen deutschen Arbeiterkongresses zu Leipzig". Wenige Tage vor dieser Veröffentlichung hatte ich auf dem zweiten Stiftungsfest des Gewerblichen Bildungsvereins die Festrede gehalten, in der ich mich gegen das allgemeine, gleiche, geheime und direkte Wahlrecht aussprach, weil die Arbeiter dafür noch nicht reif seien. Ich stieß mit dieser Anschauung selbst bei einigen meiner Freunde im Verein an. Ausnehmend gut gefiel dagegen die Rede meiner späteren Braut und Frau, die mit ihrem Bruder das Fest besuchte. Ich habe aber die begründete Vermutung, daß es mehr die Person des Redners war, die ihr gefiel, als der Inhalt seiner Rede, der ihr damals ziemlich gleichgültig gewesen sein dürfte.

Das Antwortschreiben Lassalles machte auf die Arbeiterwelt nicht entfernt den Eindruck, den in erster Linie Lassalle und nächst ihm der kleine Kreis seiner Anhänger erwartet hatte. Ich selbst verbreitete die Schrift in ungefähr zwei Dutzend Exemplaren im Gewerblichen Bildungsverein, um auch die Gegenseite zu Wort kommen zu lassen. Daß die Schrift auf die Mehrzahl der damals in der Bewegung stehenden Arbeiter so wenig Eindruck machte, mag heute manchem unerklärlich erscheinen. Und doch konnte es nicht anders sein. Nicht nur die ökonomischen, auch die politischen Zustände waren noch sehr rückständige. Gewerbefreiheit, Freizügigkeit, Niederlassungsfreiheit, Paß- und Wanderfreiheit, Vereins- und Versammlungsfreiheit waren Forderungen, die dem Arbeiter der damaligen Zeit viel näher standen als Produktivassoziationen, gegründet mit Staatshilfe, von denen er sich keine rechte Vorstellung machen konnte. Der Assoziations- oder sagen wir der Genossenschaftsgedanke war erst im Werden. Auch das allgemeine Stimmrecht schien den meisten kein unentbehrliches Recht zu sein. Einmal war, wie wiederholt hervorgehoben, die politische Bildung noch gering, dann aber erschien der großen Mehrzahl der Kampf des preußischen Abgeordnetenhauses gegen das Ministerium Bismarck als eine tapfere Tat, die Unterstützung und Beifall, aber keinen Tadel und keine Herabsetzung verdiente. Wer politisch regsam war wie ich, verschlang die Kammerverhandlungen und betrachtete sie als Ausfluß

* Bebel wird der Bedeutung Ferdinand Lassalles sowohl als Politiker als auch als Persönlichkeit nicht ganz gerecht, er bekannte jedoch, daß er in den 60er Jahren von Lassalle in seinen eigenen politischen Ansichten stark beeinflußt wurde (siehe auch Seite 42ff). D. Hrsg.

Karl Marx

1818—1883

Die Petersstraße in Leipzig
Im mittleren Hause wohnte August Bebel Ende der sechziger, Anfang der siebziger Jahre des vorigen Jahrhunderts.

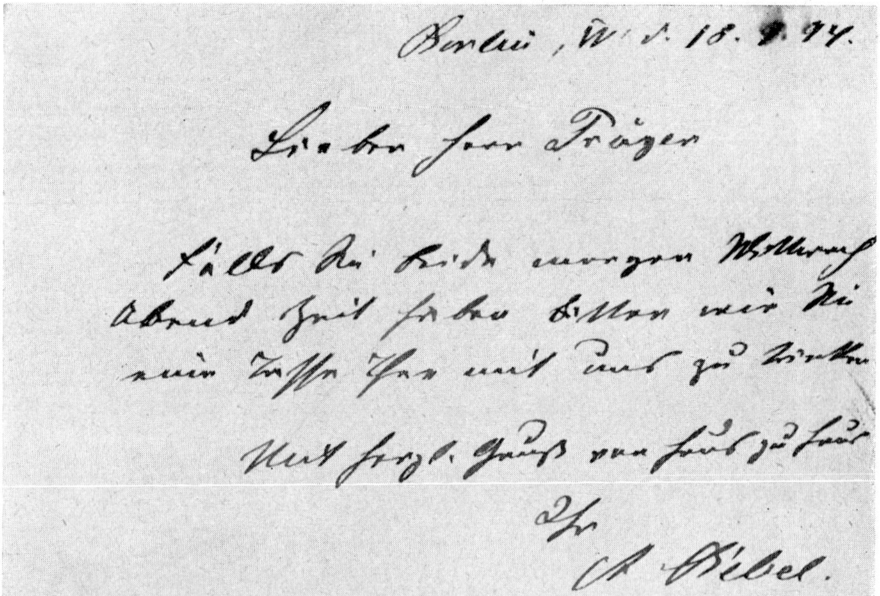
Berlin, W. d. 18. [illegible]. 74.

Lieber Herr Träger

Falls Sie beide morgen Mittwoch Abend Zeit haben bitten wir Sie ein Tasse Thee mit uns zu trinken

Mit herzl. Gruß von Haus zu Haus

Ihr
A. Bebel.

Bebels Handschrift. Karte an den Rechtsanwalt und Reichstagsabgeordneten Albert Traeger

politischer Weisheit. Die liberale Presse, die damals die öffentliche Meinung weit mehr beherrschte als heute, sorgte auch dafür, daß dieser Glaube erhalten blieb.

Die liberale Presse war es jetzt auch, die mit einem Wut- und Hohngeschrei über Lassalles Auftreten herfiel, wie es bis dahin wohl unerhört war. Persönliche Verdächtigungen und Herabsetzungen regneten auf ihn nieder, und daß es vorzugsweise konservative Organe, zum Beispiel die „Kreuzzeitung“, waren, die Lassalle objektiv behandelten — weil ihnen sein Kampf gegen den Liberalismus ungemein gelegen kam —, erhöhte den Kredit Lassalles und seiner Anhänger in unseren Augen nicht. Wenn wir uns endlich vergegenwärtigen, daß es selbst heute, nach einer mehr als 45jährigen intensiven Aufklärungsarbeit, noch Millionen Arbeiter gibt, die den verschiedenen bürgerlichen Parteien nachlaufen, wird man sich nicht wundern, daß die große Mehrheit der Arbeiter der sechziger Jahre der neuen Bewegung skeptisch gegenüberstand. Und damals lagen noch keine sozialpolitischen Erfolge vor, die erst viel später dank der sozialistischen Bewegung erzielt wurden. Pioniere sind immer nur wenige...

Gegen Ende März legte das Leipziger Komitee in einer großen Arbeiterversammlung sein Mandat nieder und beantragte, ein neues Komitee zu wählen, das die Gründung des von Lassalle vorgeschlagenen Allgemeinen Deutschen Arbeitervereins betreiben sollte. Nach einer sehr erregten Debatte erklärte sich die Mehrheit der Versammlung für diesen Plan. Dr. Dammer, Fritzsche und Vahlteich wurden mit der neuen Aufgabe betraut.

Am 16. April [1863] kam endlich Lassalle selbst nach Leipzig, um in einer großen Versammlung zu sprechen, die, wie die meisten großen Versammlungen jener Zeit, im „Odeon“ in der Elsterstraße abgehalten wurde. Die Rede ist unter dem Titel „Zur Arbeiterfrage“ erschienen. Die Versammlung war von ungefähr 4000 Personen besucht, von denen aber ein erheblicher Teil noch vor Schluß derselben das Lokal verließ. Die Liberalen waren unter Führung eines Kaufmanns Kohner auf der der Rednertribüne gegenüberliegenden Seite postiert und unterbrachen den Redner öfter durch Zwischenrufe. Die Vorbereitungen für den Redner waren etwas eigenartige. Der Katheder, von dem Lassalle sprach, war mit Büchern, darunter schwere Folianten, bepackt, als sollte es zu einer Disputation à la Luther kontra Eck kommen.

Lassalle scheint geglaubt zu haben, daß er eine schwere Opposition finden werde, die er widerlegen müsse, was nicht der Fall war. Sein persönliches Auftreten war nicht jedem sympathisch. Von hoher, schlanker aber kräftiger Gestalt stand Lassalle sehr herausfordernd auf dem Katheder, wobei er öfter bald eine, bald beide Hände in die Armlöcher seiner Weste steckte. Er sprach fließend, manchmal pathetisch, doch schien es mir, als stoße er leicht mit der Zunge an. Er endete unter stürmischem Beifall eines großen Teils der Versammlung, dem der andere mit Zischen antwortete.

Nach Lassalle ergriff Professor Roßmäßler das Wort und verlas eine Erklärung, in der er ausführte: Er wisse, daß er keine Mehrheit in diesem Saale für seine Ansicht habe, aber er hoffe, daß die Einsicht noch kommen werde. Er protestierte gegen die Angriffe, die Lassalle gegen die deutsche Fortschrittspartei erhoben habe, er protestierte weiter gegen das Bestreben, die Arbeiter und die Fortschrittspartei zu trennen und eine besondere Arbeiterpartei zu bilden. Lassalle antwortete kurz und auffallend entgegenkommend. Er meinte, ihm schienen die Differenzen zwischen Roßmäßler und ihm mehr taktischer als prinzipieller Natur zu sein. Man hatte offenbar im Lassalleschen Lager noch Hoffnung, Roßmäßler herüberziehen zu können. Außerdem waren Fritzsche und Vahlteich warme Verehrer Roßmäßlers wegen des Kampfes, den er gegen Kirche und Pfaffentum führte. Beide gehörten mit Roßmäßler der deutsch-katholischen Gemeinde an, die in Leipzig bestand; beiden tat die Trennung von Roßmäßler weh.

Lassalle genügte der Beifall der Masse nicht, er legte großes Gewicht darauf, Männer von Ansehen und Einfluß aus dem bürgerlichen Lager auf seiner Seite zu haben, und er gab sich große Mühe, solche zu gewinnen...

*

Mit dem Auftreten Lassalles und der Gründung des Allgemeinen Deutschen Arbeitervereins, die am 23. Mai 1863 in Leipzig erfolgte, war das Signal gegeben zu erbitterten Kämpfen innerhalb der Arbeiterwelt, die sich von jetzt an während einer ganzen Reihe von Jahren abspielten und in denen oft Szenen vorkamen, die jeder Beschreibung spotteten. Die Erbitterung wuchs mit den Jahren hüben und drüben, und da Arbeiter nicht an den Salonton gewöhnt sind — der übrigens auch bei denen versagt, die stolz auf denselben zu sein pflegen, sobald sie untereinander in starke Meinungsverschiedenheiten geraten —, so flogen die derbsten Grobheiten und Beschuldigungen herüber und hinüber. Nicht selten kam es aber auch zu Raufereien und Gewaltszenen in den Versammlungen, in denen die beiden Gegner aufeinanderplatzten, was zur Folge hatte, daß öfter die Wirte ihre Säle für Versammlungen verweigerten. Ein Hauptstreben jeder Seite war, in den Versammlungen die Leitung in die Hand zu bekommen; der Kampf begann also in der Regel schon um den Vorsitz. Als ich einmal in einer Chemnitzer Arbeiterversammlung entdeckte, daß die Lassalleaner, um eine Mehrheit zu erlangen, beide Hände in die Höhe hoben, forderte ich auf: es sollten nunmehr beide Parteien beide Hände in die Höhe heben. Unter großem Jubel wurde der Vorschlag angenommen. Jetzt unterlagen die Lassalleaner.

Wie natürlich erfüllten die Kämpfe und die vorhandenen Gegensätze in der Bewegung, namentlich in Leipzig, unser ganzes Fühlen und Denken. Die Disputationen, die wir im Verein, in den Versammlungen und im

Privatzirkel gepflogen hatten, setzten wir in der Nacht auf der Straße auf dem Heimweg fort. Diese Streitereien wurden in der Regel so laut geführt, daß die Nachtwächter sich öfter einmischten und drohten, uns wegen öffentlicher Ruhestörung nach dem Naschmarkt (dem Polizeiamt) zu bringen, wenn wir uns nicht ruhig verhalten würden, eine Mahnung, die nur momentan von Erfolg begleitet war.

Der einzige Vorteil dieser Meinungskämpfe war, daß beide Teile die größten Anstrengungen machten, ihren Anhang zu vermehren. Das geschah besonders, als einige Jahre später die Seite, der ich angehörte, sich ebenfalls zum Sozialismus bekehrte, aber ihre eigenen Organisationen schuf und ihre Kämpfe gegen den Allgemeinen Deutschen Arbeiterverein führte, der sich von 1867 an in zwei ungleich starke Fraktionen spaltete. Aber Kraft, Geld und Zeit wurden in jener fast ein Jahrzehnt dauernden gegenseitigen Bekämpfung in unerhörter Weise verschwendet, zur Freude der Gegner.

In Leipzig hatte das Aufkommen des Lassalleanismus die Wirkung, daß die alten Differenzen zwischen dem Gewerblichen Bildungsverein und dem Verein „Vorwärts" verschwanden und endlich im Februar 1865 eine Vereinigung unter dem Namen Arbeiterbildungsverein herbeigeführt wurde. Die Polytechnische Gesellschaft hatte längst die Bevormundung des Gewerblichen Bildungsvereins aufgegeben, die sich als eine Sisyphusarbeit erwies. Außerdem erkannte auch die sächsische Regierung, daß es mit dem alten Bundestagsbeschluß von 1856 nicht mehr gehe; sie ließ wohl oder übel die Zügel schleifen. Hatte doch sogar der Allgemeine Deutsche Arbeiterverein als Sitz Leipzig erkoren, obgleich dessen Tendenz ganz offensichtlich mit dem Bundestagsbeschluß in Widerspruch stand. Die Regierung zog schließlich die Konsequenzen und erklärte am 20. März 1864 jenen Bundestagsbeschluß für aufgehoben.

Es ist eine Erfahrung, die wir seitdem öfter machten, daß alle Gesetze und Unterdrückungsmaßregeln, die eine Bewegung hintanhalten oder unterdrücken sollen, versagen und ihre praktische Wirksamkeit überwunden wird, sobald die Bewegung sich als naturnotwendig und deshalb als unüberwindlich herausstellt. Die Behörden verlieren schließlich selbst den Glauben an ihre Macht und stellen den hoffnungslos gewordenen Kampf ein. So war es zu jener Zeit auch mit den vereinsgesetzlichen Bestimmungen in Sachsen, so war es bald darauf mit den Arbeiterkoalitionsverboten in Preußen und anderen Staaten, die einfach nicht mehr beachtet wurden.

Die Lohnkämpfe durch Arbeitseinstellungen begannen, allen Koalitionsverboten zum Trotz, noch während die weisen Herren in der Regierung darüber berieten, ob man diese Verbote ganz aufheben oder wie weit man sie aufheben solle. Dieselbe Erfahrung machte später die deutsche Sozialdemokratie unter der Herrschaft des Sozialistengesetzes, unter dem die

Behörden schließlich es auch als unmöglich ansehen mußten, die Versammlungs- und Organisationsverbote und die Unterdrückung der Blätter und Literatur in derselben Weise fortzuführen, wie das in den ersten Jahren unter dem Sozialistengesetz geschehen war. Dieselbe Erfahrung hat noch später auch die Frauenbewegung in denjenigen deutschen Staaten gemacht, in denen es den Frauen verboten war, sich in politischen Vereinen zu organisieren oder an politischen Vereinsversammlungen teilzunehmen. Praktisch waren diese Verbote längst überwunden, ehe man sich von seiten der Regierungen endlich entschloß, durch Gesetz zu sanktionieren, was tatsächlich bereits, dem früheren Verbot zum Trotze, bestand. Gesetze hinken stets hinter den Bedürfnissen drein, sie kommen nie einem solchen zuvor...

Jean Baptist von Schweitzer

Unter den Persönlichkeiten, die nach dem Tode Lassalles [1864] nacheinander die Führung des von ihm gegründeten Vereins übernahmen, steht J. B. von Schweitzer allen voran.

In Schweitzer erhielt der Verein einen Führer, der in hohem Grade eine Reihe von Eigenschaften besaß, die für seine Stellung von großem Werte waren. Er besaß die nötige theoretische Vorbildung, einen weiten politischen Blick und eine kühle Überlegung. Als Journalist und Agitator hatte er die Fähigkeit, die schwierigsten Fragen und Themen dem einfachsten Arbeiter klarzumachen; er verstand es wie wenige, die Massen zu fanatisieren, ja zu faszinieren. Er veröffentlichte im Laufe seiner journalistischen Tätigkeit in seinem Blatte, dem „Socialdemokrat", eine Reihe populärwissenschaftlicher Abhandlungen, die mit zu dem Besten gehören, was die sozialistische Literatur besitzt. So beispielsweise seine Kritik des Marxschen „Kapital" und die später als Broschüre veröffentlichte Abhandlung „Der tote Schulze gegen den lebenden Lassalle"*, Arbeiten, die noch heute ihren vollen Wert haben. Auch als Parlamentarier erwies er sich als sehr geschickt und gewandt. Er erfaßte rasch eine gegebene Situation und verstand sie auszunutzen. Endlich war er auch ein guter Redner von großer Berechnung, der Eindruck auf die Massen und die Gegner machte.

Aber neben diesen guten, zum Teil glänzenden Eigenschaften besaß Schweitzer eine Reihe Untugenden, die ihn als Führer einer *Arbeiterpartei*, die in den ersten Anfängen ihrer Entwicklung begriffen war, dieser gefährlich machten. Für ihn war die Bewegung, der er sich nach mancherlei Irrfahrten anschloß, nicht Selbstzweck, sondern Mittel zum Zweck. Er trat in die Bewegung ein, sobald er sah, daß ihm innerhalb des Bürgertums keine Zukunft blühte, daß für ihn, den durch seine Lebensweise früh Deklassierten, nur die Hoffnung bestand, in der Arbeiterbewegung die

* (Ohne Namen), „Aus dem Socialdemokrat". (Berlin 1868.) D. Hrsg.

Rolle zu spielen, zu der sein Ehrgeiz wie seine Fähigkeiten ihn sozusagen prädestinierten. Er wollte auch nicht bloß der Führer der Bewegung, sondern ihr Beherrscher sein, und trachtete sie für seine egoistischen Zwecke auszunutzen. Während einer Reihe von Jahren in einem von Jesuiten geleiteten Institut in Aschaffenburg erzogen, später sich dem Studium der Jurisprodenz widmend, gewann er in der jesuitischen Kasuistik und juristischen Rabulistik das geistige Rüstzeug, das ihn, der von Natur schon listig und verschlagen war, zu einem Politiker machte, der skrupellos seinen Zweck zu erreichen suchte. Befriedigung seines Ehrgeizes um jeden Preis und Befriedigung seiner großen lebemännischen Bedürfnisse, was ohne auskömmliche materielle Mittel, die er nicht besaß, nicht möglich war. Es ist aber eine alte geschichtliche Erfahrung, die in allen Volksbewegungen sich bestätigt hat, daß führende Persönlichkeiten, die sybaritische Gewohnheiten haben, aber wegen Mangel an Mitteln sie nicht zu befriedigen vermögen, leicht an sie herantretenden Versuchungen unterliegen, namentlich, wenn sie dabei auch glauben, außer der Befriedigung ihres Ehrgeizes Scheinerfolge erringen zu können.

Die diktatorische Stellung, welche die Organisation des Allgemeinen Deutschen Arbeitervereins dem Leiter des Vereins einräumte, begünstigte die Schweitzerschen Bestrebungen ungemein. Es war aber auch ebenso natürlich, daß gegen die Gelüste des Diktators ein ständiger Kampf der selbständiger denkenden Mitglieder im Verein entstand. Die Opposition, zeitweilig durch seine brutale Rücksichtslosigkeit scheinbar niedergeworfen und aus dem Verein hinausgedrängt, erhob sich in Kürze in anderen Personen und an anderen Orten wieder, und es begann der Kampf von neuem gegen ihn. Seine Herrschaftsbestrebungen wurden noch dadurch ungemein begünstigt, daß das einzige Blatt, das der Verein besaß — und ein zweites neben diesem duldete er nicht —, der „Socialdemokrat“, in seinen Händen war und von ihm geleitet wurde. Damit hatte er das Mittel in der Hand und wandte es ohne Skrupel an, die geistige Beherrschung der Mitglieder zu einer absoluten zu machen, wo er jeden Widerspruch und jede ihm unbequeme Meinungsäußerung gewaltsam niederhielt. Die Art, wie dabei wieder Schweitzer den Massen zu schmeicheln verstand, obgleich er innerlich sie verachtete, ist mir nie mehr in ähnlichem Maße begegnet. Sich selbst stellte er als ihr Werkzeug hin, das nur dem Willen des „souveränen Volkes“ gehorche, dieses souveränen Volkes, das nur seine Zeitung las und dem er seinen Willen suggerierte. Wer aber wider ihn zu löcken wagte, der wurde der niedersten Motive geziehen, als eine Viertel- oder Achtelintelligenz gebrandmarkt, die sich über die braven, ehrlichen Arbeiter erheben wolle, um sie im Interesse ihrer Gegner zu mißbrauchen.

Eine Rolle, wie sie Schweitzer allmählich spielte, war allerdings nur in den Jugendjahren der Bewegung möglich, und darin liegt die Entschuldigung für seine fanatisierten Anhänger. Wer heute die Rolle eines Schweitzer in der Bewegung spielen wollte, wäre in kurzer Zeit unmöglich, sei er, wer er wolle.

Schweitzer war ein Demagoge großen Stils, der an der Spitze eines Staates sich als ein würdiger Schüler Macchiavellis — für dessen grundsatzlose Theorien er schwärmte — erwiesen haben würde. Die absolute Herrschaft, die er durch die erwähnten Mittel sich auf Jahre in seinem Verein zu sichern wußte, läßt sich nur vergleichen mit gewissen Erscheinungen in der katholischen Kirche. Er hatte eben nicht umsonst bei den Jesuiten Unterricht genommen.

Wessen wir — Liebknecht und ich — Schweitzer beschuldigten, war, daß er den Allgemeinen Deutschen Arbeiterverein — natürlich wider Wissen und Wollen des weitaus größten Teiles seiner Mitglieder — im Interesse der Bismarckschen Politik leitete, *die wir nicht als eine deutsche, sondern als eine großpreußische Politik betrachteten,* eine Politik, betrieben im Interesse der Hohenzollernschen Hausmacht, die bestrebt war, die Herrschaft über ganz Deutschland zu gewinnen und Deutschland mit preußischem Geist und preußischen Regierungsgrundsätzen — *die der Todfeind aller Demokraten sind* — zu erfüllen...

Die Versuche, den Allgemeinen Deutschen Arbeiterverein für die Bismarcksche großpreußische Politik nutzbar zu machen, waren also sehr frühzeitig vorhanden...

Wäre Schweitzer ein Mann gewesen, der der Sache, die er äußerlich verfocht, innerlich ehrlich zugetan war, wäre er ein Mann gewesen, von dem jeder Parteigenosse überzeugt sein mußte, daß nur die Begeisterung und das reinste Streben, der Arbeiterklasse zu dienen, bei ihm vorhanden war, hätte er die sehr bedenklichen Zweideutigkeiten, die in seinem politischen Leben auftauchten, zu vermeiden gewußt, wäre mit einem Wort sein ganzes Tun Vertrauen fordernd gewesen, er wäre bis an sein Lebensende unbestritten der Führer der Partei geblieben. Jeder Versuch, ihn zu diskreditieren, wäre an ihm abgeprallt, mochten solche Angriffe ausgehen von welcher Seite immer. Statt dessen mußte er sein stetig sinkendes Ansehen verteidigen und erlebte schließlich, daß nach der Niederlegung seiner Präsidentschaft, als jeder wagen durfte, frei zu sprechen, ohne Gefahr, von einem Bannstrahl getroffen zu werden, gerade diejenigen die ehrenrührigsten Anklagen gegen ihn erhoben, die ihn einstmals gegen die Angriffe von unserer Seite fanatisch verteidigt hatten. So kam es, daß die Nachricht von seinem Tode jene kalt und gleichgültig ließ, die im anderen Falle ihn bis zur letzten Stunde als ihren Führer anerkannt und seinem Andenken alle Ehren erwiesen haben würden...*

* Auch in der Beurteilung Schweitzers ist Bebel trotz mancher zutreffenden Charakterisierung der Persönlichkeit nicht ganz frei von Vorurteilen, die aus seiner Gegnerschaft zum Allgemeinen Deutschen Arbeiterverein resultieren. Über Schweitzer siehe die vortreffliche Biographie von Gustav Mayer (Jena 1909). D. Hrsg.

Wilhelm Liebknecht

Liebknecht und ebenso Bernhard Becker wurden im Juli 1865 aus Preußen ausgewiesen. Liebknecht war nach dreizehnjährigem Exil im Sommer 1862 nach Berlin zurückgekehrt. Die Amnestie von 1860 ermöglichte ihm dieses. Er folgte dem Rufe des alten Revolutionärs August Braß, den er gleich Engels in der Schweiz kennengelernt, und der, wie bereits mitgeteilt, im Sommer 1862 in Berlin ein großdeutsch-demokratisches Blatt, die „Norddeutsche Allgemeine Zeitung" gegründet hatte. Liebknecht war neben Robert Schweichel für die Redaktion gewonnen worden, und zwar Liebknecht für die auswärtige Politik. In den Charakter von Braß setzte keiner von beiden den geringsten Zweifel, hatte er doch zu den radikalsten Revolutionären gehört. Als aber Ende September 1862 Bismarck das Ministerium übernahm, entdeckten beide bald nachher, daß etwas nicht stimmte. Der Verdacht bestätigte sich; als eines Tages der Zufall wollte, daß Schweichel von einem Boten des Ministeriums ein Schreiben für Braß in Empfang nahm, dessen Inhalt, wie der Bote bemerkte, sofort veröffentlicht werden sollte. Beide kündigten und traten aus der Redaktion. Wie Liebknecht gelegentlich öffentlich erklärte, hat ihm Lassalle noch ein Jahr nach seinem Austritt aus der „Norddeutschen Allgemeinen Zeitung" einen Vorwurf daraus gemacht, daß er seine Stellung aufgab. Liebknecht, der damals Frau und zwei Kinder besaß, die er von London nach Berlin hatte kommen lassen, erwarb sich jetzt den Unterhalt mit Korrespondenzen für verschiedene Zeitungen ...

Nach seiner Ausweisung reiste er zunächst nach Hannover, wo Schweichel am dortigen „Anzeiger" eine Redakteurstelle gefunden hatte. Da aber hier sich für ihn nichts fand, kam er nach Leipzig, woselbst er eines Tages, Anfang August [1865], durch Dr. Eras, der damals Redakteur der „Mitteldeutschen Volkszeitung" war, bei mir eingeführt wurde. Liebknecht, dessen Wirken und Ausweisung ich durch die Zeitungen kannte, interessierte mich natürlich sehr lebhaft. Er stand damals im 40. Lebensjahr, besaß aber das Feuer und die Lebendigkeit eines Zwanzigjährigen. Sofort nach der Begrüßung kamen wir in ein politisches Gespräch, in dem er mit einer Vehemenz und Rücksichtslosigkeit die Fortschrittspartei und namentlich ihre Führer angriff und charakterisierte, daß ich, der ich damals doch auch keine Heiligen mehr in denselben sah, ganz betroffen war; indes, er war ein erstklassiger Mensch, und sein schroffes Wesen verhinderte nicht, daß wir uns bald befreundeten.

Liebknecht kam uns in Sachsen wie gerufen. Im Juli hatten wir auf der Landeskonferenz in Glauchau die Sendung von Reisepredigern beschlossen. Das war aber leichter beschlossen als durchgeführt, denn es fehlten die passenden Persönlichkeiten, deren Lebensstellung eine solche Tätigkeit erlaubte. Liebknecht stellte sich für diese Vortragsreisen bereitwillig zur Verfügung. Auch im Arbeiterbildungsverein war er als Vortragender willkommen, und bald waren seine Vorträge die besuchtesten von allen. Weiter übernahm er im Arbeiterbildungsverein den Unterricht in der englischen und französischen Sprache. So erlangte er allmählich eine allerdings sehr bescheidene Existenz. Dennoch war er gezwungen, was ich später erfuhr, manches gute Buch zum Antiquar zu tragen. Seine Lage wurde dadurch noch verschlimmert, daß seine (erste) Frau brustkrank war und einer kräftigen Pflege bedurft hätte. Äußerlich sah man Liebknecht seine Sorgen nicht an, wer ihn sah und hörte, mußte glauben, er befinde sich in zufriedenstellenden Verhältnissen.

Die erste Agitationstour unternahm er ins untere Erzgebirge, speziell in die Arbeiterdörfer des Mülsengrundes, womit er sich den Weg zu einer späteren Kandidatur für den norddeutschen Reichstag bahnte. Da auch ich öfter Agitationsreisen unternahm, und wir von da ab in allen politischen Fragen meist gemeinsam handelten, wurden unsere Namen immer mehr in der Öffentlichkeit genannt, bis wir schließlich dieser gegenüber als zwei Unzertrennliche erschienen. Das ging so weit, daß, als in der zweiten Hälfte der siebziger Jahre sich ein Parteigenosse mit mir assoziierte, ab und zu Geschäftsbriefe ankamen, die statt der Adresse Ißleib & Bebel die Namen Liebknecht & Bebel trugen, ein Vorgang, der jedesmal unsere Heiterkeit erregte...

Liebknechts echte Kampfnatur wurde von einem unerschütterlichen Optimismus getragen, ohne den sich kein großes Ziel erreichen läßt. Kein noch so harter Schlag, ob er ihn persönlich oder die Partei traf, konnte ihn nur einen Augenblick mutlos machen oder aus der Fassung bringen. Nichts verblüffte ihn, stets wußte er einen Ausweg. Gegen die Angriffe der Gegner war seine Losung: auf einen Schelm anderthalbe. Den Gegnern gegenüber schroff und rücksichtslos, war er den Freunden und Genossen gegenüber allezeit ein guter Kamerad, der vorhandene Gegensätze auszugleichen suchte.

In seinem Privatleben war Liebknecht ein sorgender Ehemann und Familienvater, der mit großer Liebe an den Seinen hing. Auch war er ein großer Naturfreund. Ein paar schöne Bäume, in einer sonst reizlosen Gegend, konnten ihn enthusiasmieren und verleiten, die Gegend schön zu finden. In seinen Bedürfnissen war er einfach und anspruchslos. Eine vorzügliche Suppe, die ihm meine Frau kurz nach unserer Verheiratung, Frühjahr 1866, eines Tages vorsetzte, begeisterte ihn so, daß er ihr diese sein Leben lang nicht vergaß. Ein gutes Glas Bier oder ein gutes Glas Wein und eine gute Zigarre liebte er, aber größere Aufwendungen machte er dafür nicht. Hatte er mal ein neues Kleidungsstück an, was nicht häufig vorkam, und hatte ich das nicht sofort wahrgenommen und meine Anerkennung darüber ausgesprochen, so konnte ich sicher sein, daß er, ehe viele Minuten verflossen waren, mich darauf aufmerksam machte und mein Urteil verlangte. Er war ein Mann von Eisen mit einem Kindergemüt. Als Liebknecht am 7. August 1900 starb, waren es auf den Tag 35 Jahre, daß wir unsere erste Bekanntschaft gemacht hatten.

In seiner Parteitätigkeit liebte es Liebknecht, fertige Tatsachen zu schaffen, wenn er annahm, daß ein Plan von ihm Widerstand finden würde. Unter dieser Eigenschaft litt ich anfangs schwer, denn ich bekam in der Regel die Suppe auszuessen, die er eingebrockt hatte. Bei seinem Mangel an praktischem Geschick mußten andere die Durchführung von ihm getroffener Maßnahmen übernehmen. Endlich aber fand ich den Mut, mich von dem Einfluß seines apodiktischen Wesens zu befreien, und nun gerieten wir manchmal hart aneinander, ohne daß die Öffentlichkeit es merkte und ohne daß unser Verhältnis dadurch dauernd getrübt worden wäre.

Man hat viel geschrieben über den Einfluß, den Liebknecht auf mich gehabt habe; man behauptete zum Beispiel, daß nur seinem Einfluß es zu danken gewesen sei, daß ich Sozialist wurde. In einer bei Langen in München im Jahre 1908 erschienenen Broschüre wird weiter gesagt, Liebknecht habe mich zum Marxisten gemacht, als welchen ich mich im September 1868 auf dem Nürnberger Vereinstag bekannt habe. Liebknecht hätte hiernach volle drei Jahre gebraucht, um aus dem Saulus einen Paulus zu machen.

Liebknecht war 14 Jahre älter als ich; er hatte also, als wir uns kennen lernten, eine lange politische Erfahrung vor mir voraus. Liebknecht war ein wissenschaftlich gebildeter Mann, der fleißig studiert hatte; diese wissenschaftliche Bildung fehlte mir. Liebknecht war endlich in England zwölf Jahre lang mit Männern wie Marx und Engels in intimen Verkehr gestanden und hatte dabei viel gelernt, ein Umgang, der mir ebenfalls fehlte. Daß Liebknecht unter solchen Umständen erheblichen Einfluß auf mich ausüben mußte, war ganz selbstverständlich. Andernfalls wäre es eine Blamage für ihn gewesen, daß er diesen Einfluß nicht auszuüben verstand, oder eine Blamage für mich, daß ich aus dem Umgang mit ihm nichts zu profitieren wußte. Einer meiner Bekannten aus jener Zeit schrieb vor einigen Jahren in der „Leipziger Volksstimme", er habe [1865] gehört, wie ich im kleinen Kreise von meiner Bekanntschaft mit Liebknecht erzählte und dazu bemerkt hätte: „Donnerwetter, von dem kann man was lernen!" Das dürfte stimmen.

Aber Sozialist wäre ich auch ohne ihn geworden, denn dazu war ich auf dem Wege, als ich ihn kennenlernte. Im beständigen Kampfe mit den Lassalleanern, mußte ich Lassalles Schriften lesen, um zu wissen, was sie wollten, und damit vollzog sich in Bälde eine Wandlung in mir.

Mein Grundsatz ist allezeit im Leben gewesen, sobald ich einen Standpunkt, den ich bisher in einer Frage verfochten hatte, als unhaltbar erkannte, ihn zu verlassen und rückhaltlos der neugewonnenen Überzeugung zu folgen und sie auch öffentlich und nachdrücklich zu vertreten. Im vorliegenden Falle war es die Haltung der liberalen Wortführer, sowohl in der Politik wie insbesondere den Arbeiterfragen gegenüber, die mir das Verlassen des alten Standpunktes und meinen Übergang ins sozialistische Lager erleichterten. Große Seelenkämpfe hat mich diese Wandlung nicht gekostet, und wenn alte liebgewordene persönliche Beziehungen dabei geopfert werden mußten, nahm ich dieses als selbstverständliche Konsequenz hin. Ich habe, wie ich glaube, allezeit die Sache über die Person gesetzt und mich weder durch Verwandtschafts- noch Freundesbande davon abbringen lassen, zu tun, was ich im Interesse einer von mir vertretenen Sache für unumgänglich hielt.

Im vorliegenden Falle hat zweifellos mein Umgang mit Liebknecht meine Mauserung zum Sozialisten beschleunigt. Dieses Verdienst hat er. Ähnlich ist es mit der Behauptung, Liebknecht habe mich zum Marxisten gemacht. Ich habe in jenen Jahren viele sehr gute Vorträge und Reden von ihm gehört. Er sprach über das englische Gewerkvereinswesen, die englischen und französischen Revolutionen, die deutschen Volksbewegungen, über politische Tagesfragen usw. Kam er auf Marx und Lassalle zu sprechen, dann stets polemisch, längere theoretische Auseinandersetzungen hörte ich meiner Erinnerung nach nicht von ihm. Zu privaten Unterweisungen hatte weder er noch ich die Zeit; die Tageskämpfe und was damit zusammenhing, ließen uns zu privaten theoretischen Erörterungen nicht kommen. Auch war Liebknecht nach seiner ganzen Veranlagung weit mehr großzügiger Politiker als Theoretiker. Die große Politik war seine Lieblingsbeschäftigung.

Ich bin vielmehr, wie fast alle, die damals Sozialisten wurden, über Lassalle zu Marx gekommen. Lassalles Schriften waren in unseren Händen, noch ehe wir eine Schrift von Marx und Engels kannten. Wie ich von Lassalle beeinflußt worden war, zeigt noch deutlich meine erste Broschüre „Unsere Ziele", die Ende 1869 erschien. Gegen Ende 1869 fand ich aber auch erst auskömmlich Zeit und Ruhe, den im Spätherbst 1867 erschienenen Band „Das Kapital" von Marx gründlich zu lesen, und zwar im Gefängnis. Fünf Jahre früher hatte ich versucht, die 1859 erschienene Schrift von Marx „Zur politischen Ökonomie" zu studieren, aber es blieb bei dem Versuch. Überarbeitet und der Kampf um die Existenz gewährten mir nicht die nötige Muße, die schwere Schrift geistig zu verdauen. Das „Kommunistische Manifest" und die anderen Schriften von Marx und Engels wurden aber der Partei erst gegen Ende der sechziger und Anfang der siebziger Jahre bekannt. Die erste Schrift, die mir von Marx in die Hände kam und die ich mit Genuß las, war seine Inauguraladresse für die Gründung der Internationalen Arbeiterassoziation. Diese Schrift lernte ich 1865 kennen. Ende 1866 trat ich der Internationalen Arbeiterassoziation bei*.

* Siehe Fußnote auf S. 70.

Bei Karl Marx in London, 1880

In London angelangt, besuchten wir [d. h. mit Eduard Bernstein] zunächst Engels, der eben, zwischen 10 und 11 Uhr vormittags, beim Frühstück saß. Engels hatte die Gepflogenheit, nie vor zwei Uhr nachts sich zur Ruhe zu begeben. Engels empfing uns sehr liebenswürdig; er redete mich sofort mit Du an, ebenso Marx, den wir am Nachmittag besuchten, außerdem lud mich Engels, der dieses Jahr Witwer geworden war, ein, bei ihm zu wohnen, und die Tage unserer Anwesenheit wurden selbstverständlich zu einem gründlichen Meinungsaustausch nach allen Seiten benutzt, in dessen Verlauf Bernstein sichtlich an Vertrauen bei den beiden gewann. Im Laufe der Tage, die wir in London waren, wobei Engels als der Beweglichere und Freiere öfter den Führer machte und uns die Sehenswürdigkeiten Londons zeigte, traf auch Paul Singer ein, der, auf seiner jährlichen Geschäftsreise in England begriffen, von Manchester nach London zurückgekehrt war. Den einzigen Sonntag, den wir damals in London zubrachten, waren wir sämtlich zu Marx zu Tisch geladen. Frau Jenny Marx hatte ich bereits kennengelernt, sie war eine vornehme Erscheinung, die sofort meine Sympathie gewann, die ihre Gäste in der scharmantesten und liebenswürdigsten Weise zu unterhalten verstand. An jenem Sonntag lernte ich auch die älteste, mit Longuet verheiratete Tochter Jenny kennen, die mit ihren Kindern zu Besuch gekommen war. Hierbei wurde ich sehr angenehm überrascht, zu sehen, mit welcher Herzlichkeit und Zärtlichkeit Marx, der zu jener Zeit überall als der schlimmste Menschenfeind verschrien war, mit den beiden Enkelkindern zu spielen verstand und mit welcher Liebe diese an dem Großvater hingen. Außer Jenny, der ältesten Tochter, waren auch die beiden jüngeren Töchter, Tussy, die spätere Frau Aveling, und Laura, die Gattin Lafargues, zugegen. Tussy mit schwarzen Haaren und schwarzen Augen, das Ebenbild des Vaters, Laura, hellblond mit dunklen Augen, mehr das Ebenbild der Mutter, beide hübsch und lebhaft.

Auffallend für den Fremden war, daß Marx von Frau und Kindern immer Mohr angeredet wurde, als existiere kein anderer Name für ihn. Der kam von seinem pechschwarzen Haupt- und Barthaar, das damals, mit Ausnahme des Schnurrbartes, schon weiß leuchtete. Auch Engels besaß einen intimen Spitznamen. Die Marxsche Familie und seine näheren Bekannten nannten ihn General, wobei das Wort stets englisch ausgesprochen wurde: Dscheneräl. Den Titel trugen ihm seine kriegswissenschaftlichen Studien ein, denen er mit Vorliebe oblag. Man schrieb ihm ein sehr maßgebendes Urteil in militärischen und kriegswissenschaftlichen Dingen zu. Als ich am Tage vor unserer Abreise noch einmal die Marxsche Familie besuchte, lag Frau Marx zu Bett. Auf meine Bitte, mich verabschieden zu dürfen, führte mich Marx zu ihr mit der strengen Weisung, nicht länger als eine Viertelstunde mit ihr zu plaudern. Aber wir gerieten sofort in eine so animierte Unterhaltung, daß ich ihren Zustand ganz vergaß, und aus der Viertelstunde wurde mehr als eine halbe Stunde. Da trat der ungeduldig gewordene Marx ein und hielt mir eine Strafpredigt, ich wolle ihm wohl seine Frau zugrunde richten? Wehmütig nahm ich Abschied von ihr, denn das Leiden, an dem sie litt, war unheilbar. Ich sah sie nie wieder. Sie starb bereits im nächsten Jahr...

Bismarcks Kampf gegen die Sozialdemokratie

Das Hödel-Attentat und seine Folgen

Am 12. Mai 1878 wurde mir in meine Zelle die Nachricht, die mich im höchsten Grad überraschte, überbracht, daß am Tage zuvor, nachmittags 3 Uhr, ein gewisser Hödel aus Leipzig, der Sozialdemokrat wäre, ein Attentat auf den alten Kaiser gemacht habe, der aber unverwundet geblieben sei. Mir erschien der Vorgang zunächst unerklärlich. Der Name Hödel alias Lehmann war mir bekannt. Hödel war das Jahr zuvor in Leipzig in der Partei aufgetaucht. Persönlich kannte ich ihn nicht. Da er keine Arbeit hatte, vielleicht auch keine nehmen wollte — er hatte als Klempner gelernt —, hatte er sich mit der Verbreitung unseres Leipziger Lokalorgans, „Die Fackel", und mit dem Verkauf sozialistischer Schriften beschäftigt. Aber er erwies sich bald als Schwindler. Er unterschlug die eingenommenen Gelder, was die Expedition der „Fackel" schon am 5. April [1878] veranlaßte, bekannt zu machen, daß Hödel der Vertrieb des Blattes entzogen worden sei. Ferner hatte einige Tage später die Leipziger Parteimitgliedschaft beschlossen, Hödels Ausschließung aus der Partei zu beantragen, und in der Tat hatte das Zentralwahlkomitee den Ausschluß Hödels aus der Partei am 9. Mai, also zwei Tage vor seinem Attentat, öffentlich im „Vorwärts" [Leipzig] bekannt gemacht.

Hödel hatte sich alsdann, nachdem er bei uns unmöglich geworden war, an den nationalliberalen Agitator Sparig und die Redaktion des nationalliberalen „Leipziger Tageblatts" gewendet und lieferte diesen für Geld eine Reihe unwahrer und übertriebener Anklagen gegen die Partei, die das „Leipziger Tageblatt" gegen uns auszuschlachten versuchte. Nachdem er in Leipzig seine Mission gegen die Partei erfüllt hatte, suchten ihn Sparig und Konsorten los zu werden; sie gaben ihm das Geld zur Reise nach Berlin. Hier angekommen, hielt er es mit beiden Lagern. Er trat in einen sozialdemokratischen Verein und gleichzeitig in die christlichsoziale Partei des Hofpredigers Stöcker ein, um den sich damals eine große Zahl katilinarischer Existenzen aus den verschiedensten Schichten gesammelt hatte. So auch der Schneider Grüneberg, der zwei Jahre zuvor in Stuttgart und München von der Sozialdemokratischen Partei wegen Betrügereien ausgeschlossen worden war. Grüneberg, der später auch von Stöcker gegangen wurde, verriet, daß neben Hödel auch Dr. Nobiling, der spätere zweite Attentäter auf den Kaiser, Mitglied der christlichsozialen Partei gewesen war. Er, Grüneberg, habe auf Geheiß des Hofpredigers eine neue Mitgliederliste anfertigen müssen, in der der Name Nobilings fehlte. In Berlin hatte Hödel sowohl sozialdemokratische wie christlichsoziale Blätter und Schriften, so den „Staatssozialist" und ein Flugblatt „Über die Liebe zu König und Vaterland" verbreitet. Als er verhaftet wurde, fand man auch Fotografien von Liebknecht, Most und mir bei ihm, mit denen er handelte. Über die moralische Qualifikation dieses Menschen konnte wohl kein Zweifel bestehen.

Sobald Bismarck die Nachricht von dem Hödelattentat in Friedrichsruh erhielt, telegrafierte er nach Berlin: *Ausnahmegesetz gegen die Sozialdemokratie,* woraus ersichtlich war, wie gierig er auf irgendeine Gelegenheit wartete, der verhaßten Partei womöglich den Todesstoß zu versetzen. Anfangs nahmen die Öffentlichkeit und die Presse die Nachricht von dem Attentat ziemlich kühl auf. Als einzelne Blätter den Versuch machten, die Sozialdemokratie für das Attentat verantwortlich zu machen, wies der offiziöse „Hamburger Korrespondent" in einem Artikel nach, daß binnen 78 Jahren 35 Meuchelmorde und Meuchelmordversuche gegen hervorragende politische Persönlichkeiten vorgekommen seien, und zwar von Angehörigen der verschiedensten Parteien. Die Anklage, der politische Meuchelmord sei am Holze der Sozialdemokratie gewachsen, sei unhaltbar. Auch im Reichstag faßte man den Vorgang zunächst noch so kühl auf, daß ein Antrag von uns auf Einstellung eines Strafverfahrens gegen Most am 14. Mai ohne jede Debatte angenommen wurde.

Bei seiner Vernehmung bestritt Hödel, daß er auf den Kaiser habe schießen wollen, er habe vielmehr die Absicht gehabt, Selbstmord zu begehen als Zeichen der Erbärmlichkeit unserer Zustände, die ihn dazu genötigt hätten. Dafür sprach, daß, als er verhaftet wurde, er keinen Pfennig in der Tasche hatte und daß der Revolver, den er benutzte, ein elendes Ding war, der, wie der Büchsenmacher, der ihn untersuchte, feststellte, auf wenige Schritte sein Ziel verfehlen mußte. Es wurde weiter festgestellt, daß Hödel als uneheliches Kind seiner Mutter, die einen Lehmann geheiratet hatte, weshalb er sich auch zeitweilig Lehmann nannte, eine schlechte Erziehung genossen hatte. Man hatte ihm zwar das Hirn mit Katechismus- und Bibelsprüchen vollgepfropft, aber er konnte keinen Satz richtig schreiben. Außerdem wurde eine venerische Verseuchung bei ihm festgestellt. Als er zur Gerichtsverhandlung geführt wurde, betrat er blöde lachend den Gerichtssaal, und mit demselben Lachen verließ er ihn nach seiner Verurteilung. Einen Brief, den er an seine Eltern schrieb, unterzeichnete er: Max Hödel, Attentäter Sr. Majestät des Deutschen Kaisers. Festgestellt war auch worden, daß er von der Jugend auf ein Lügner und Dieb war. Das ganze Benehmen des Mannes war, wie der Gerichtshof, der ihn nichtsdestoweniger zum *Tode* verurteilte, feststellte, das *eines geistig und körperlich zerrütteten Menschen.* Und wegen der Tat eines solchen Menschen sollte die deutsche Sozialdemokratie ans Kreuz geschlagen werden.

Hödel hatte den Rechtsanwalt Otto Freytag in Leipzig als Verteidiger gewünscht. Freytag erklärte sich auch bereit, die Verteidigung zu übernehmen, er verlangte aber die Zusendung der Akten und eine achttägige Frist zum Studium derselben und zur Vorbereitung der Verteidigung. Bezeichnenderweise wurde ihm beides *abgeschlagen.* Man hatte es sehr eilig mit Hödels Prozeß und Hinrichtung. Hödel erhielt jetzt einen Offizialverteidiger, der nichts Besseres zu tun wußte, als sich vor Gericht zu entschuldigen, daß ihn das Los getroffen habe, die Verteidigung eines Hochverräters übernehmen zu müssen. Hödels Kopf fiel unter dem Beil des Henkers. Als Professor Virchow bat, ihm den Kopf Hödels zur anatomischen Untersuchung zu überlassen, *wurde ihm dieses verweigert...*

Das erste Ausnahmegesetz

Das Verlangen Bismarcks nach einem Ausnahmegesetzentwurf gegen die Sozialdemokratie wurde bald erfüllt. Bereits am 12. Mai [1878] traf Bismarcks *Entwurf* für ein Ausnahmegesetz in Berlin ein, den 14. Mai war derselbe von seiner Kanzlei fertiggestellt worden und fand seine Zustimmung. Bereits am 16. wurde derselbe vom Bundesrat genehmigt — am eifrigsten plädierte die sächsische Regierung dafür —, und am 20. kam er mit den Motiven an den Reichstag, der ihn schon am 23. auf seine Tagesordnung setzte.

Den Nationalliberalen war bei diesen ganzen Vorgängen nicht wohl zumute; sie fühlten instinktiv, daß Bismarck noch andere Pläne im Hintergrund habe, die sich gegen sie selbst richteten. In der preußischen Regierung waren Wandlungen vor sich gegangen, die nichts Gutes ahnen ließen. Statt des Eintritts von Bennigsen und Forckenbeck in das Ministerium waren zwei Hochkonservative, der Graf Botho zu Eulenburg und der Graf Udo zu Stolberg-Wernigerode, derselbe, der 1909 als Präsident des Reichstags starb, berufen worden. Der freihändlerische liberale Finanzminister v. Camphausen hatte ebenfalls seinen Abschied nehmen müssen; an seine Stelle kam der charakterschwache nationalliberale Hobrecht. Ebenso mußte der liberale Kultusminister Falk, der Verfasser der Mai-Gesetze gegen das Zentrum und des einzig liberalen Gesetzes aus dem Kulturkampf, des Gesetzes über die Einführung der Zivilstandsregister, das Feld räumen, was eine große Konzession an das Zentrum bedeutete. Die Nationalliberalen hatten also alle Ursache zum Mißtrauen.

Nach der sechs Paragraphen umfassenden Sozialistengesetzvorlage konnten Drucksachen und Vereine, welche die Ziele der Sozialdemokratie verfolgten, vom Bundesrat verboten werden. Dem Reichstag mußte, sobald derselbe versammelt war, Mitteilung von den Verboten gemacht werden. Ein Verbot mußte außer Kraft gesetzt werden, wenn der Reichstag dies verlangte. Die Polizeibehörden konnten die Verbreitung von Druckschriften auf öffentlichen Wegen, Straßen, Plätzen oder anderen öffentlichen Orten vorläufig verbieten. Das Verbot sollte erlöschen, wenn nicht innerhalb vier Wochen die Druckschrift seitens des Bundesrats verboten wurde. Das Verbot und die Auflösung von Versammlungen waren ganz und gar in die Hände der Polizei gelegt. Berufung sollte es hiergegen nicht geben. Die Zuwiderhandlungen gegen die Verbote sollten mit Gefängnis bis zu fünf Jahren bestraft werden. Die Beschlagnahme einer Druckschrift sollte ohne richterliche Anordnung vorgenommen werden können. Vorsteher von verbotenen Vereinen, Unternehmer und Leiter von verbotenen Versammlungen und diejenigen, die ein Lokal für einen verbotenen Verein oder eine verbotene Versammlung hergaben, sollten mit einer Mindeststrafe von nicht unter drei Monaten belegt werden. Das Gesetz sollte für einen Zeitraum von drei Jahren Gültigkeit haben...

Die Beratung im Reichstag wurde eingeleitet mit einer kurzen Rede des Grafen zu Eulenburg. Dann erhielt Liebknecht das Wort zu folgender Erklärung:

„Der Versuch, die Tat eines Wahnwitzigen, noch ehe die gerichtliche Untersuchung geschlossen ist, zur Ausführung eines lang vorbereiteten Reaktionsstreiches zu benutzen und die »moralische Urheberschaft« des noch unerwiesenen Mordattentates auf den deutschen Kaiser einer Partei aufzuwälzen, welche den Mord in jeder Form verurteilt und die wirtschaftliche und politische Entwicklung als von dem Willen einzelner Personen ganz unabhängig auffaßt, richtet sich selbst so vollständig in den Augen jedes vorurteilslosen Menschen, daß wir, die Vertreter der sozialdemokratischen Wähler Deutschlands, uns zu der Erklärung gedrungen fühlen:

Wir erachten es mit unserer Würde nicht vereinbar, an der Diskussion des dem Reichstage heute vorliegenden Ausnahmegesetzes teilzunehmen und werden uns durch keine Provokationen, von welcher Seite sie auch kommen mögen, in diesem Beschluß erschüttern lassen. Wohl aber werden wir uns an der Abstimmung beteiligen, weil wir es für unsere Pflicht halten, zur Verhütung eines beispiellosen Attentats auf die Volksfreiheit das Unserige beizutragen, indem wir unsere Stimmen in die Wagschale werfen.

Falle die Entscheidung des Reichstages aus, wie sie wolle — die deutsche Sozialdemokratie, an Kampf und Verfolgung gewöhnt, blickt weiteren Kämpfen und Verfolgungen mit jener zuversichtlichen Ruhe entgegen, die das Bewußtsein einer guten und unbesiegbaren Sache verleiht."

Nach Liebknecht nahm Bennigsen das Wort. Er hielt eine Rede, die ich für die beste ansehe, die er bis dahin gehalten hatte; sie zeigte, daß er auch anders konnte und daß er vermochte, die Dinge auch von einem höheren Standpunkt, als er bisher bei den nationalliberalen Rednern zur Geltung kam, zu beurteilen. Es sei die Ansicht laut geworden, führte er unter anderem aus, die Regierung habe die Vorlage eingebracht, obgleich sie wisse, daß sie abgelehnt werde. Er erwarte, daß diese Ansicht demen-

Friedrich Engels

1820—1895

Hermann Tessendorf (1831–1895),

erster Staatsanwalt am Berliner Stadtgericht (seit 1874), vor den Richtern der siebenten Deputation gegen angeklagte Sozialdemokraten plädierend

tiert werde. Er wies auf die Unsicherheit und die schwankenden Verhältnisse in der Regierung hin, die niemals so schlimm gewesen seien wie jetzt. *In Preußen sei die Ministerkrise in Permanenz.* Wolle man diktatorische Gewalt, so müsse man vor allen Dingen wissen: wer übt sie aus? Seine Partei könne kein Ausnahmegesetz wie das verlangte bewilligen, die Geschichte zeige, wohin diese führten und daß sie nichts nützten...

Er erbot sich also jetzt zu dem, was er und seine Freunde zwei Jahre früher mit guten Gründen abgelehnt hatten. Das war wieder ganz nationalliberal. Aber die Ereignisse schritten über diese Vorsätze hinweg und zwangen Bennigsen und seine Freunde, doch zu tun, was sie augenblicklich ablehnten.

Nach zweitägiger Verhandlung wurde § 1 der Vorlage mit 243 gegen 60 Stimmen bei sechs Enthaltungen abgelehnt. Noch stimmte das Zentrum geschlossen gegen die Vorlage; von den Nationalliberalen erklärten sich die Professoren Beseler, Gneist und v. Treitschke dafür. Nach diesem Resultat zog die Regierung die Vorlage zurück.

War das Ausnahmegesetz einstweilen gefallen, so veranlaßte nunmehr Graf zu Eulenburg durch einen Erlaß vom 1. Juni [1878] an die Polizeibehörden diese zu scharfem Eingreifen gegen die Partei: „Es sei Pflicht, der sozialdemokratischen Agitation entschieden entgegenzutreten und zu diesem Zwecke von den zu Gebote stehenden gesetzlichen Mitteln, unter sorgfältiger Einhaltung der durch die Gesetze gezogenen Schranken, innerhalb derselben aber bis an die Grenze des Zulässigen Gebrauch zu machen."

Einer solchen Aufforderung bedurfte es nicht erst. Die Polizei zeigte überall den größten Eifer für ihre staatsretterische Tätigkeit und Staatsanwälte und Richter nicht minder.

Das Nobiling-Attentat

Ich war Ende Mai [1878] aus der Haft entlassen worden*. Am 2. Juni, einem Sonntag, machte ich mit Frau und Kind einen Spaziergang, von dem wir nach 7 Uhr abends zurückkehrten. Kaum waren wir zu Hause angekommen, so trat die Schwester des Rechtsanwalts Freytag in großer Eile in unsere Wohnung und fragte aufgeregt, ob wir nicht wüßten, was passiert sei? Wir wohnten in der äußeren Stadt, wohin Nachrichten, namentlich am Sonntag, nicht rasch drangen. Ich verneinte die Frage. Darauf stellte Fräulein Freytag weiter die Frage: „Kennen Sie einen Dr. Nobiling? Der hat heute nachmittag auf den Kaiser geschossen und ihn schwer verwun-

* Bebel war wegen mehrfacher Beleidigung des Reichskanzlers Bismarck in seiner Broschüre „Die parlamentarische Tätigkeit des Deutschen Reichstages und der Landtage von 1874 bis 1876" (Berlin 1876) vom Berliner Kammergericht am 28. Oktober 1877 zu neun Monaten Gefängnis verurteilt worden.

det.“ Ich war sprachlos, wie vom Blitz getroffen. Ich antwortete, der Name Nobiling sei mir nicht bekannt, ich hielt es für ausgeschlossen, daß er zur Partei gehöre. Beruhigt entfernte sich die junge Dame.

Am nächsten Morgen eilte ich auf die Redaktion des „Vorwärts“, um zu hören, was man dort wisse und wie man den Fall beurteile. Ein öffentlich angeschlagenes Telegramm enthielt kein Wort davon, daß Nobiling der Sozialdemokratie angehöre. Erleichtert atmete ich auf und trat in die Redaktion mit den Worten: „Na, den können sie uns nicht an die Rockschöße hängen.“ Liebknecht, Hasenclever und alle übrigen Anwesenden waren mit mir der gleichen Ansicht, niemand kannte den Attentäter, keiner hatte vorher nur seinen Namen gehört. In beruhigter Stimmung verließ ich die Redaktion, mußte aber nach wenigen Minuten wieder umkehren, weil mittlerweile ein zweites Telegramm veröffentlicht worden war, in dem es hieß: Nobiling habe in seiner ersten Vernehmung bekannt, er sei Sozialdemokrat und habe Mitschuldige. Wir alle waren sprachlos.

Diese Angaben des Wolffschen Telegraphenbüros erwiesen sich nachher, wie viele andere Nachrichten gleicher Art, die damals mit größter Geflissentlichkeit verbreitet wurden, als grobe Unwahrheiten und Fälschungen. Aber sie erreichten im vollsten Maße ihren Zweck. Die öffentliche Meinung, die schon durch die am 1. Juni eingetroffene Nachricht aufs höchste erregt worden war, daß der „Große Kurfürst“, eines der größten Schiffe der damaligen deutschen Flotte, bei hellem Tage infolge einer Kollision mit einem anderen Schiffe mit fast 500 Köpfen Besatzung angesichts der englischen Küste untergegangen sei, geriet über das zweite Attentat in Siedehitze.

Als bei Bismarck die Nachricht eintraf, rief er frohlockend: Jetzt habe ich die Kerle — die Nationalliberalen —, jetzt drücke ich sie an die Wand, daß sie quietschen; dann erst erkundigte er sich nach dem Befinden des durch die Nobilingsche Schrotflinte schwerverwundeten Kaisers. Die Auflösung des Reichstages und infolgedessen Neuwahlen standen nunmehr in sicherer Aussicht, durch die er eine Mehrheit zusammenzubekommen hoffen durfte, die ihm sowohl ein Ausnahmegesetz gegen uns wie neue Einnahmen durch die einzuführende Schutzzollpolitik gewährte.

Nobiling hatte den Schuß auf den Kaiser aus dem Fenster eines Hauses Unter den Linden, woselbst er sich eingemietet hatte, abgegeben. Er selbst hatte danach durch zwei Fehlschüsse einen Selbstmordversuch gemacht. Ein Offizier, der sich unter den Personen befand, die nach dem Schuß auf den Kaiser in Nobilings Wohnung eindrangen, hatte ihm mit einem Säbelhieb eine schwere Kopfwunde beigebracht. Nobiling war zunächst besinnungslos und vollkommen vernehmungsunfähig. Festgestellt wurde, daß er vor Jahren Landwirtschaft in Leipzig studiert hatte und dort im Seminar des Professors Birnbaum, einer unserer schlimmsten Gegner, sich bei den Debatten als heftiger Widersacher unserer Partei gezeigt hatte. Von Leipzig war er nach Dresden gegangen, wo er das Seminar des Professors Böhmert besuchte, der gleichfalls ein eifriger Gegner der Sozialdemokratie war. In Dresden zeigte sich Nobiling wiederholt in Versammlungen, in denen er als Gegner unserer Partei Reden hielt, wodurch ihn unsere Parteigenossen dort, wie Vollmar, Schlüter, Paschky usw., kennenlernten. Diese machten nachher in der Untersuchung wider Nobiling Zeugenaussagen, nach denen er ein unbedeutender Mensch und großer Wirrkopf war. Er hatte mit der Partei noch weniger zu tun gehabt als Hödel. Mehrfach wurden Stimmen laut, die die Ansicht vertraten, daß Nobiling zu seiner Tat erst angeregt worden sei durch die Art, wie ein großer Teil der Presse sich mit der Person Hödels beschäftigte, dessen Porträt zum Beispiel von einem Familienblatt in einem Prachtholzschnitt dargestellt wurde. Die Meinung, daß man es auch in Nobiling mit einem geistig kranken Menschen zu tun habe, war weitverbreitet. So schrieb selbst die freikonservative „Post", allezeit eine der gehässigsten Gegnerinnen der Sozialdemokratie: Bei allen Antworten, die Nobiling gebe, umspiele ein eigentümliches Lächeln seine Lippen, das auf Geistesstörung schließen ließe. Und dem Redakteur der „Germania", Majunke, gegenüber hatte der Untersuchungsrichter Nobilings geäußert: „Das Bild, das die Zeitungen über Nobiling ausmalen, ist ganz und gar unzutreffend; er ist nichts weniger als intelligent, er ist noch dümmer als Hödel." Als Nobiling am 10. September [1878] im Gefängnis starb, war nicht der geringste Beweis erbracht, daß die Sozialdemokratie direkt oder indirekt mit dem Attentäter in Verbindung gestanden oder sein Handeln beeinflußt habe.

Für die Hetzer, die um jeden Preis die beiden Attentate für ein Ausnahmegesetz gegen die Sozialdemokratie ausnutzen wollten, waren alle diese Feststellungen nicht vorhanden. Bismarck mißbrauchte den gewaltigen Einfluß, den er mit Hilfe des Reptilienfonds auf einen großen Teil der Presse ausübte, um die Bevölkerung zum fanatischsten Hasse gegen die Sozialdemokratie aufzupeitschen. Und dieser Presse schlossen sich alle an, die an einer Niederlage der Sozialdemokratie ein Interesse hatten, insbesondere ein großer Teil der Unternehmerschaft. Die Partei hieß im gegnerischen Lager nur noch die Partei der Meuchelmörder, der Allesruinierer, die der Masse den Glauben an Gott, Königtum und Familie, Ehe und Eigentum raube. Diese Partei zu bekämpfen und sie, wenn möglich, zu vernichten, erschien diesen Gegnern als die glorreichste Tat. Tausende und aber Tausende von Arbeitern, die als Sozialdemokraten bekannt waren, wurden auf die Straße geworfen. In den Annoncenteilen der Zeitungen erschienen Erklärungen, wodurch die Arbeiter sich verpflichteten, fernerweit weder einer sozialdemokratischen Organisation anzugehören noch sozialdemokratische Blätter zu halten und zu lesen, noch Geld für sozialdemokratische Bestrebungen zu opfern. Dieser Unternehmerterrorismus war so stark, daß unsere Parteizeitungen die Anhänger der Partei aufforderten, sie sollten jede gewünschte Erklärung unterzeichnen, sie könnten nachher doch tun, was sie wollten; einem solchen Terrorismus gegenüber gäbe es kein Worthalten. Der Terrorismus und der damit verbundene Boykott gingen noch weiter: Patriotische Hausherren kündigten ihren sozialdemokratischen Mietern, Wirte, die jahrelang froh waren, Sozialdemokraten zu ihren Kunden zu zählen, forderten jetzt diese auf, ihre Lokalitäten zu meiden. In Leipzig hatten die Redakteure des „Vorwärts" und der „Neuen Welt" — Liebknecht, Hasenclever, Geiser — die Gewohnheit, nach Schluß der Redaktion am Nachmittag in einem bestimmten Lokal einen „Frühschoppen" zu trinken. Der Wirt ließ ihnen nunmehr sagen, daß er auf ihren Besuch gern verzichte. Ähnliche Vorgänge wiederholten sich auch gegenüber den Redakteuren der „Berliner Freien Presse" und anderwärts.

In Schwerin warf man dem alten Demmler an zwei Nächten hintereinander die Fenster ein, was den 74jährigen Mann so aufregte, daß er auf einige Zeit Schwerin verließ und die weitere Annahme einer Kandidatur für den Reichstag ablehnte. Alle diese Ausbrüche fanatischer Rohheit und politischen Wahnsinns genügten aber den „Patrioten" noch nicht, um ihre Verfolgungswut zu befriedigen. Es entstand eine Sintflut von Denunziationen wegen wirklichen und angeblichen Majestätsbeleidigungen. In zahlreichen Fällen wurde gerichtlich konstatiert, daß gemeine Rachsucht wegen verletzter Privatinteressen die Denunzianten zu ihrem Vorgehen leitete. Das hinderte aber nicht, daß die härtesten Bestrafungen ausgesprochen wurden. Ein großer Teil der Richter war ebenfalls vom Verfolgungsparoxysmus befallen, und so verkündeten sie Strafen von ein, zwei, drei bis zu fünf Jahren Gefängnis, der Maximalstrafe, die das Gesetz zuließ. Äußerungen, die vordem keinen Staatsanwalt auch nur einen Augenblick aus seiner Ruhe aufgescheucht haben würden, wurden jetzt als Kardinalverbrechen angesehen und aufs härteste bestraft.

Anfang Juli [1878] schrieb die fortschrittliche „Vossische Zeitung": „Nachdem wir über die auswärtigen Verurteilungen (wegen Majestätsbeleidigung) in einer Gesamthöhe der erkannten Strafen von 500 bis 600 Jahren Gefängnis berichtet haben, *widerstrebt es uns, die traurige Liste weiterzuführen.*" Was sollte man aber zu Richtern sagen, die ganz und gar vergessen hatten, was sie ihrem Amte schuldig waren? *In zwei Monaten wurden 521 Personen zu rund 812 Jahren Gefängnis verurteilt.* Nur ein kleiner Teil der Verurteilten war sozialdemokratisch gesinnt. Auch die Polizeibehörden waren, wie immer bei solchen Gelegenheiten, wie von Sinnen und veranstalteten Haussuchungen und veranlaßten Verhaftungen auf jede vage Vermutung hin. Die allermeisten der Verhafteten mußten nach kurzer Zeit wieder entlassen werden.

Hatte bereits im Mai [1878] der Senat zu Hamburg die Abhaltung eines allgemeinen deutschen Gewerkschaftskongresses untersagt, so verbot Anfang

Juni der Stadtrat zu Gotha die Abhaltung des deutschen Sozialistenkongresses, und ähnlich verfuhren die Behörden vielfach gegen Vereine und Versammlungen. Wiederholt wurden uns Äußerungen aus maßgebenden Kreisen zugetragen wie die: Die Sozialdemokratie müsse so geknebelt und an die Wand gedrückt werden, daß sie aufmucke und man schießen könne. Das veranlaßte die „Berliner Freie Presse" zu der Ankündigung: „Seid vorsichtig und habt acht, man will schießen!" Trotz alledem kündigte eine Anzahl Parteiblätter ihre Vergrößerung mit dem 1. Juli an. Die Zahl der Abonnenten der „Berliner Freien Presse" war seit Neujahr von 10 000 auf 14 000 gewachsen. Ende September 1878 hatte auch die „Berliner Freie Presse" sechs Redakteure hinter Schloß und Riegel, darunter Richard Fischer, der als junges Kerlchen die Aufnahme in den Bund der Geächteten* mit sieben Monaten Gefängnis zu bezahlen hatte.

*

Für mich und unser Geschäft hatte die allgemeine Hetze ganz besonders mißliche Folgen. Ich war genötigt, nach meiner längeren Haft endlich eine Geschäftsreise zu unternehmen. Dieselbe sollte nach Nordwestdeutschland und dem Unterrhein vor sich gehen, Länderstrecken, die ich bisher zum größten Teil noch nicht besucht hatte. Das war in gewissem Sinne mein Glück. Ich war in jenen Gegenden persönlich nur sehr wenig bekannt und konnte es so riskieren, in den Hotels unter angenommenem Namen zu wohnen, da ich unter meinem eigenen Namen *nirgends* als Gast geduldet worden wäre. Tag für Tag war ich an der Wirtstafel Augen- und Ohrenzeuge, wie die Gäste in Ausdrücken grenzenlosen Hasses sich gegen die Partei und speziell auch gegen meine Person ergingen. Wäre ich erkannt worden, es wäre zu den schlimmsten Szenen gekommen. Ähnlich erging es mir aber auch bei dem Besuch der Geschäftsleute, denen ich unsere Fabrikate zum Kauf anbot. Den ersten Besuch machte ich bei einem Kaufmann in Halle a. S. Demselben gefielen unsere Artikel, und er gab mir einen namhaften Auftrag. Sobald ich ihm aber unsere Geschäftskarte überreichte und er den Namen der Firma las, erklärte er schroff: Mit dieser Firma arbeite ich nicht, annullieren Sie meine Bestellung. Und so erging es mir häufig. Andere wieder lehnten, ohne irgendeine Bemerkung zu machen, eine Bestellung zu geben ab. Ich machte so schlechte Geschäfte, daß, als ich nach sechs Wochen nach Hause zurückkehrte, froh war, das Erlebte hinter mir zu haben, da ich aus den Verkäufen unserer Artikel nicht einmal die Reisespesen gedeckt hatte, obgleich ich diese aufs niedrigste zu halten suchte und zu diesem Zwecke in den einzelnen Orten selbst meinen 9 Kilo schweren Musterkoffer Straße auf, Straße ab bei Regen und glühendem Sonnenschein trug, um keinen Trägerlohn ausgeben zu müssen...

* 1834 von den ehemaligen Privatdozenten Jakob Venedy und Theodor Schuster in Paris gegründet; dem Bund der Geächteten gehörten u. a. auch Wilhelm Weitling, Friedrich Engels und Karl Marx an.

Die Reichstagswahl von 1878

Wieder nach Hause gekommen, stürzte ich mich in die Wahlagitation. Bismarck, der es auch wieder hier verstand, das Eisen zu rechter Zeit zu schmieden, und den die Attentate aus allerlei inneren Wirrnissen befreit hatten, hatte im Bundesrat den Antrag auf Auflösung des Reichstags gestellt, dem der Bundesrat am 12. Juni Folge leistete. Die Wahlen wurden auf den 30. Juli 1878 angesetzt.

Wenn es Bismarck nur auf ein Ausnahmegesetz gegen die Sozialdemokratie zu tun gewesen wäre, so hätte er dieses auch ohne Auflösung des Reichstags bekommen. Nach dem Nobilingattentat versicherte die gesamte nationalliberale Presse und bei den verschiedensten Gelegenheiten auch die Abgeordneten der Partei, daß sie jetzt bereit seien, ein scharfes Ausnahmegesetz gegen uns zu bewilligen ...

Der Wahlkampf entbrannte mit einer bisher nicht gekannten Heftigkeit. Die Bismarcksche Wahlparole verhinderte nicht, daß alle bürgerlichen Parteien den Kampf gegen uns als ihre vornehmste Pflicht ansahen. „Die Sozialdemokratie muß aus dem Reichstag hinaus. Kein Sozialdemokrat darf mehr gewählt werden", wurde die Losung auch in der fortschrittlichen Presse ...

Ich kandidierte wieder in Dresden und in Leipzig. Mir gegenüber standen in Dresden der Freiherr v. Friesen, Minister a. D., und ein fortschrittlicher Kandidat. Ich erhielt im ersten Wahlgang 9855, v. Friesen 7266, Walther (Fortschrittler) 5410 Stimmen. Es kam zur engeren Wahl zwischen mir und v. Friesen, die der Wahlkommissär auf den 9. August, an welchem v. Friesen seinen siebzigsten Geburtstag feierte, ansetzte. Offenbar rechnete man mit meiner sicheren Niederlage. Aber ich siegte, und zwar mit 11 616 über 10 702 Stimmen. In Leipzig erhielt ich 5822 Stimmen, 600 mehr als bei der vorhergehenden Wahl. Außer mir waren schließlich von der Partei gewählt: Bracke-Glauchau-Meerane, Fritzsche-Berlin, Hasselmann-Barmen-Elberfeld, Kayser-Oederan-Freiburg (Sachsen), Liebknecht-Stollberg-Lugau, Reinders-Breslau, Vahlteich-Mittweida-Limbach, Wiemer-Annaberg-Zschopau (Sachsen). Also neun Abgeordnete, von denen nur zwei, Bracke und Liebknecht, in der Hauptwahl gewählt worden waren.

Mit dem Hinauswurf der Sozialdemokratie aus dem Reichstag war es also nichts. Aber auch in bezug auf die Stimmenzahl schnitten wir günstiger ab, als wir nach der furchtbaren Hetze gegen uns hoffen durften, denn in einem Wahlkreis war der gegnerische Terrorismus so stark, daß wir keine Agitation betreiben konnten. Es wurden bei der Hauptwahl für die Partei 437 158 Stimmen abgegeben, gegen 493 447 bei der Wahl im Januar 1877. Das war ein Verlust von 56 389 Stimmen und drei Mandaten. Die Gegner waren sehr unzufrieden mit diesem Resultat.

Das Gesamtresultat der Wahlen war, wie vorauszusehen, ein Sieg Bismarcks. Die Nationalliberalen sanken von 137 auf 106 Mandate, die Fortschritts-Partei von 39 auf 26. Die Konservativen hatten ihre Mandate entsprechend vermehrt, das Zentrum erhielt ebenfalls einige Mandate mehr.

Bismarck hatte jetzt für seine Politik zwei Mehrheiten zur Verfügung. Eine nationalliberal-konservative Mehrheit für ein Ausnahmegesetz gegen uns und eine Mehrheit aus Konservativen und Zentrum, der sich der rechte Flügel der Nationalliberalen anschloß, für seine Zollpolitik. Die neue Ära mit der politischen Entrechtung der klassenbewußten Arbeiter und der Belastung der Massen durch die Zollpolitik konnte nunmehr in Szene gesetzt werden. Der neue Reichstag wurde zur Beschlußfassung über das Sozialistengesetz auf den 9. September nach Berlin berufen.

Das Spiel konnte seinen Anfang nehmen. Es sollte eine Tragödie werden, in der die Sozialdemokratie für die monarchisch-kapitalistischen Interessen als Opferstier bestimmt war, um den todsicheren Keulenschlag zu erhalten. Aber es kam auch diesmal, wie so oft schon, anders. Der Herkules, der uns mit seiner Keule erschlagen wollte, fiel selbst nach zwölf Jahren eines für ihn ruhmlosen Kampfes*. Der verhaßte Gegner war der Sieger.

* Bismarck wurde 1890 entlassen.

Unter dem Sozialistengesetz

Sobald der Reichstag am 17. September [1878] die erste Lesung [des „Gesetzes gegen die gemeingefährlichen Bestrebungen der Sozialdemokratie"] beendet hatte und der Entwurf in die Kommissionsberatung ging, fuhr die Fraktion nach Hamburg, um dort mit dem Parteiausschuß zu beraten, welche Maßnahmen nach Inkrafttreten des Gesetzes ergriffen werden sollten. Im Ausschuß herrschte keineswegs eine gehobene Stimmung ...

In der Hamburger Zusammenkunft war man einmütig der Ansicht, die Schläge abzuwarten, die nach Verkündung des Gesetzes gegen die Partei geführt wurden, und danach seine Maßnahmen zu treffen. Unter keinen Umständen dürfe das Feld freiwillig geräumt werden. Es sei vorauszusehen, daß in erster Linie die Partei- und Gewerkschaftsorgane der Unterdrückung verfallen würden. Es bestanden zu jener Zeit 23 politische Organe, von denen acht sechsmal wöchentlich, acht dreimal, vier zweimal und drei einmal erschienen. Daneben bestand die „Neue Welt" als Unterhaltungsblatt. Weiter erschienen 14 Gewerkschaftsblätter. Die Mehrheit dieser Blätter wurde in 16 Genossenschaftsdruckereien hergestellt.

Mit der Unterdrückung dieser Presseorgane, erwartete man, würde sofort eine Menge Personen, als Redakteure, Expediteure, Kolporteure, Verwaltungsbeamte, Schriftsetzer, Hilfspersonen aller Art, brotlos. Um für alle diese brotlos gewordenen Personen nach Möglichkeit Hilfe zu schaffen, müßte man versuchen, an Stelle der unterdrückten neue Blätter zu gründen, die sich dem Gesetz anzubequemen versuchten. Hatten doch Lasker wie der Berichterstatter der Kommission bei der Beratung des Gesetzes erklärt, daß Blätter, die ihre Haltung änderten, nicht unterdrückt werden sollten. Aber respektiert wurden diese Zusagen nicht. Neben der Neugründung von Blättern solle man sich auf die Herstellung allgemeinbildender Literatur werfen. Die Gründung von Blättern sei auch geboten, weil sie die bequemste und unverfänglichste Art bilde, die Verbindung unter den Parteigenossen aufrechtzuerhalten. Gelänge es nicht, in der einen oder anderen Form Hilfe zu schaffen, dann würde eine große Zahl der führenden Personen genötigt, ins Ausland zu wandern, was ein großer Verlust für die Partei sei. Als Sozialisten stigmatisiert, fänden sie angesichts der Stimmung in den Unternehmerkreisen keine Stellung, die überdies infolge der Krise Arbeitskräfte in Mengen zur Verfügung hätten.

Daß man sehr bald auch mit einer für die Parteiverhältnisse großen Zahl Ausgewiesener und deren dadurch in Not geratenen Familien werde rechnen müssen, daran dachten wir zunächst nicht. Auf Grund der Erklärungen, die während der Beratungen über den kleinen Belagerungszustand aus kompetentem Munde abgegeben wurden, hielten wir zunächst die Verhängung desselben für unwahrscheinlich. Wir täuschten uns. Noch ehe der Monat November zu Ende ging, wurde der kleine Belagerungszustand über Berlin verhängt. Ihm folgte im Jahre 1880 derjenige über Hamburg-Altona und Umgegend, dann über Harburg, Ende Juni 1881 über Stadt und Amtshauptmannschaft Leipzig usw. Wenn bei irgendeiner unter dem Sozialistengesetz getroffenen Maßregel, so erwies sich bei der Verhängung des kleinen Belagerungszustandes die „loyale" Behandlung des Gesetzes als Lüge.

Sobald das Gesetz verkündet und in Kraft getreten war*, fielen die Schläge hageldicht. Binnen wenigen Tagen war die gesamte Parteipresse mit Ausnahme des „Offenbacher Tageblattes" und der „Fränkischen Tagespost" in Nürnberg unterdrückt. Das gleiche Schicksal teilte die Gewerkschaftspresse mit Ausnahme des Organs des Buchdruckerverbandes, des „Korrespondenten". Auch war der Verband der Buchdrucker, abgesehen von den Hirsch-Dunckerschen Vereinen, die einzige Gewerkschaftsorganisation, die von der Auflösung verschont blieb. Alle übrigen fielen dem Gesetz zum Opfer. Ebenso verfielen der Auflösung die zahlreichen lokalen sozialdemokratischen Arbeitervereine, nicht minder die Bildungs-, Gesangs- und Turnvereine, an deren Spitze Sozialdemokraten standen und die deshalb für sozialdemokratische Vereine erklärt wurden, in denen, wie die Phrase im Gesetz lautete, „sozialdemokratische, auf den Umsturz der bestehenden Staats- oder Gesellschaftsordnung gerichtete Bestrebungen in einer den öffentlichen Frieden, insbesondere die Eintracht der Bevölkerungsklassen gefährdenden Weise" zutage getreten seien. Wer heute diese Phrase liest, wird sich kaum des Kopfschüttelns und wohl auch eines Lächelns enthalten können. Aber damals war es bitterer Ernst mit dieser Phrase. Mit einem Federzug vernichtete die Polizei, was durch viele Jahre unter großer Mühe und Opfern aller Art aufgebaut worden war.

Das Trümmerfeld des Zerstörten wurde erweitert durch die Verbote der nicht periodisch erscheinenden Literatur. Die Reihe der Verbote eröffnete das Berliner Polizeipräsidium. An der Spitze der ersten Leporelloliste von 84 Verboten stand wie zum Hohn Leopold Jacobys „Es werde Licht". Dem blinden Eifer, zu verbieten, fielen auch eine Anzahl Schriften zum Opfer, die mit Sozialismus nicht das geringste zu tun hatten. So zum Beispiel August Röckels „Sachsens Erhebung und das Zuchthaus zu Waldheim" und „Allerlei Gereimtes und Ungereimtes" von William Spindler. Sogar die Schrift des ehemaligen österreichischen Ministers Professor Schäffle „Die Quintessenz des Sozialismus" wurde verboten, indes wurde das Verbot auf erhobene Beschwerde wieder aufgehoben.

Die Versuche, an Stelle der unterdrückten Blätter neue zu gründen, die nach Lage der Dinge außerordentlich vorsichtig redigiert werden mußten,

* Am 21. Oktober 1878.

mißlangen in den ersten Jahren fast alle. So versuchte man in Berlin nach der Unterdrückung der „Freien Presse“ unter dem Titel der „Berliner Tagespost“ ein farbloses Blatt zu gründen, das als Fortsetzung der „Berliner Freien Presse“ angesehen und sofort verboten wurde...

Mit dem „Vorwärts“ in Leipzig fielen eine Reihe hier erscheinender Provinzblätter: „Volksblatt in Altenburg“, „Volksblatt für den 14. sächsischen Wahlkreis“, „Muldentaler Volksfreund“, „Groitzsch-Pegauer Volksblatt“ und „Voigtländische freie Presse“ dem Gesetz zum Opfer. Ebenso fielen die „Mitteldeutsche Zeitung“, die „Freie Presse“ und die „Neue Leipziger Zeitung“. 1879 folgten der „Leipziger Beobachter“, das „Deutsche Wochenblatt“ und der „Wanderer“, als letztes Blatt wurde 1881 der „Reichsbürger“ unterdrückt, nachdem zuvor noch ein kleines Witzblatt „Das Lämplein“ den Weg des Sozialistengesetzes gegangen war. Nunmehr stellten wir in Leipzig auf Jahre hinaus jeden Versuch einer Blattgründung ein. Wir machten die Erfahrung, daß die Blätter stets dann verboten wurden, sobald der Abonnentenstand so weit gediehen war, daß er ihre Kosten deckte. Dadurch und durch verschiedene andere Wahrnehmungen mißtrauisch gemacht, entdeckten wir, daß wir einen Polizeispion in der Person eines unserer Expedienten im Geschäft sitzen hatten, dem natürlich sofort mit dem nötigen moralischen Fußtritt die Tür gewiesen wurde. Wir machten alsdann noch den Versuch mit einem bürgerlichen Verleger, unter dessen Firma gemeinsam ein Blatt herauszugeben. Dieses führte aber in Kürze zu Mißhelligkeiten, und so traten wir von dem Versuch zurück. Und da die gleichen Maßnahmen wie in Berlin und Leipzig fast überall gegen uns getroffen wurden, hatten wir im Laufe von wenigen Monaten für Hunderte von Existenzen und deren Familien zu sorgen. Von allen Seiten kamen die Hilferufe an uns nach Leipzig, denen wir selbst mit Aufbietung aller Kräfte nur zum kleinsten Teile gerecht werden konnten.

Parteigenossen, die damals den Ereignissen fernstanden oder sich gar im Ausland in sicherer Hut befanden, haben später geglaubt, die „Untätigkeit“ der leitenden Personen scharf kritisieren zu müssen. Die guten Leute, aber schlechten Musikanten hatten keine Ahnung von dem wirklichen Zustand der Dinge, die wir öffentlich nicht mit der großen Glocke bekanntmachen durften. Als Entschuldigung mag für den einen und anderen dieser Kritiker dienen, daß er auf Grund des Protokolls über den Wydener Kongreß* urteilte. Aber dieses Protokoll ist irreführend. Es war frisiert und mußte genau so wie später das Protokoll über den Kopenhagener Kongreß** frisiert werden, wollten wir uns nicht selbst denunzieren und bezichtigen. So wurden in diesen Protokollen zwar die Angriffe gegen die Parteileitung veröffentlicht, aber was diese zu ihrer Rechtfertigung zu sagen und überhaupt

* Geheimer Parteikongreß in dem alten Schloß Wyden bei Ossingen im Kanton Zürich vom 20. bis 23. August 1880.

** Geheimer Parteikongreß in Kopenhagen vom 29. März bis 2. April 1882. D. Hrsg.

Wichtiges zu berichten hatte, wurde möglichst verschwiegen oder nur abgetönt wiedergegeben. Dies diente auch zur Irreführung der Behörden.

Im ersten Band* meiner Erinnerungen schrieb ich, die Jahre 1867 bis 1871 seien die arbeitsreichsten meines Lebens gewesen, von den drei Jahren Herbst 1878 bis Herbst 1881 darf ich sagen, es waren die unangenehmsten, weil sorgenvollsten meines Lebens. Und Arbeit gab es auch im Übermaß. Da ich zu jener Zeit durch meine geschäftliche Stellung vor materieller Sorge gesichert war, im Gegensatz zu Auer, Blos, Hasenclever, M. Kayser, Liebknecht, Motteler und vielen anderen, die mehr oder weniger zeitweilig dem Nichts gegenüberstanden, was war natürlicher, als daß in erster Linie die Last der Parteiarbeit und insbesondere auch die Sorge um die Beschaffung der materiellen Mittel auf mich fiel? Eine sechzehnstündige Arbeitszeit wurde für mich die Regel.

Es galt zunächst im Hause Ordnung zu schaffen, ehe man sich auf auswärtige Unternehmungen einließ. So wiesen wir — Liebknecht und ich — ein bald nach Verhängung des Sozialistengesetzes gemachtes Angebot, uns die Mittel für ein im Ausland erscheinendes Blatt zur Verfügung zu stellen, vorläufig zurück. Ich bemerke, um keine falschen Kombinationen aufkommen zu lassen, es war nicht Karl Höchberg, der uns dieses Angebot machte. Höchberg und Otto Freytag in Leipzig und eine kleine Zahl bemittelter Personen, die damals der Partei nahestanden oder zu ihr gehörten, lieferten die Mittel, damit wir der dringendsten Not abhelfen konnten. Denn die Sammlungen durch die Partei kamen erst allmählich in Fluß und wurden auch durch die von Ort zu Ort wandernden Ausgewiesenen in Anspruch genommen. Und die Zahl der Hilfsbedürftigen war namentlich in den ersten Jahren groß und wuchs beständig.

Unter solchen Verhältnissen war der Partei das Hemd näher als der Rock. Vor allem galt es zunächst, wieder festen Boden unter den Füßen zu bekommen, die im ersten Sturm des Sozialistengesetzes in Deroute geratenen Massen wieder zu sammeln und ihnen das Rückgrat zu steifen. Es ist ebenfalls eine falsche Darstellung, als seien damals die Führer die Kopflosen gewesen und als hätten die Massen die Partei retten müssen. Massen und Führer sind aufeinander angewiesen, die einen können ohne die anderen nicht wirken. Wohl gab es unter den Führern — das Wort im weitesten Sinne genommen — mehr Marodeure und Hasenfüße als uns lieb war, doch die materielle Notlage der meisten entschuldigt vieles. Aber auch in den Massen, namentlich in den mittleren und kleineren Orten, herrschte vielfach Niedergeschlagenheit und Tatlosigkeit. Es bedurfte zahlreicher geheimer Zusammenkünfte und Versammlungen und energischer Agitation, um die mutlos Gewordenen aufzurichten und zu erneuter Tätigkeit anzuspornen. Und das gelang. Von dieser mühsamen, absolut notwendigen Tätigkeit

* Stuttgart 1910 u. weitere Auflagen. D. Hrsg.

konnte und durfte man aber außerhalb der Kreise der Beteiligten nichts sehen und hören lassen bei Strafe der Selbstdenunziation.

Während wir so in voller Tätigkeit waren, aus den Trümmern, die das Sozialistengesetz uns bis dahin geschaffen hatte, zu retten, was zu retten möglich war, wurden wir am 29. November [1878] mit der Nachricht überrascht, daß am Abend zuvor der „Reichsanzeiger" eine Proklamation des Ministeriums veröffentlichte, wonach der kleine Belagerungszustand über Berlin verhängt wurde. Dieser Hiobspost folgte am nächsten Tage die Mitteilung, daß 67 unserer bekanntesten Parteigenossen, darunter I. Auer, Heinrich Rackow, F. W. Fritzsche, bis auf einen sämtlich Familienväter, ausgewiesen worden seien. Einige mußten binnen 24 Stunden die Stadt verlassen, die meisten anderen binnen 48 Stunden, einigen wenigen räumte man eine Frist von drei Tagen ein. Die Nachricht von der Verkündung des kleinen Belagerungszustandes über Berlin rief eine gewaltige Aufregung in Berlin und außerhalb hervor. Niemand konnte sich die Gründe einer solchen Gewaltmaßregel erklären, selbst die bürgerlichen Blätter bis weit nach rechts äußerten Bedenken ...

Für uns in Leipzig war durch die Berliner Massenausweisung die Situation sehr verbösert worden. Jetzt galt es aufs neue für die brot- und existenzlos gewordenen Genossen Stellung und für sie und ihre Familien während ihrer Existenzlosigkeit Mittel zum Unterhalt zu beschaffen. Auer ging nach Hamburg und fand dort an der neugegründeten „Gerichtszeitung" Stellung. Rackow, der Geschäftsführer der Berliner Genossenschaftsbuchdruckerei, wanderte nach London aus. Eine kleine Zahl der ausgewiesenen Genossen schwamm über den „großen Teich" nach den Vereinigten Staaten, die Mehrzahl kam nach Leipzig — darunter F. W. Fritzsche — und Hamburg.

Um neue Mittel zu schaffen, verfaßte ich im Einverständnis mit den übrigen Komiteemitgliedern folgendes Rundschreiben, das ich an alle mir geeignet scheinenden Persönlichkeiten sandte.

„Leipzig, Datum des Poststempels.

Geehrter Herr!

Infolge von Vorgängen, die Ihnen hinlänglich bekanntgeworden sein dürften, sind eine große Anzahl von Personen heimat- und existenzlos geworden und mit ihren Angehörigen bitterster Not überantwortet.

Diese Notleidenden soweit als möglich zu unterstützen und ihnen zu einer anderweitigen Existenz zu verhelfen, dürfte ein Gebot der einfachsten Menschenpflicht sein, und erlaube ich mir deshalb im Einverständnis einer Anzahl meiner Freunde, auch an Sie die dringende Bitte zu richten, ein Scherflein für die Notleidenden beitragen zu wollen und im gleichen Sinne im Kreise Ihrer Freunde zu wirken.

Ihren Beitrag wollen Sie gütigst unter der Adresse: Herrn M. Kobitsch*, Dresden, An der Frauenkirche 6 und 7, oder an Frau J. Bebel, Leipzig, Hauptmannstraße 2, einsenden.

* Oder Kobitzsch. Bebel gibt zwei Schreibweisen. D. Hrsg.

Gewissenhafter Verwendung eingehender Beträge und diskretester Behandlung der ganzen Angelegenheit dürfen Sie sich versichert halten.

Hochachtungsvoll A. Bebel."

Die vorsichtige Fassung des Rundschreibens zeigt, wie sehr wir im dunkeln tappten. Wir mußten vorerst feststellen, wie weit wir auf Grund des Gesetzes würden gehen können, denn die Sammlung der Gelder konnte nicht verborgen bleiben. Tatsächlich erfolgte auch einige Monate später bei mir eine ergebnislos gebliebene Haussuchung und eine Anklage auf Grund des Sozialistengesetzes wegen verbotener Geldsammlung. Ich wurde aber freigesprochen. Damals gingen die Gerichte noch nicht soweit, Sammlungen für die Ausgewiesenen zu bestrafen, später aber, als die Behörden solche Sammlungen ausdrücklich auf Grund des Sozialistengesetzes verboten, wurde die Rechtsprechung eine andere. Wir mußten jetzt die Sammlungen ausschließlich für die Familien der Ausgewiesenen vornehmen.

Meine Aufforderung zur Geldsammlung wurde von einem Erfolg gekrönt, den ich nicht erhofft hatte. Später, als die Handhabung des Gesetzes immer strenger wurde und die Zahl der Ausgewiesenen immer größer, veranstalteten auch einzelne Abgeordnete der Linken im Reichstag Geldsammlungen. Sogar der Abgeordnete Lasker, dem sehr bald das Gewissen wegen seiner Zustimmung zum Gesetz schlug, beteiligte sich an einer solchen.

Die Unterbringung der Ausgewiesenen in eine Arbeitsstelle wurde uns, wie ich schon ausgeführt, sehr schwer gemacht. Die wirtschaftliche Krise befand sich noch auf voller Höhe. Ein Überangebot von Arbeitskräften war in fast allen Branchen vorhanden. Und war es einem Ausgewiesenen geglückt, eine Stelle zu erhalten, flugs erschien die Polizei und denunzierte den armen Teufel seinem Arbeitgeber, der oft widerwillig den eben erst angenommenen Arbeiter entließ. Der mußte jetzt sein Ränzel aufs neue schnüren und zum Wanderstab greifen. Für Männer in vorgeschrittenen Jahren ein hartes Los.

Die fortgesetzten Ausweisungen und die Schikanierung der Ausgewiesenen durch die Polizei hatte aber einen Erfolg, den unsere Staatsretter nicht vorausgesehen. Durch die Verfolgungen aufs äußerste verbittert, zogen sie von Stadt zu Stadt, suchten überall die Parteigenossen auf, die sie mit offenen Armen aufnahmen, und übertrugen jetzt ihren Zorn und ihre Erbitterung auf ihre Gastgeber, die sie zum Zusammenschluß und zum Handeln anfeuerten. Dadurch wurde eine Menge örtlicher geheimer Verbindungen geschaffen, die ohne die Agitation der Ausgewiesenen kaum entstanden wären. Der Vorgang erinnert an die Verfolgung der Christen in den ersten Jahrhunderten unserer Zeitrechnung durch die römischen Cäsaren und ihre Werkzeuge. In die äußersten Winkel des Reiches vor den Verfolgungen flüchtend, predigten sie überall die neue Lehre, wegen der sie verfolgt wurden, und untergruben so am meisten das Reich, das sie als Umstürzler fürchtete. Es muß ausgesprochen werden, daß die Ausgewiesenen, meist kenntnisreiche energische Männer, damals der Partei die größten Dienste leisteten und ihr doppelt und dreifach vergalten, was die Partei an finanziellen Opfern für sie bringen mußte. Das kam auch allmählich unseren Feinden zum Bewußtsein. Von den Bürgermeistern der kleinen Städte und den Landratsämtern liefen fortgesetzt Klagen bei den höheren Instanzen ein über das Unheil, das diese Ausgewiesenen in ihren Bezirken anrichteten. So kam es, daß man vom Jahre 1886 an wenigstens in Berlin nur ganz ausnahmsweise auswies. Man sagte geradezu denjenigen, die man auf verbotenen Wegen ertappte, nachdem sie ihre Strafe verbüßt: Wir weisen euch nicht aus, draußen agitiert ihr, aber hier haben wir euch unter der Fuchtel und legen euch das Handwerk.

Mit welchen Augen ich die Lage Ende 1878 beurteilte, nachdem das Gesetz etwas über zwei Monate in Kraft gewesen war, mag folgender Brief vom 12. Dezember an Vollmar zeigen, der zu jener Zeit noch im Landesgefängnis zu Zwickau wegen Preßvergehens eine lange Strafhaft verbüßte.

„Wenn ich Sie so lange mit einigen Zeilen von mir warten ließ, so muß ich zu meiner Entschuldigung das alte Lied wiederholen: Überhäufung mit Arbeit. Die Maßregelungen, die Ausweisungen usw. haben mir eine Menge von Arbeiten gebracht, an die ich bei Kreierung des Gesetzes nicht gedacht. Statt, daß es recht stille werden sollte, habe ich mehr zu tun, als die ganzen Jahre zuvor, und zum Glück setzt mich meine längere Anwesenheit hier in die Lage, wieder erledigen zu können, was mir sonst unmöglich wäre. Wir haben jetzt alle Hände voll zu tun, um für die existenz- und heimatlos Gewordenen das Nötige aufzubringen. Doch bin ich mit dem Resultat zufrieden. Trotz der erbärmlichen Zeiten — denn die Geschäfte gehen im allgemeinen sehr schlecht, und wir haben bis jetzt den ungünstigsten Winter, den wir in den letzten Jahren gehabt — opfern die Genossen, was sie vermögen, und beschämen so jene traurigen Wichte und jenes erbärmliche Lumpengesindel, welches sich namentlich jetzt in schamlosester Weise in der Presse zeigt.

Sie haben schwerlich einen Begriff davon, wie seit Monaten unausgesetzt und selbst jetzt, wo man uns mundtot gemacht, die liberale Preßmeute mit Beschimpfungen und Denunziationen über uns herfällt. Es ist eine böse Saat, die gesät wird, und sie wird keine guten Früchte bringen.

Ihre Ausweisung ist uns natürlich bekannt, selbstverständlich werden Sie appellieren, aber ebenso selbstverständlich ohne Erfolg. Jetzt darf man sich gegen Sozialdemokraten alles erlauben, Recht und Gesetz gibt es für uns nicht. Am heitersten sind die Entscheidungen der Hohen Reichskommission auf die Beschwerden gegen die Unterdrückungsmaßregeln; die übertrumpft noch die Polizei. Nach den letzten Vorgängen in Berlin übrigens selbstverständlich.

Kayser war diese Woche auch hier, er war noch stark gelb angelaufen; er will nach Breslau.

Kann ich Ihnen in irgendeiner Weise dienen, so wollen Sie mir nur ungeniert schreiben; was zu tun möglich ist, soll geschehen. Im übrigen bewahren Sie sich die nötige philosophische Ruhe. Wären Sie jetzt in der »Freiheit«, so würden Sie auch viel Ärger und Verdruß haben, für uns ist Deutschland heute nur Zuchthaus. Herzliche Grüße von uns. Ihr A. Bebel."

Die Gründung der illegalen Presse

Illegal, gesetzwidrig vom Standpunkt des Sozialistengesetzes aus, legal, gesetzlich im Ausland, wo sie erschien. Im Ausland empfanden unsere Parteigenossen nach Vernichtung der sozialistischen Presse in Deutschland zunächst das Bedürfnis nach einem sozialdemokratischen Blatt, denn was nach Verhängung des Sozialistengesetzes noch an Blättern erschien, konnte ihnen am wenigsten genügen. Die Zahl der deutschen Sozialisten in den großen und größeren Städten des Auslandes: London, Paris, Brüssel, Zürich, Basel, Genf usw. und ebenso in den Vereinigten Staaten war zu jener Zeit eine ungewöhnlich große. Die seit 1874 währende Krise und die Verfolgungen unter dem Sozialistengesetz hatten viele Tausende unserer Parteigenossen brotlos gemacht und ins Ausland getrieben. In welch riesigem Maße allein die überseeische Auswanderung wuchs, zeigen folgende Zahlen: 1879 war die Zahl der Auswanderer aus dem Deutschen Reich 51 763, 1880 149 769, 1881 247 332, 1882 231 943, 1883 201 314. Wieviel Tausende jener Auswanderer Sozialisten waren, läßt sich nicht feststellen, aber groß war ihre Zahl, und sie wuchs beständig. Nicht nur durch die steigende Zahl der Ausgewiesenen aus den Belagerungszustandsgebieten, auch aus dem übrigen Lande. Überall waren die Sozialisten für die Polizei Edelwild, und jeder polizeiliche Schubjack, und ihre Zahl war groß, der auf Anerkennung und Avancement rechnete oder auf Nachsicht seiner Vorgesetzten für begangene schlechte Streiche hoffte, wußte, daß er als Sozialistenverfolger auf seine Rechnung kam. Eine Zusammenstellung der polizeilichen Willkürlichkeiten und Schandtaten aus jenen Jahren gäbe ein dickes Buch.

Durch diese Verfolgungen vielfach ins Ausland getrieben, wurden dort überall die Kader der deutschen Sozialistenvereine gefüllt. Und diese Vereine wurden im Laufe der Jahre für die Partei eine wesentliche Stütze, indem sie die illegale Presse und Literatur verbreiteten und Mittel sammelten für die verschiedenen Zwecke, die die Partei im Reich zu erfüllen hatte.

Aber auch in Deutschland wuchs mit der Dauer des Ausnahmegesetzes das Bedürfnis für ein prinzipiell gehaltenes Blatt. Es wurde unmöglich, ohne ein solches auszukommen. Einmal der prinzipiellen Aufklärung wegen, die von den im Inland erscheinenden paar Blättern nicht geleistet werden konnte und durfte. Dann der Kritik wegen, die an den polizeilichen und gerichtlichen Taten zu üben war. Drittens wegen der Verständigung über die innezuhaltende Taktik, die sich als notwendig erwies. Endlich viertens, um den Parteigenossen Mitteilungen und Ratschläge zugängig zu machen, die bei den bestehenden Zuständen auf andere Weise nicht gemacht werden konnten.

Das erste Blatt, man darf in diesem Falle Blättchen sagen, das im Ausland erschien, war die von Karl Hirsch herausgegebene „Laterne". Das Format — 10 Zentimeter lang, 7 Zentimeter breit — war darauf berechnet, das Blatt in den damals üblichen Briefkuverts zu verschicken. Karl Hirsch, der seit 1874 in Paris lebte, war dort ausgewiesen worden und nach Breda in Belgien gegangen, wo er die „Laterne" herausgab. Inhaltlich war das Blättchen nicht nur dürftig, es entsprach auch im Tone nicht dem Bedürfnis der Leser...

*

Als der *„Sozialdemokrat"* ins Leben trat*, wurde ein Parteigenosse Uhle, der sich als tüchtiger und gewandter Agitator betätigt hatte, Expedient desselben. Aber bald zeigte sich, daß er für diesen Posten nicht taugte, es fehlte ihm die Geschäftsgewandtheit. Immerhin machte er in der kurzen Zeit, da er diesen Posten bekleidete, eine sehr wertvolle Erwerbung. Er gewann in dem Genossen Schuhmacher J. Belli, einen badischen Bauernsohn, der sich in dem Grenzort Kreuzlingen bei Konstanz niedergelassen hatte, einen vorzüglichen Organisator des Pascherdienstes. J. Belli hat über seine Erlebnisse in dieser Rolle ein Büchlein erscheinen lassen unter dem Titel „Die rote Feldpost und anderes", in dem er amüsant die Abenteuer schildert, die mit seiner Tätigkeit verbunden waren. Die Unzulänglichkeit Uhles für seinen Posten veranlaßte mich, an Motteler zu schreiben, ob er geneigt sei, den Posten zu übernehmen; aber Motteler antwortete, er wolle Deutschland ohne Not nicht verlassen. Darauf wandten Vollmar und ich uns nach einiger Zeit nochmals an ihn, der damals in Nymphenburg bei München wohnte, und nunmehr nahm er unser Anerbieten an. Damit hatten wir den richtigen Mann für den richtigen Posten gefunden.

Motteler hatte sich als Kaufmann in der Wollwarenmanufaktur ausgebildet, er war aber auch, um das Geschäft gründlich kennenzulernen, längere Zeit als Arbeiter in der Fabrik tätig gewesen. Er hatte also sozusagen von der Pike auf gedient. Aber Motteler war nicht nur Geschäftsmann, er war auch eine geborene Dichter- und Künstlernatur. Ein genialisch angelegter Mensch und ein angenehmer Gesellschafter, dem Witz und Humor zur Verfügung standen. Unsere Frauen freuten sich stets, wenn die Leipziger Messe herannahte und er als Vertreter der von ihm gegründeten Krimmitschauer Spinn- und Webgenossenschaft in Leipzig erschien. Die Phantasie spielte allerdings in seinen Erzählungen eine große Rolle. Er sah die Welt stets anders an als wir anderen, aber vergnüglich war es, ihm zuzuhören. Auch war er ein guter Redner, der die Hörer in glänzenden Bil-

* Die erste Ausgabe (Probenummer) erschien am 28. Sept. 1879 als „Internationales Organ der Sozialdemokratie deutscher Zunge" in Zürich. D. Hrsg.

dern hinzureißen wußte. Was ihn besonders für seine Stellung geeignet machte, war seine Energie und Findigkeit. Auch war er eine unermüdliche Arbeitskraft, im höchsten Grade opferwillig, gewissenhaft und zuverlässig. Eine besondere Geschicklichkeit entwickelte er in der Verpackung des Blattes, sei es in Briefen, sei es in Paketen. Wer auf dem „Olymp" erschien, so hieß die Wohnung Mottelers bei den Züricher Genossen, die mit der Expedition verbunden und für gewöhnliche Menschenkinder unzugänglich war, mußte an den Expeditionstagen auch zur Arbeit heran. Der beständige Wechsel in den Adressen, herbeigeführt durch Wohnungs- oder Ortswechsel, Briefsperre, Verrat oder Bespitzelung der Adressaten, verursachte sehr viel Arbeit und erforderte große Umsicht. Kam aber ein Genosse auf den „Olymp", der nach Deutschland reiste, dann mußte ein solcher eine besondere Prozedur über sich ergehen lassen. Der „rote Postmeister", wie bald genug Motteler im Munde der Parteigenossen hieß, ordnete alsdann an, daß der Betreffende bis auf die Unterwäsche sich entkleidete. Alsdann wurden der Körper und seine Gliedmaßen kunstgerecht mit Briefen in den verschiedensten Formen eingepackt und ausgepolstert. War dieses Geschäft unter steter großer Heiterkeit der Beteiligten beendet, dann durfte er zur Bahn, um sich jenseits der Grenze in sicheren Händen der überflüssigen Last zu entledigen. Mir ist nicht bekannt, daß je einer der so ausgepolsterten Genossen von einem Zerberus jenseits der Grenze gefaßt worden wäre.

Dagegen wurden manchmal ganze Ladungen an der Grenze oder im Innern des Landes, fast immer infolge von Ungeschicklichkeit oder Vertrauensseligkeit der eigenen Leute, abgefaßt. Kam eine solche Nachricht, dann geriet auch der rote Postmeister in Zorn. Nun mußte sein Adlatus Belli hinaus, um einen anderen Weg ausfindig zu machen oder neue Schmuggler zu engagieren, für die der Blatt- und Schriftenschmuggel ein gutes Geschäft war.

Aber eine Lücke in meiner Darstellung wäre es, wollte ich hier nicht auch der Ehefrau Mottelers gedenken. Beide stammten aus der gleichen Stadt, Eßlingen in Württemberg. Jugendneigung verband sie. Frau Motteler stand ihrem Mann treu helfend zur Seite. Wehe dem, der gegen ihren Julius eine ungünstige Bemerkung machte. Die Wohnung Mottelers am oberen Wolfbach in Zürich war so gewählt, daß er von ihr aus einen bequemen Überblick über die damals noch unbebaute Umgebung besaß. Polizeispione, deren namentlich das Berliner Polizeipräsidium stets eine Anzahl in Zürich präsent hatte, konnten sich also nicht unbemerkt an die Wohnung heranschleichen. Kam aber ein Fremdling nach dem „Olymp" und begehrte Einlaß, dann trat ihm die „Tante", wie Frau Motteler wegen ihres gastfreundlichen Wesens von uns scherzweise genannt wurde, in der Tür persönlich entgegen und fragte nach seinem Begehr, wobei sie den Fremdling mit strengstem Blick vom Scheitel bis zur Zehe maß. Bestand er das Examen, dem er unterworfen wurde, dann wurde ihm der Eintritt in das

Heiligste, die Expedition, erlaubt. War er aber ein Vertrauter der beiden Eheleute, dann wurde er zum Eintritt in das Allerheiligste, in die gemütlich eingerichtete Wohnstube, gebeten.

Aber trotz allen Vorsichtsmaßregeln und allem Mißtrauen, das volle Berechtigung hatte, geschah es doch einmal, daß ein später als gefährlicher Polizeispion und Agent provocateur Entlarvter in die Mottlersche Wohnung Zutritt erlangte, der ehemalige badische Artilleriehauptmann a. D. v. Ehrenberg und seine Frau. Sobald aber unser Mißtrauen gegen den Herrn erweckt wurde, mußte er mit seiner sicher völlig unschuldigen Frau das Feld räumen...

*

Es mag hier noch kurz einiges über das private Treiben unserer Züricher Freunde verlautbart werden. Allmählich hatte sich in Zürich ein ganzer Generalstab tüchtiger Kräfte eingefunden. Neben Bernstein, Motteler, Vollmar die beiden Setzer des „Sozialdemokrat" Richard Fischer und Tauscher, Derossi, der Gehilfe Mottelers, Karl Kautsky und später Heinrich Schlüter, dann der Züricher Genosse Schneider Beck und der Buchbinder Karl Manz, der in Berlin der letzte verantwortliche Redakteur der Berliner „Freien Presse" gewesen war, ehe ihr das Sozialistengesetz den Garaus machte, und andere. Schlüter beriefen wir Ende 1883 auf meinen Vorschlag nach Zürich zur Organisierung des Schriftenvertriebs, nachdem er in Dresden ausgewiesen worden war und in Stuttgart keine ihn befriedigende Existenz hatte finden können. Auf ihn geht die Einrichtung des Parteiarchivs zurück, dessen Gründung ich schon im Leipziger „Vorwärts" und dann wieder im „Sozialdemokrat" angeregt hatte. Schneider Beck, ein lustiger Kumpan, war der „Hofschneider" des damaligen Studenten Peter Karageorgewitsch, des späteren Königs Peter von Serbien. Peter Karageorgewitsch, der öfter mit unseren Parteigenossen verkehrte, manchmal auch an den lustigen Sitzungen im Mohrenklub teilnahm, war damals ein armer Teufel, der sich ständig in Geldnot befand. Um sich ein wenig herauszuhelfen, veranlaßte er den Schneider Beck, ihm seine Rechnung 50 Prozent höher im Preise anzusetzen. Sobald dann Peters Rechnung von dessen Angehörigen bezahlt wurde, erhielt Peter von Beck die überschießenden Beträge. König Peter hat während des Balkankrieges einem Interviewer der „Neuen Züricher Zeitung" das Geständnis abgelegt, wie schön es in seiner Jugend in Zürich gewesen sei und welche hochfliegenden Pläne sie damals für Völkerwohl und Völkerglück geschmiedet hätten. Aber Träume sind Schäume. Es gibt noch manchen Staatsmann und hohen Beamten auf dem Balkan, der in jungen Jahren in Zürich ein firmer Marxist wurde und es mit der Internationale hielt. Es soll ihnen kein Vorwurf daraus gemacht werden. Ich schätze sie höher als jene preußischen Junkerssöhne — darunter einige von altem Adel —, die damals ebenfalls in Zürich studierten, aber ebenso borniert nach Hause zurückkehrten, wie sie in Zürich einrückten.

Im Züricher Mohrenklub

In Zürich ging es zuweilen recht lustig zu, denn Trübsalblasen war auch unter dem Sozialistengesetz trotz alledem nicht unsere Art. Die ständig von allen Seiten nach Zürich gelangenden Nachrichten von den Schand- und Gewalttaten im Reiche, die noch durch die Erzählungen der nach Zürich kommenden Ausgewiesenen und Flüchtlinge ergänzt wurden, steigerten zwar den Zorn unserer Genossen über diese Zustände, was an der Haltung des „Sozialdemokrat" zu spüren war, aber es gab auch wieder Stunden, wo man sich mehr als Mensch denn als Parteimann fühlte und dem Humor die Zügel schießen ließ. In der Regel ging es im Mohrenklub*, wie in Erinnerung an die gleichnamige Verbindung, die vor dem Sozialistengesetz in Berlin bestand, eine Vereinigung von Parteigenossen sich nannte, besonders lebhaft zu, wenn wir nach Zürich kamen, was jedes Jahr mehrere Male geschah. Alsdann wurde mit besonderer Andacht das berühmte „Lied vom Bürgermeister Tschech" gesungen, der in den vierziger Jahren ein Attentat auf Friedrich Wilhelm IV. mit ziemlich komischem Ausgang unternommen hatte. Eduard Bernstein war alsdann der Vorsänger, den Refrain sang der Chor. Diesem Lied folgte das ebenso berühmte „Petroleumlied" und ähnliche Spottgesänge auf die Zustände in Deutschland. Oder Eduard Bernstein und Karl Kautsky — damals die beiden Unzertrennlichen — sangen ein Duett, das Steine erweichen, Herzen brechen machte. Oder man trieb sonstige Allotria, bei denen wir aus dem Lachen nicht heraus kamen. Eine Zeitlang wohnte in dem Hause, in dessen Parterreräumen der Mohrenklub tagte, Gottfried Keller, der berühmte Züricher Dichter. Als er eines Abends den Besuch von Paul Heyse hatte, war der Lärm im Parterre besonders stark. Heyse fragte Keller, wer denn die Lärmer seien, worauf Keller im züricherischen Dialekt antwortete, das seien die Sozialdemokraten. Darauf deklamierte Paul Heyse mit komischem Pathos: „Dort unter der Schwelle brodelt die Hölle". Aber diese gemütlichen Lärmer konnten sehr ungemütlich werden, galt es, einem entlarvten Spitzel gründlich das Fell zu gerben oder ihm sonst zu zeigen, „wo Barthel den Most holte". Das geschah zum Beispiel dem sächsischen Spitzel Schmidt, den das Dresdener Polizeipräsi-

* Der Mohrenklub hat nicht seinen Namen, wie oft fälschlich behauptet wird, nach Karl Marx, der von seinen Kindern und Gesinnungsfreunden wegen seiner dunklen Haupt- und Haarfarbe „Mohr" genannt wurde, sondern nach seinem Domizil in der Berliner Mohrenstraße, wo er im Winter 1877 auf 1878 tagte. Es war eine freie Zusammenkunft sozialistischer Studenten, zu denen u. a. der spätere Mediziner Prof. Dr. Ignaz Zadek sen. gehörte. Weitere Teilnehmer waren Karl Höchberg, der damals die sozial. Revue „Die Zukunft" herausgab, der Ökonom und Versicherungsbeamte Carl August Schramm und die Redakteure der 1876 gegründeten „Berliner Freien Presse", der Vorläuferin des späteren Zentralorgans der SPD „Vorwärts" (unter ihnen Johann Most, Ignaz Auer, Wilhelm Hasselmann).

dium mit Staatsgeldern unterstützte, wissend, daß Schmidt ein gemeiner Verbrecher war. Als Schmidt nach seiner Entlarvung nach Dresden zurückkehrte, mußte ihm der Prozeß gemacht werden, in dem er zu fünfjährigem Zuchthaus verurteilt wurde.

Sobald Motteler seinen Posten in Zürich angetreten hatte, entwickelte sich zwischen uns eine lebhafte Korrespondenz. Ich kann dieselbe ungeachtet ihres interessanten Inhaltes nur zum kleinsten Teile wiedergeben, meine Arbeit nähme sonst einen zu großen Umfang ein. Dieselbe Reserve muß ich mir auch in der Wiedergabe der Korrespondenz mit Marx, Engels, Vollmar und anderen auferlegen. Mit Mottelers Eintritt in die Verwaltung des „Sozialdemokrat" bekam diese ein anderes Gesicht. Es kam Zug in die Sache und die Zahl der Leser wuchs rasch. Ende 1879, also schon nach dreimonatigem Bestand, hatte der „Sozialdemokrat" einen Absatz von 3600 Exemplaren, ein über Erwarten großer Erfolg in Erwägung der großen Schwierigkeiten, die seiner Einschmuggelung in Deutschland entgegenstanden. Aber der Absatz stieg immer mehr, aber auch die Schwierigkeit der Einschmuggelung, da die Grenzwachen ihre Tätigkeit verdoppelten und verdreifachten. So entstand nach einigen Jahren die Frage, ob es sich nicht empfehle, einen größeren Teil der Auflage im geheimen in Deutschland drucken zu lassen. Die gleiche Frage entstand nun noch dringender für die Herstellung verbotener Schriften, deren Absatz ebenfalls ständig wuchs. Hier kamen den Zürichern die Ratschläge und das Eingreifen der Genossen Dietz und Grillenberger zu Hilfe, die sich damit um die Partei die größten Verdienste erwarben. Die Herüberschmuggelung der Matern nach Deutschland geschah in sehr ingeniöser Weise. Das Blatt wurde bald hier, bald dort fertiggestellt, manchmal auch auf längere Zeit an einem Ort, erlaubten das die Umstände. Die Polizei merkte bald, wohlunterrichtet durch die Grenzbeamten, denen zeitweilig immer kleiner werdende Sendungen Blätter in die Hände fielen, daß in der Hauptsache das Blatt in Deutschland gedruckt werden müsse. Die Polizei setzte nunmehr ihr ganzes Können ein, um den Orten der geheimen Herstellung auf die Spur zu kommen. Vergeblich. Wo nicht Ungeschicklichkeit im Spiele war, reichte der Witz der Polizei nicht aus, Entdeckungen zu machen. Verräter gab es hier keine, denn die Genossen, die sich an der Herstellung dieser Literatur beteiligten, waren erstklassige Männer, auf deren Verschwiegenheit und Geschicklichkeit man bauen konnte. Während der ganzen Dauer des Sozialistengesetzes gelang es der Polizei auch nicht einmal, eine Herstellungsstätte verbotener Schriften zu entdecken. Mit geradezu unerhörter Kühnheit druckte zum Beispiel längere Zeit Grillenberger den „Sozialdemokrat". Die Nürnberger Polizei ahnte, daß er bei Wörlein & Co., dem Grillenbergerschen Geschäft, hergestellt wurde. Sie veranlaßte auch eine Haussuchung nach der anderen bei Tag und bei Nacht, jedoch stets ohne Resultat.

Auch Genosse Dietz nahm ein großes Risiko auf sich, als er mehrere Auflagen meines Buches „Die Frau und der Sozialismus“ im geheimen herstellte. Hier handelte es sich um eine umfangreiche Schrift, deren Herstellung längere Zeit in Anspruch nahm, wobei die Gefahr der Entdeckung mit jedem Tage wuchs. Ich begriff seine Lage, als er mir eines Tages schrieb: Es sei doch eine verflucht gefährliche Geschichte, in die er sich eingelassen habe. Der Stuttgarter Staatsanwalt leitete auch, wahrscheinlich auf Hörensagen hin, eine Voruntersuchung wegen Herstellung verbotener Schriften gegen ihn ein. Aber der Liebe Müh war vergeblich.

So hing über den meisten von uns das Damoklesschwert, bei dem einen aus diesem, bei dem anderen aus jenem Grunde. Und das band uns wieder zusammen, wenn einmal zwischen uns Differenzen ausbrachen, was bei der Verschiedenheit der Temperamente und Auffassungen nur natürlich war, begünstigt durch die Schwierigkeit, im öffentlichen Kreise sich aussprechen zu können. Das war, ist und wird sein, solange es eine Partei gibt. Dem gemeinsamen Feind aber standen wir allezeit als eine geschlossene Phalanx gegenüber, die jeden Tag stärker wurde.

Unter der Aufsicht der Polizei

Während der zwölfjährigen Dauer des Sozialistengesetzes war ich — ich darf das ohne Übertreibung sagen — der in Deutschland polizeilich am meisten verfolgte Mensch. Die Polizei hatte die vorgefaßte Meinung, ich sei ein gefährlicher Mensch, den man nicht aus den Augen lassen dürfe. Und Herr v. Puttkamer, der vom Frühjahr 1881 ab bis in die letzten Regierungstage Kaiser Friedrichs im Jahre 1888 preußischer Minister des Innern war, bestätigte diese Ansicht, indem er mich gelegentlich einer Sozialistendebatte im Reichstag im Jahre 1886 den „Allergefährlichsten“ nannte. Daß ich mich unter dieser polizeilichen Schutzwache wohlgefühlt, wird man nicht annehmen. Im Gegenteil, mein Haß gegen diese Staatsretterei steigerte sich von Jahr zu Jahr, und da die zahllosen Gemeinheiten und Gewissenlosigkeiten, die die Polizei an zahlreichen Parteigenossen und auch an mir verübte, sich berghoch anhäuften, wuchs auch meine Verachtung gegen sie. Ich kam allmählich in eine Stimmung, wonach es mein sehnlichster Wunsch war, es möchte zu einer inneren Katastrophe kommen, die uns in die Lage setzte, Vergeltung zu üben für all die Frevel, die man von jener Seite sich gegen uns hatte zuschulden kommen lassen. Noch heute steigt mir das Blut zu Kopfe, gedenke ich jener Zeiten.

Daß ich, wenn ich in Berlin zum Reichstag war, auf Schritt und Tritt überwacht wurde, das passierte auch meinen sozialdemokratischen Kollegen. Aber daß man den Telegrafen hinter mir in Bewegung setzte und von einer Stadt zur anderen telegrafierte, daß und wann ich ankommen würde, passierte nur mir. Das geschah meist in der Weise, daß der Polizist, der mich zu überwachen hatte, sobald ich auf dem Bahnhof eine Fahrkarte löste, hinter mir an den Schalter trat und sich erkundigte, wohin ich die Fahrkarte genommen. Und nicht bloß wegen sogenannter Agitationsreisen wurde ich verfolgt, sondern auch auf meinen geschäftlichen Reisen wurde derselbe Unfug verübt. Ich hatte schließlich eine solche Übung in der Entdeckung dieser „Geheimen" unter einem Haufen anderer Menschen erlangt, daß, wenn der Zug in eine Station einfuhr und ich den Kopf zum Fenster herausstreckte, ich auch rasch das Polizeigesicht entdeckte, das meine Überwachung übernehmen werde. Bei dieser Art der Verfolgung entwickelte sich ein stiller Krieg zwischen mir und meinen Verfolgern. Da ich selbstverständlich das Bedürfnis empfand, namentlich an den Abenden in den Kreisen meiner Genossen zu verkehren und mit diesen Gedanken auszutauschen, die für Polizeiohren nicht bestimmt waren, so bot ich alles auf, den mir folgenden „Staatsretter" zu „versetzen", wie bei uns der Kunstausdruck lautete, das heißt, ich bot alles auf, um im Gewirr der Straßen und Häuser meinem Verfolger zu entrinnen, was mir mit Hilfe meiner flinken Beine und der Mithilfe der Genossen fast ausnahmslos gelang. Mancher ruhige Bürger sah mir etwas erstaunt nach, wenn mein rascher Schritt allmählich in einen gelinden Trab sich verwandelte und eine Strecke hinter mir keuchend und schweißtriefend ein Individuum sich zeigte, über dessen Charakter er nicht im klaren war.

Als dann die Rundreisehefte eingeführt wurden, änderte sich die Art der Eisenbahnverfolgung. Ich benützte ein solches Rundreiseheft zum ersten Male im Frühjahr 1885. Ich reiste von Dresden durch Sachsen, Bayern, Württemberg und in die Schweiz. Auf deutschem Boden verfolgt wie ehedem. Als ich von Basel aus ins Badische nach Freiburg kam, fiel mir auf, daß mein Polizeipudel bereits vor dem Hotel stand, in dem ich zu wohnen pflegte, und mich erwartete. In Karlsruhe wiederholte sich derselbe Vorgang. Ich fragte nunmehr den Kellner, woher die Polizei wisse, daß ich kommen werde. Er zuckte die Achsel und meinte, der Beamte stehe schon seit drei Tagen vor dem Hotel und erwarte mich. Der Vorgang wurde mir immer rätselhafter. Unter dem gleichen Überwachungssystem kam ich endlich nach Mainz. Dort stand, als ich in meinem Hotel ankam, der Oberkellner vor der Türe und rief mir, als er mich erblickte, entgegen: „Endlich kommen Sie, Herr Bebel, wir erwarten Sie schon seit acht Tagen." Und als ich verwundert fragte: „Ja, wieso denn?" antwortete er: „Ihr Tugendwächter hat schon seit acht Tagen bei uns angefragt, wann Sie kommen würden. Eben hat er sich gedrückt, als er Sie kommen sah."

Das war mir doch zu toll. Nächsten Vormittag besuchte ich meinen Parteigenossen, der Stadtverordneter war, um, da die Polizei in Mainz unter städtischer Verwaltung stand, vielleicht von ihm erfahren zu können, woher diese Überwachungsmethode rührte. Ich blieb auch nicht lange in Ungewißheit. Es stellte sich heraus, daß die Dresdener Bahnhofsverwaltung der Dresdener Polizei Mitteilung von meiner Bestellung eines Rundreiseheftes gemacht und ihr in Abschrift die Coupons überliefert hatte. Die Dresdener Polizeiverwaltung, damals in bezug auf uns eine der verfolgungssüchtigsten im ganzen Reich, hatte darauf sofort den Polizeiverwaltungen der betreffenden Orte mein Kommen gemeldet. Da aber die Polizei nicht wissen konnte, wieviel Zeit ich an den einzelnen Orten verbrauchte, war in ihrer Berechnung bis nach Mainz eine Differenz von acht Tagen entstanden.

In jenen Jahren stand jedoch nicht nur die Bahnverwaltung in intimen Beziehungen zur Polizei, sondern auch die Post. Daß Briefe und Pakete, die an bekannte Sozialdemokraten kamen, vor ihrer Ablieferung der Polizeibehörde mitgeteilt wurden, so daß diese hinter der Ablieferung der Gegenstände sofort in die Wohnung eintrat und die Beschlagnahme ausführte, kam in Tausenden von Fällen vor. Der Staatssekretär der Reichspost, Dr. Stephan, hatte einmal in den siebziger Jahren auf eine Beschwerde Liebknechts im Reichstag, daß ihm Briefe erbrochen worden seien, geantwortet: „Das Briefgeheimnis ist im Deutschen Reiche so sicher wie die Bibel auf dem Altar“, ein Ausspruch, der schon damals bei uns nur Ungläubige fand, unter dem Sozialistengesetz aber uns reichlich zur Glossierung Veranlassung gab. Bei mir kam die Verbindung der Post mit der Polizei auch noch in anderer Form zutage.

Es ist bei Fabrikanten und Kaufleuten Geschäftsbrauch, daß, wenn sie ihre Vertreter auf Reisen senden, um von ihren Kunden Bestellungen entgegenzunehmen, sie kurze Zeit vor dem Eintreffen ihres Vertreters an einem Orte dorthin gedruckte Anzeigen von dessen bevorstehender Ankunft senden. Das war auch in unserem Geschäft üblich. Eines Tages erfuhr ich in Mainz, daß bereits seit mehreren Tagen zwei Geheimpolizisten auf dem Bahnhof in Wiesbaden bereitstünden, um nach meiner Ankunft den Überwachungsdienst zu übernehmen. Und zwar habe die Polizei meine bevorstehende Ankunft auf Grund der bei der Post eingegangenen Geschäftsanzeigen erfahren. Mein Entschluß, sie gründlich zu foppen, war rasch gefaßt. Nächsten Morgen fuhr ich mit zwei befreundeten Parteigenossen bis auf die letzte Station *vor* Wiesbaden, dort stiegen wir aus und kamen auf einem Wege, den die Polizei nicht ahnte, nach der Stadt, woselbst ich meine Geschäftsgänge erledigte und auch noch eine Besprechung mit meinen Parteigenossen hatte. Als ich abends in Gesellschaft einer ganzen Anzahl von Genossen auf dem Wiesbadener Bahnhof erschien, um nach Mainz zurückzufahren, standen die beiden Polizisten noch dort und machten zu unserem größten Vergnügen sehr erstaunte Gesichter, als sie mich sahen.

Überhaupt wurde es unter dem Sozialistengesetz unter den Parteigenossen geradezu Sport, die Polizei zum besten zu halten und irrezuführen. Und jeder gelungene Streich wurde weidlich belacht und stachelte zu neuen Versuchen an. Kamen wir zusammen und hatten wir unsere Parteiangelegenheiten erledigt, dann kam auch der Humor zu seinem Recht, und einen großen Teil des Unterhaltungsstoffes bildeten Erzählungen über die Nasführung der Polizei. Diese hatte überhaupt das, was sie entdeckte und erfuhr, in den seltensten Fällen ihrem eigenen Witz und Geschick zu danken, sondern dem Leichtsinn und der Schwatzsucht dieses oder jenes Genossen. Abgesehen von Verrätereien durch Genossen, die den Geldangeboten der Polizei nicht zu widerstehen vermochten oder auch von der Polizei zu Verräterdiensten gezwungen wurden, weil diese über sie Dinge erfahren hatte, die, wenn sie zur Anzeige gebracht wurden, die Betreffenden dem Gefängnis überlieferten. Solche Zwangsfälle kamen wiederholt vor. Die polizeilichen Stützen des christlichen Staates ließen gern ein Vergehen ungesühnt, wenn sie dafür einen politischen Verrat eintauschen konnten.

Ich hatte die Gewohnheit, mich in den meisten Hotels unter falschem Namen einzutragen, was selbstverständlich die Polizei sehr bald erfuhr, aber ungerochen geschehen ließ. Ich tat dies einmal, weil bei der feindseligen Haltung in bürgerlichen Kreisen mich mancher Hotelier nicht in Quartier genommen hätte, wenn er gewußt hätte, wer ich war. Dann aber auch wollte ich der Gafferei und Neugierde der übrigen Gäste nicht ausgesetzt sein. Da ich unter dem Sozialistengesetz einen Vollbart trug im Gegensatz zu früher, wo ich Schnurr- und Spitzbart zu tragen pflegte, so war mein Äußeres nicht vielen bekannt. Freilich erfuhren die Hoteliers und ihr Personal sehr bald, wer ich wirklich war, aber sie ließen mich ungeschoren, und in der Regel sympathisierte das Personal mit mir.

Längere Zeit machte ich den Fehler, mich in der einen Gegend unter dem Namen meines Associés, in einer anderen unter dem Namen Kaufmann August Friedrich einzutragen. Aber da geschah es einmal, daß ich mich an einem Orte unter dem Namen Friedrich eintrug, an dem ich mich das vorhergehende Mal unter dem Namen meines Associés eingetragen hatte. Das war fatal, und so blieb ich von jetzt ab bei dem Namen Friedrich.

Das führte eines Tages zu einem amüsanten Vorkommnis in Freiburg in Baden. Ich verließ am Morgen das Hotel, um meinen Geschäften nachzugehen. Vor der Tür treffe ich den Briefträger, den ich frage, ob er für den Kaufmann Friedrich aus Leipzig einen Brief habe. „Jawohl, sogar einen Einschreibebrief!" war die Antwort. Ich quittierte den Empfang und entfernte mich. Fünf Monate später war ich wieder in Freiburg, und wieder begegnete mir zufällig vor der Tür derselbe Briefträger, den ich abermals fragte, ob er einen Brief für Kaufmann Friedrich habe. Sobald ich diesen

Namen nannte, warf er den Kopf in die Höhe, sah mich scharf an und sagte: „Sie sind gar nicht Herr Friedrich, Sie sind Herr Bebel!" „So, woher wissen Sie denn das?" „Na, Sie haben mich dieses Frühjahr in schöne Verlegenheit gebracht. Sie erinnern sich, ich übergab Ihnen damals einen Einschreibebrief, und als ich nach Hause kam und meine Scheine durchsah, entdeckte ich zu meinem Schreck, daß Ihr Schein statt der Unterschrift Friedrich den Namen Bebel trug. Ich eilte ins Hotel zum Oberkellner und klagte ihm mein Leid. Der Oberkellner lachte und bemerkte, Bebel und Friedrich seien ein und dieselbe Person." Zum Glück habe sein Vorgesetzter, dem er die Scheine habe übergeben müssen, diese nur durchgezählt, aber nicht die Unterschriften angesehen, so sei er mit einem blauen Auge davongekommen.

Das Vorkommnis amüsierte mich, aber ich nahm mir doch vor, künftig vorsichtiger zu sein.

Die polizeiliche Überwachung meiner Person nahm in jenen Jahren öfter einen häßlichen und aufreizenden Charakter an, namentlich in einer Reihe Städte Mittel- und Süddeutschlands. In Norddeutschland war man in der Überwachung — ich möchte sagen — diskreter. Die Polizei benahm sich unauffälliger und folgte mir mehr aus der Ferne, aber in einer Anzahl mittel- und süddeutscher Städte war sie plump und dreist und selbst vom Polizeistandpunkt aus betrachtet dumm. Hier folgte in der Regel der Polizist in Zivil, wenn ich mit meinem Musterkoffer durch die Straßen ging, in kurzer Entfernung und wartete in der unmittelbaren Nähe des Hauses, in das ich getreten war, bis ich dasselbe verließ, um dann wieder wie ein getreuer Pudel mir zu folgen. Als mir zum ersten Male im Frühjahr 1879 in Nürnberg eine solche Überwachung zuteil wurde, verbreitete sich die Nachricht davon wie ein Lauffeuer unter den Parteigenossen. Am Abend gab es eine große Ansammlung vor der Polizeiwache, und es wurden Schimpfworte gegen die Polizei geschleudert, wie sie nur dem Zaun der Zähne eines Bayern entfliehen können. Ruhiger denkende Genossen hatten Mühe, die Ansammlung zu zerstreuen und einen Konflikt zu verhüten...

Im Jahre 1882 wurde ich wider Willen die Ursache, daß dem Fürther Magistrat von der Regierung ein wichtiges Recht entzogen wurde. Der Magistrat, der überwiegend aus bürgerlichen Demokraten und ein paar Sozialdemokraten bestand, hatte zugelassen, daß ich in einer riesenhaft besuchten Volksversammlung sprach. Darüber ergrimmte die bayerische Regierung und entzog dem Magistrat das Recht der Handhabung des Vereins- und Versammlungsrechts, das der mittelfränkischen Kreisregierung übertragen wurde. Als endlich im Jahre 1902 — also nach zwanzig Jahren — der Parteigenosse Segitz die bayerische Regierung im Landtag interpellierte, wie lange sie denn noch diese Rechtlosmachung des Fürther Magistrats aufrechtzuerhalten gedenke, antwortete der damalige Minister v. Feilitzsch:

Solange noch in der Fürther Gemeindevertretung Sozialdemokraten säßen. Man besann sich aber doch bald eines Besseren und gab dem Fürther Magistrat sein Recht zurück. Und einen Minister, der mit solch lächerlich kleinlichen Mitteln regiert, nennt man bekanntlich in Deutschland einen Staatsmann...

Im Württembergischen ging es etwas gemütlicher zu, obgleich auch dort die Polizei oftmals unseren Genossen das Leben schwer machte. Als einmal die Stuttgarter Genossen zu einer Märzfeier versammelt waren, erschien ein Polizeibeamter und erklärte: Eine Festrede dürfe nicht gehalten werden. Alles Parlamentieren half nichts, es blieb bei dem Verbot. Darauf fragte ihn der Festleiter, ob denn deklamiert werden dürfe, worauf der Beamte im Vollgefühl seiner Würde die klassische Antwort erteilte: „Deklamiere dürfe Se, schwätze aber net!" Und nun erfolgte an Stelle einer Festrede, die wahrscheinlich ziemlich zahm ausgefallen wäre, die Deklamierung der revolutionärsten Gedichte von Freiligrath und anderen. Der Staat war wieder einmal gerettet.

Ein anderer Vorgang verlief also: Eines Abends wurde ich in Stuttgart von drei Eßlinger Genossen angegangen, sofort mit ihnen nach Eßlingen zu kommen und dort in einer Versammlung Sonnemann entgegenzutreten. Ich weigerte mich. Einmal war ich müde, dann liebte ich es nicht, auf der Geschäftsreise in öffentlichen Versammlungen Reden zu halten, weil ich meine Kunden, die fast ausnahmslos politische Gegner von mir waren, nicht sozusagen im eigenen Hause vor den Kopf stoßen wollte. Schließlich gab ich widerwillig dem Drängen nach. Als wir in das Versammlungslokal traten, war es überfüllt. Wir mußten uns an der Tür aufstellen. Sonnemann sprach auffallend schlecht, er war offenbar sehr indisponiert. Karl Mayer, von dem man sich scherzweise in Berlin erzählte, er verzehre jeden Morgen einen Preußen zum Frühstück, präsidierte. Als Sonnemann geendet, forderte Mayer zur Wortmeldung auf. Als Mayer und die Versammlung meinen Namen hörten, entstand eine Bewegung, als wäre eine Bombe zum Dache hereingeflogen. Darauf erklärte Mayer, indem er mich unter einem Schwall von Worten als einen „tapferen Volksmann" begrüßte, daß er zu seinem Bedauern das Präsidium niederlegen müsse, da ich einer Partei angehöre, die ausnahmegesetzlich verfolgt werde. Das war mir noch nicht vorgekommen und obendrein nicht von einem Demokraten. Kurz entschlossen ergriff ich die Glocke und erklärte der Versammlung: Glücklicherweise seien wir in Württemberg, wo nach dem Landesgesetz eine polizeiliche Anmeldung einer Versammlung nicht erforderlich sei. Ich wolle das Präsidium übernehmen, falls niemand etwas dagegen habe. Die Versammlung schwieg. Ich mußte zu diesem eigenartigen Vorgehen schreiten, weil ich nicht wußte, wen von meinen Eßlinger Genossen ich zum Vorsitzenden vorschlagen sollte. Darauf gab ich mir selbst das Wort. Sehr bald merkte ich aber, weshalb Sonnemann so schlecht gesprochen hatte. Nach zehn Minuten erging es mir wie ihm. Die dichte Menschenmenge und die sommerliche Temperatur erzeugten eine enorme Hitze. Und da der Saal allem Anschein nach kurz zuvor mit Kalkfarbe gestrichen worden war, fingen die Decke und die Wände an zu schwitzen und lösten sich zahllose Kalkpartikelchen in der Luft auf, die sich auf die Schleimhäute legten und das Sprechen außerordentlich erschwerten. Mir wurde sehr unbehaglich zumute. Da unterbrach mich eine Stimme von der Tür her. Ich verstand den Sprecher nicht und fragte, was er wolle; darauf bekam ich die Antwort: „Im Namen des Gesetzes, die Versammlung ist aufgelöst!" Niemand war glücklicher als ich. Die Stimme gehörte einem Polizisten, der als Zuhörer gekommen war, aber von den in seiner Nähe stehenden nationalliberalen Stadtgrößen so lange bearbeitet wurde, bis er die Versammlung für aufgelöst erklärte. Damit war aber auch der Erfolg der Versammlung gesichert, denn die meisten Anwesenden ärgerte es, daß sie in solcher Weise nach Hause geschickt wurden. Überhaupt war in jenen Jahren unter der Herrschaft des Sozialistengesetzes keiner von uns betrübt, wenn plötzlich mitten in der Rede der überwachende Polizeibeamte die Versammlung für aufgelöst erklärte. Das löste stets demonstrativen Beifall für den Redner aus, und der Erfolg war der beste; obendrein schonte der Redner seine Lunge...

Aber auch im Ausland war ich vor polizeilicher Verfolgung nicht sicher. Ich pflegte von Zittau aus geschäftliche Abstecher nach Reichenberg in Böhmen zu unternehmen. Sobald ich dorthin abfuhr, meldete der sächsische Polizeiposten auf dem Zittauer Bahnhof telegrafisch die Zeit meiner Ankunft an die Reichenberger Polizei. Dort angekommen, stand bereits ein robuster Gendarm in voller militärischer Ausrüstung am Bahnhof, um mir das Geleit zu meinen Kunden zu geben. Das rief großes Aufsehen hervor. Als ich dann eines Tages nach getaner Arbeit mit einer Anzahl Parteigenossen in einem Restaurationsgarten zusammentraf und wir uns eben unterhielten, wurde ich vor den Stadtgewaltigen zitiert, der, nachdem er sich erkundigt, was mich nach Reichenberg geführt, mir den Rat gab, mit dem nächsten Zug abzureisen, widrigenfalls er meine Ausweisung verfügen müsse. In Österreich herrschte um jene Zeit genau wie bei uns der Rotkoller; Gewaltmaßregeln schlimmster Art gegen unsere Parteigenossen waren an der Tagesordnung. Genützt haben sie nichts, so wenig wie bei uns.

Von Reichenberg reiste ich meist durch Nordböhmen weiter. Eine dieser Fahrten führte mich eines Tages schließlich nach Chemnitz. Auch dort wurde mir der übliche Empfang zuteil. Die Polizei besaß sogar die Unverfrorenheit, während meiner Abwesenheit meinen Koffer aus dem Hotel zu holen und zu öffnen, um nach Verbotenem zu forschen. Auf der Straße verlangte sogar ein Polizist, ich solle mit ihm nach der Polizei kommen, um meinen

Musterkoffer durchsuchen zu lassen. Dessen weigerte ich mich; wolle er den Koffer tragen, würde ich ihm folgen. Darauf begnügte er sich damit, daß er mit mir in ein Haus trat, um sich von der Harmlosigkeit des Kofferinhalts zu überzeugen. Meine Beschwerde gegen diesen ungesetzlichen Unfug, die bis an das Ministerium ging, hatte keinen Erfolg.

Dagegen hatte ich am Nachmittag desselben Tages ein heiteres Intermezzo mit der Mittweidaer Polizei: Ich reiste hinüber, um unseren dortigen Genossen einen Besuch zu machen. Als ich auf dem Bahnhof in Mittweida ankam, wurde mir ein doppelter Empfang bereitet. Es erwarteten mich eine Anzahl Parteigenossen und hinter diesen stehend ein Aufgebot der Polizei mit dem Stadtoberhaupt, dem Bürgermeister Keubler, in höchsteigener Person an der Spitze. Dieser Empfang stimmte mich gleich sehr heiter. Ich machte also meinen Parteigenossen gleich den Vorschlag, statt in ein Lokal einzutreten, auf der Hauptstraße Mittweidas auf und ab zu spazieren, wobei ich ihnen allerlei erzählen wolle. Gesagt, getan. Der Spaziergang begann. Hinter uns in mäßiger Entfernung Bürgermeister und Polizei im Gefolge. In wenigen Minuten hatte sich ein großer Menschenhaufe angesammelt, aus dessen Mitte dem Bürgermeister und der Polizei allerlei humoristische Bemerkungen zugerufen wurden. Alles lachte. Voller Verlegenheit zog sich der Bürgermeister in ein Haus zurück und ließ seinen Untergebenen den Befehl zukommen, sich zu entfernen.

Als ich von Mittweida nach Chemnitz zurückgekehrt war, postierte mir die Polizei einen Doppelposten vor das Hotel, in dem ich wohnte. Ich schlief längst den Schlaf des Gerechten, als die armen Polizisten erst ihren Posten verlassen durften. Am nächsten Morgen reiste ich mit dem ersten Zug ab. Als die Polizisten sich wieder einstellten, hörten sie, sicher mit Genugtuung, ihr Postenstehen sei überflüssig geworden. Alle diese Maßnahmen konnten nur von Behörden getroffen werden, die uns gegenüber jeder Überlegung bar waren und kein Gefühl mehr dafür besaßen, wie sie sich damit in den Augen jedes vernünftigen Menschen bloßstellten. Der Sozialistenkoller machte sie eben besinnungslos.

So auch nach meiner Ausweisung im Jahre 1881 in Leipzig. Sobald man mir allergnädigst gestattete, zwei-, höchstens dreimal im Jahre ein, zwei Tage in die Stadt zu dürfen, um mich wegen einer Geschäftsreise im Geschäft zu unterrichten, stand auch der Polizeiposten von früh bis spät vor dem Tore. Geschäftsfreunde, die uns auf dem Kontor besuchten, scherzten: Wir dachten schon, Majestät sei wieder zugegen, seine Leibwache steht vor der Tür. Einer unserer Arbeiter, der im Zorn über diese Überwachung dem Polizisten eine beleidigende Bemerkung zurief, büßte diese mit acht Tagen Haft. Passierte ich auf der Durchreise Leipzig, so mußte ich vorher anmelden, auf welchem Bahnhof und zu welcher Stunde ich ankam und auf welchem Bahnhof und wann ich abreiste. Alsdann trat wieder die polizeiliche Überwachung in Kraft. Vorschrift war, ohne weiteren Aufenthalt von einem

Bahnhof zum anderen mit dem nächsten Zug die Stadt zu verlassen. Diese Verpflichtung traf alle aus Leipzig und der Amtshauptmannschaft Leipzig Ausgewiesenen, sobald sie das Gebiet wegen einer Durchreise betraten. Gegen mich war die Leipziger Polizei besonders rigoros, wohingegen Liebknecht mancher längerer Aufenthalt gestattet wurde, den man mir systematisch verweigerte. Den Grund für dieses zweierlei Maß erfuhr ich zufällig nach dem Fall des Sozialistengesetzes. Der Polizeigewaltige, Wachtmeister Döbler, hatte mich im Verdacht, von mir rührten die Leipziger Korrespondenzen im „Sozialdemokrat" her, die ihm übel mitspielten und in denen von ihm immer nur als von einem Grünäugigen die Rede war. Nun rührte aber nicht eine von diesen Korrespondenzen von mir her; wäre Döbler nicht ein äußerst beschränkter Mensch gewesen, so hätte er am Stil — den er in Leipzig lange Jahre studieren konnte — sofort erkannt, wer der Attentäter war. Das Wort des Oxenstierna trifft aber immer wieder zu: „Du ahnst nicht, mein Sohn, mit wie wenig Verstand die Welt regiert wird..."*

Die Reichstagssession von 1880

In dieser Session kam es zu sehr scharfen und erregten Auseinandersetzungen zwischen uns, der Regierung und den bürgerlichen Parteien. Die polizeilichen Gewaltakte hatten einen Umfang und eine Härte erlangt, daß wir in der erbittertsten Stimmung waren. Der gab ich namentlich Ausdruck in der Verhandlung über die Erneuerung des kleinen Belagerungszustandes in Berlin. Ich schloß meine damalige Rede mit den Worten: „Meine Herren, was muß naturgemäß ein solcher Zustand in den Herzen und Gefühlen der Masse erregen, was muß er erzeugen? Nichts wie Haß, nichts wie Erbitterung, eine Erbitterung, die schließlich allgemein zu dem Glauben und zu der Überzeugung führen muß, daß nichts mehr übrigbleibt als der gewaltsame Umsturz alles Bestehenden. Das haben Sie mit Ihren Maßregeln herbeigeführt. Und nicht allein dieses, sondern auch das Verlangen — denn es sind Menschen, mit denen Sie es zu tun haben —, das notwendigerweise hervorgerufene Verlangen nach Rache und Vergeltung, das in Hunderttausenden von Menschenherzen wachgerufen wird. Das sind die Früchte, die Sie erreicht haben, und wenn Sie mit diesen Früchten zufrieden sind — nun, wir auch."

Die „Frankfurter Zeitung" schrieb über diese Rede: „Welche Summe von Haß und Rachsucht im Gefolge des Ausnahmegesetzes erwächst, läßt uns die Rede Bebels schaudernd ahnen; wir erhalten den unheimlichen Eindruck geheimer Gefahren, die den Frieden der Nation mehr bedrohen, als dies je die offene Agitation vermochte."

Und die „Germania" schloß einen Artikel anläßlich der verlangten Verlängerung des Sozialistengesetzes mit den Worten: „Eine Hoffnung hält die

* Wird auf verschiedene Urheber zurückgeführt. D. Hrsg.

Sozialisten aufrecht. Nicht diejenige auf Beendigung des Ausnahmegesetzes, sondern die auf den baldigen Tag der Revanche, so ungefähr um 1889 herum."

In derselben Session kam die erste Vorlage für die weitere Verlängerung des Sozialistengesetzes bis zum 31. März 1886 zur Verhandlung. Das Zentrum schickte als ersten Redner den Freiherrn v. Hertling vor, der mit seiner Rede den Umfall eines Teiles seiner Partei in Sachen des Ausnahmegesetzes einläutete. Er schlug Kommissionsberatung vor. Umgekehrt fand der Abgeordnete Lasker, daß das Gesetz zu rigoros gehandhabt worden sei. Er erklärte sich gegen seine Verlängerung und stimmte schließlich gegen dieselbe.

Wir hatten eine Anzahl Abänderungsanträge gestellt, um auf diese Weise die Handhabung des Gesetzes gründlich zur Sprache bringen zu können. An den Debatten beteiligten wir uns fast sämtlich. Die Verlängerung wurde schließlich bis zum 30. September 1884 beschlossen, also auf weitere zweieinhalb Jahre. Auch nahm der Reichstag eine Resolution an, wonach die Sammlung von Beiträgen oder die öffentliche Aufforderung zur Leistung von Beiträgen nicht unter den § 16 fallen sollte, wenn die Sammlung nur zur Unterstützung solcher Personen bestimmt sei, denen durch die Ausführung der §§ 22 und 28 des Gesetzes der Ernährer entzogen worden sei ...

Ich hatte aber in jener Session noch ein weiteres Vergehen begangen, das einen Angriff auf mich hervorrief. Bei der Debatte über die neue Militärvorlage (Septennat von 1881 bis 1888) hatte ich auf einen Angriff gegen uns geantwortet: „Sollte es dahin kommen, daß irgendeine Macht deutsches Gebiet erobern wollte, werde die Sozialdemokratie gegen diesen Feind gerade so gut Front machen wie jede andere Partei." Darauf wurde ich im „Sozialdemokrat" von einem ungenannten süddeutschen Genossen angegriffen. Ich antwortete (in Nummer 16 des „Sozialdemokrat"), daß ich kein Wort von dem Gesagten zurücknähme, und schloß: „Es mag der Sozialdemokratie sehr hart ankommen, eventuell in einem Kampfe für die Integrität des deutschen Bodens gewissermaßen das famose heimische Regierungssystem und ihre Todfeinde mit verteidigen zu müssen, aber diese wird sie nicht durch fremde Eroberer los, sondern allein durch eigene Hilfe, durch die Übertreibung des Systems, das herrscht und schließlich die Massen gegen sich empört. Wir geben uns, indem wir unser Land und uns selbst — nicht unsere Feinde und deren Institutionen, die vorübergehende sind — gegebenenfalls vor Zerstückelung und Unterjochung schützen, nicht zum Bollwerk her, »um unseren wackeren Polizisten und Richtern Schutz vor dem Feinde zu bieten«, wie der verehrliche Genosse aus Süddeutschland höhnt, sondern um selbst freie Hand zu haben, uns mit unseren Feinden zu Hause ins reine setzen zu können. Es könnte eine Zeit kommen, wo ein russischer Kaiser mit seiner Armee in Berlin den Feinden der Sozialdemokratie sehr genehm, ihr selbst aber sehr unbequem wäre."

In meiner Rede vom 2. März [1880] ist nicht ein Wort, das unserem Standpunkt etwas vergäbe, denn wir verteidigen in einem Verteidigungskrieg nicht unsere Feinde und deren Institutionen, wir verteidigen uns selbst und das Land, dessen Institutionen wir in unserem Sinne umgestalten wollen, das allein den Boden für unsere Tätigkeit bildet."

Vor, während und nach dem Wydener Kongreß

Im Frühjahr 1880 machte sich allgemein bei uns das Bedürfnis geltend, eine größere Zusammenkunft von Vertretern der Parteigenossen zu veranstalten, die nur im Ausland stattfinden konnte. Einmal galt es, volle Klarheit zu schaffen über die Stellung der Partei zu den Machinationen und Agitationen eines Hasselmann und Most. Zweitens war es notwendig, die Partei über die innere Lage aufzuklären und hierüber eine gründliche Aussprache herbeizuführen. Drittens mußte die Partei über den „Sozialdemokrat" und seine Verbreitung unterrichtet werden. Endlich galt es, sich über die Maßnahmen für die Agitation zu den nächstjährigen allgemeinen Reichstagswahlen zu verständigen. Die Züricher und wir stimmten darin überein, daß diese Zusammenkunft notwendig sei. So meldete ich ihnen alsdann unter dem 29. März, wir hätten beschlossen, sie solle zwei Tage nach dem offiziellen Schluß des Reichstags in Romanshorn oder Rorschach zusammentreten. Der Schluß des Reichstags sei kurz vor Pfingsten zu erwarten. Die Einladung zu der Zusammenkunft solle von der Redaktion und Expedition des „Sozialdemokrat" durch ein Rundschreiben, für das ich einen Entwurf beilegte, erfolgen. Die Versendung der Einladung für das Inland würden wir übernehmen. Man solle allseitig größte Diskretion beobachten und empfehlen.

Aber dieses war gut predigen. Ehe noch die Zusammenkunft stattfinden konnte, hatte die Regierung des Kantons Zürich Wind von der Sache bekommen und Erkundigungen eingezogen, was Wahres daran sei. Dies veranlaßte den „Sozialdemokrat", in seiner Nummer vom 16. Mai [1880] mitzuteilen, die für die Pfingstwoche geplante Zusammenkunft in der Schweiz könne verschiedener Hindernisse halber nicht stattfinden und müsse auf mehrere Monate verschoben werden. Diese Mitteilung hatte nicht früher erfolgen können, so daß mehrere Delegierte, und darunter Most, erst Kenntnis davon erhielten, als sie bereits auf Schweizer Boden angekommen waren.

Most kam bei dieser Gelegenheit auch nach Zürich. Hier beriefen die Genossen eine Versammlung ein, in der er nach jedem Redner das Wort nehmen konnte, um seine Anklagen gegen die Partei zu begründen. Schließlich sprach die Versammlung das Verlangen aus, daß die Polemik zwischen der

„Freiheit“* und dem „Sozialdemokrat“ von jetzt ab eingestellt werde. Sollte aber die „Freiheit“ ihre maßlosen Angriffe gegen die Partei fortsetzen, so sei man gezwungen, die zu ihr stehenden Anhänger aus der Partei auszuschließen.

Most gab klein bei und versprach, der Resolution nachzukommen. Kaum war er aber in London, so führte er den alten Kampf weiter und bestritt sogar, versprochen zu haben, die Angriffe gegen die Partei einzustellen.

Nachdem die Pfingstzusammenkunft unmöglich geworden war, mußten wir uns mit der Einberufung einer neuen beschäftigen...

In Zürich war man mittlerweile auf die gute Idee gekommen, die Zusammenkunft nicht in einer Stadt, sondern auf dem alten Schloß Wyden abzuhalten, das bei dem Dorf Ossingen an der Thur auf einem Hügel romantisch gelegen ist. Der alte Bau gehörte einem Basler Herrn, der uns das Schloß und seine Nebengebäude auf einige Tage vermietete. In einem der letzteren wurde ein Massenquartier eingerichtet, bestehend aus Strohlager mit Wolldecke. Der rote Postmeister** behauptete, die Ossinger Wirte würden uns kaum freundlich aufnehmen, worin er sich irrte, wie sich nachher erwies; auch würde die Geheimhaltung der Konferenz*** kaum möglich sein, verkehrten wir im Dorf. So wurden der Wirt des Deutschen Vereins in Romanshorn und seine Frau veranlaßt, die Bewirtung der Kongreßteilnehmer im Schlosse selbst zu übernehmen.

Als wir von der Station Ossingen auf einem Weg um das Dorf zur Burg hinaufstiegen, standen die Bauern in den Feldern und Weinbergen, auf ihre Geräte gestützt, und sahen uns überrascht und kopfschüttelnd nach. Noch überraschter wurden sie, als am Abend in dem alten Bau Lichter angezündet wurden und die Stimmen der Redner durch die offenen Fenster in den klaren Augustabend hinausschallten. Je mehr aber der Abend fortschritt, um so weniger verlockend erschien mir die Aussicht auf dies nächtliche Strohlager. Die Erinnerung an meine Handwerksburschenzeit stieg erschreckend in mir auf. Außerdem glaubte ich nicht an die Versicherung des roten Postmeisters, die Ossinger Wirte würden uns Speise und Trank trotz unseres guten Geldes verweigern. Ich setzte Liebknecht heimlich auseinander, daß wir dort unten sicher besseres Quartier fänden als hier oben, und lud ihn zum Mitgehen ein. Der war bereit dazu. So verschwanden wir aus dem Kreise der Zecher. Wie ich erwartet, wurden wir im Dorf vom Wirt „Zum Hirschen“ sehr freundlich empfangen und mit gutem Landwein, Schwarzbrot mit frischer Butter und vorzüglichem Schweizer Käse gelabt. Der Wirt gab wiederholt seiner Verwunderung Ausdruck, warum „die Herren“ auf dem Schloß kampierten, statt zu ihnen ins Dorf zu kommen.

* Die „Freiheit“ erschien seit 1879 in London und wurde von Johann Most (siehe Personenregister) redigiert.

** Julius Motteler (siehe Personenregister).

*** Die Konferenz wurde vom 20. bis 23. August 1880 abgehalten. D. Hrsg.

Polizeiliche Auflösung einer sozialdemokratischen Sitzung unter dem Sozialistengesetz
In der Mitte:
Wilhelm Liebknecht, August Bebel;
rechts außen: Wilhelm Hasenclever

Nach einem zeitgenössischen Holzschnitt

»Der Pfeil ist auf die Sozialisten gerichtet, wie aber, wenn er über das Ziel hinausfliegt?«

Zeichnung aus der Zeit des Sozialistengesetzes („Kladderadatsch", Berlin, 1878)

Der Sozialdemokrat

Zentral-Organ der deutschen Sozialdemokratie.

Nr. 12. Donnerstag, 15. März 1883.

Karl Marx gestorben.

Eine überaus schmerzliche Nachricht ereilt uns im Augenblick, da diese Nummer in die Presse gehen soll. Karl Marx, der Mann, der zuerst dem Sozialismus eine wissenschaftliche Begründung gab, der, im wahren Sinne des Wortes ein Denker und Kämpfer, sein ganzes Leben der Sache des Proletariats widmete, der Mann, dessen Name in allen Ländern, wo Sozialisten weilen, mit hoher Achtung und Liebe genannt wird, den die deutsche Sozialdemokratie aber stets mit ganz besonderem Stolz als ihr geistiges Haupt verehrte, ist nicht mehr. Ein Telegramm seines Kampfgenossen Friedrich Engels zeigt uns an, daß er gestern, am 14. März, Nachmittags 3 Uhr gestorben ist. Gestorben nach langem Leiden, das ihn verhinderte, die Arbeit seines Lebens, „Das Kapital", vollendet dem Druck zu übergeben.

Was die Sozialdemokratie, was die Wissenschaft an Marx verloren hat, das zu schildern, sind wir heute außer Stande. Ein so außerordentlich reiches Wissen, gepaart mit einer noch seltneren Schärfe der Kritik und eine so leidenschaftliche Hingabe an die Sache des Proletariats sind noch nie zuvor in einem Menschen vereinigt gewesen. Denn in dem Mann, den man als kalt und gefühllos verschrien hat, pulsirte echte wahre Leidenschaft. Freilich, streng wie er gegen sich selbst war, war es auch in der Wissenschaft und in der Politik. Gegenüber Politikern und Vertretern der Wissenschaft kannte er allerdings keine Rücksicht. Alle Gefühlsschwärmerei war ihm zuwider, er sah in ihr, der Stütze aller Pfaffen, mit Recht die Gegnerin jedes entschlossenen Handelns.

Kaum 70 Jahre ist Marx alt geworden. Inmitten seines Schaffens riß ihn der Tod hinweg, nachdem er ihm kurz zuvor Frau und älteste Tochter geraubt. Zwei Töchter trauern neben Friedrich Engels an seinem Grabe. Mit ihnen trauern Hunderttausende von Arbeitern aller Länder.

Marx starb im Exil, das er freiwillig verlängert hatte, um sich volle Unabhängigkeit seiner Studien zu sichern. Wenn er auch Deutschland noch immer geknechtet und geknebelt sah, so dachte er doch nicht pessimistisch von ihm. Er setzte seine ganze Hoffnung auf die deutschen Arbeiter und drückte wiederholt seine Freude aus über die kluge, männliche Entschlossenheit, mit der sie das Sozialistengesetz unwirksam zu machen verstanden. Er, der mehr als ein Menschenalter für die soziale Revolution gewirkt hatte und daher ein Recht besaß, ungeduldig zu werden, er wußte die Schwierigkeiten des Kampfes in Deutschland wohl zu würdigen. Mit dem Bewußtsein, daß das deutsche Proletariat seiner hohen geschichtlichen Mission gewachsen ist, ist er gestorben.

Sein Andenken wird unauslöschlich in uns fortleben.

Zürich, den 15. März 1883.

Die Redaktion und Expedition des „Sozialdemokrat."

Zum 18. März.

Auf dem ganzen Erdenrund, wo nur Sozialisten weilen, wird der 18. März, als ein hehrer Gedenktag der Revolution gefeiert, doppelt hoch hält ihn das deutsche Proletariat.

Die Sozialisten aller Länder feiern den 18. März als den Jahrestag der Pariser Kommune, jener großartigen Erhebung des Pariser Proletariats, die den Klassenkampf der modernen Gesellschaft, den unerbittlichen Kampf der Ausgebeuteten gegen die Ausbeuter, mit nie zuvor gekannter Schärfe der Welt zum Bewußtsein brachte.

Für die deutschen Arbeiter aber ist der 18. März auch der Gedenktag der Revolution des Jahres 1848, der ersten allgemeinen Volkserhebung in Deutschland seit der Zeit der Bauernkriege. Der ersten — nach mehr als drei Jahrhunderten.

Fünfunddreißig Jahre sind vorübergegangen, seit im deutschen Volke der Freiheitsgedanke Blut und Leben gewann, fünfunddreißig Jahre seit der Freiheitstraum auf kurze Zeit schöne Wirklichkeit zu werden schien — und noch immer schmachtet das deutsche Volk unter dem Druck tyrannischer Knechtschaft. Der freie Gedanke wird verhöhnt, die freie Presse ist unterdrückt, das freie Wort ist geächtet.

Die Revolution des Jahres 1848 trat in Deutschland als eine bürgerliche auf. Das Wort bürgerlich im weiteren Sinne, nicht als Begriff der Klasse genommen. Arbeiter kämpften mit dem Bürgerthum gemeinsam gegen den Absolutismus. Aber kaum regte sich in der Arbeiterklasse das Gefühl der Selbständigkeit, kaum wurden Stimmen unter den Arbeitern laut, daß die bürgerliche Gleichheit Aller vor dem Gesetz nicht das letzte höchste Ziel des Kampfes sei, so trat die Spaltung ein. Im Jargon der Bourgeoispresse hieß es: die Reaktion treibt Straßendemagogie, sie spielt die Arbeiter gegen das Bürgerthum aus. Mit diesem Schlagwort aber bekämpfte die Bourgeoisie jede selbständige Arbeiterbewegung überhaupt, mit ihm beschönigte sie ihren Verrath an der Volkssache, ihre Ueberläuferei ins Lager derselben Reaktion, gegen welche sie kurz vorher noch gezetert hatte.

In Frankreich kam es 1848 in den Junitagen zum blutigen Straßenkampf zwischen Bourgeoisie und Proletariat, in Deutschland war die Bourgeoisie nicht stark genug, es auf einen solchen ankommen zu lassen, und das Proletariat nicht entwickelt genug, ihn zu versuchen. Die Reaktion siegte, weil die Bourgeoisie zwar gewillt war, zu herrschen, nicht aber ihre Haut zu Markte zu tragen, während das Proletariat zwar seine Haut zu Markte trug, nicht aber im Stande war, herrschende Klasse zu werden.

Die Reaktion siegte. Dank der Feigheit der Bourgeoisie, aber sie ging nicht ungeschwächt aus dem Kampf hervor, und so verlief die 1848er Revolution in einen faulen Kompromiß, dessen Frucht die unglückseligste aller Mißgeburten, die konstitutionelle Monarchie war. Die Bourgeoisie kam dergestalt auf Umwegen zu ihrem Ziel. Sie, die die Revolution verrathen hatte, trug dennoch den Vortheil davon.

Ihre ideologischen Vertreter, sowie die noch nicht zum Klassenbewußtsein gelangten Elemente des Bürgerstandes feierten daher noch längere Zeit das Andenken an die März-Revolution. Vor zehn Jahren veranstalteten in Berlin noch Fortschrittler eine Märzfeier. Es war das letzte Mal. Als bei der ersten Berathung des Sozialistengesetzes im Oktober 1878 ein Sozialist sich herausnahm, an den 18. März 1848 zu erinnern, wurde er von den gesammten Vertretern der bürgerlichen Ordnung niedergeschrieen. Republikaner zu sein, ist ein Vorwurf, gegen den man sich heute entrüstet verwahrt.

Nur die Arbeiterklasse feiert noch die Revolution. Sie hat gekämpft, nicht um zur Herrschaft über Andere zu gelangen, sondern um frei zu sein, um der Unterdrückung des Menschen durch den Menschen ein Ende zu machen. Das war ihr Ziel, das ist ihr Ziel. Sie kann nicht auf halbem Wege stehen bleiben, für sie gibt es kein Kompromiß, vorwärts, immer vorwärts muß sie, bis ihr Ziel erreicht ist. Sie hat den Gedanken der Revolution aufgenommen und weiter entwickelt, ihm einen neuen Inhalt gegeben. Die Forderung der politischen Freiheit ist geblieben, die Phrase von der „Freiheit der Arbeit" aber hat der Forderung Organisation der Produktion weichen müssen. Die Forderung der Gleichheit vor dem Gesetz ward zur Forderung der Gleichheit der materiellen Existenzbedingungen, der sentimentale Ruf nach Brüderlichkeit hat Platz gemacht der Erkenntniß der Solidarität der menschlichen Interessen.

Die Arbeiterklasse feiert die Gedenktage der Revolution, weil sie selbst revolutionär fühlt und denkt, weil das Proletariat die einzig revolutionäre Klasse der Neuzeit ist.

* * *

Wenn die deutschen Arbeiter die Märzrevolution lange Zeit mit dem Bürgerthum, anfangs meist sogar unter der Regide desselben feierten, so ist die Feier des Gedenktages der Pariser Kommune dagegen von Anfang an ausschließlich Sache des klassenbewußten Proletariats gewesen — in Deutschland wie allerorts. Auch die Kommune war ursprünglich keine rein proletarische Bewegung gewesen, sondern eine Erhebung aller aufrichtig republikanischen Elemente der Pariser Bevölkerung gegen die monarchistischen Intriguanten in Versailles. Aber die Arbeiterklasse stellte das thatkräftige Element zum Kampf, und kaum war der Kampf mit Versailles aufgenommen, so war sie es, die — ein Zeichen ihrer fortgeschrittenen Entwicklung — ihre Ideen der Kommune aufprägte. So infam verlogen die Depeschen waren, welche der hinterlistige Ränkespinner Thiers über die Kommune in den Provinzen verbreiten ließ, in einem Punkte hatte er Recht: das Eigenthum war thatsächlich in Gefahr. Freilich nicht in dem Sinne, wie es den bornirten Spießbürgern vorgemalt wurde.

Die Pariser Kommune hatte als unmittelbares Ziel nur eines: die Rettung der Republik. Dieses Ziel hat sie, trotz ihrer endlichen Niederlage auch erreicht. Es steht heute fest, daß wenn die Pariser Bevölkerung im Frühjahr 1871 sich nicht erhoben hätte, Thiers und das Versailler Krautjunkerparlament die Republik den Orleans in die Hände gespielt hätten. Die Kommune verhinderte diesen Handel; um ihre Behauptungen Lügen strafen zu können, mußte Thiers die Republik anerkennen, mußte er die Kämpfer für die Republik als die Feinde der Republik ausrufen. Die Kommunards Feinde der Republik! Sie, die mit dem Ruf vive la république! im Kampfe auf den Barrikaden ihr Leben aushauchten! Die Vinoy, die Gallifet, die Ducrot, das ganze monarchische Schmarotzerthum figurirten plötzlich als Kämpfer für die Republik! Ist ein größerer Hohn der Geschichte denkbar?

Aber die ungeheuerlichste aller Lügen wurde geglaubt, geglaubt von der französischen Bourgeoisie, geglaubt von der Bourgeoisie aller Länder. Ob der Augenschein, ob die Thatsachen noch so deutlich dagegen sprachen, man glaubte weil man glauben wollte. Als die Pariser Kommune, heißt es in der von Marx verfaßten Adresse des Generalraths der Internationale über den Bürgerkrieg in Frankreich, „als die Pariser Kommune die Leitung der Revolution in ihre eigene Hand nahm; als einfache Arbeiter zum ersten Mal es wagten, das Regierungsprivilegium ihrer „natürlichen Obern", der Besitzenden anzutasten, und, unter Umständen von beispielloser Schwierigkeit, ihre Arbeit bescheiden, gewissenhaft und wirksam verrichteten — sie verrichteten für Gehalte, deren höchstes kaum ein Fünftel von dem war, was nach einem hohen wissenschaftlichen Gewährsmann (Professor Huxley) das Geringste ist für einen Sekretär des Londoner Schulraths, — da wand sich die alte Welt in Wuthkrämpfen beim Anblick der rothen Fahne, die, das Symbol der Republik der Arbeit, über dem Stadthause wehte.

„Und doch war dies die erste Revolution, in der die Arbeiterklasse offen anerkannt war als die einzige Klasse, die noch einer gesellschaftlichen Initiative fähig war."

Das war ihr Verbrechen, deßwegen ward sie verketzert und verlästert, deßwegen verleumdet und beschimpft.

Nur die klassenbewußten Arbeiter stimmten nicht ein in das Geheul gegen die Kommune. Sie wußten, daß es ihre Brüder waren, die in Paris kämpften, und daß sie für die Sache der Volksbefreiung kämpften. Verräther gibt es überall, die Unwissenheit kann verführt, mißleitet werden, aber daß eine Klasse bewußt ihre eigene Sache verräth, daß sie bewußt gegen ihre eigene Sache kämpft, ist ein Ding der Unmöglichkeit. Und von der politisch so hoch entwickelten Pariser Arbeiterbevölkerung war dies doppelt unmöglich. In allen Ländern nahmen die vorgeschrittenen Arbeiterelemente leidenschaftlich für die Kämpfer der Kommune Partei, und besonders die deutsche Sozialdemokratie hat die Genugthuung, daß es ihre Vertreter waren, die von der Tribüne des Reichstags herab damals die Pariser Kommune gegen die verläumderischen Angriffe der gesammten europäischen Reaktion in Schutz nahmen, ja noch mehr, sich mit ihr solidarisch erklärten.

* * *

Die Kommune ward niedergeschlagen, Verrath hatte den Versaillern die Thore von Paris geöffnet, und den Fall beschleunigt, der unvermeidlich geworden war. Daß die Kommune fallen mußte, darüber waren sich ihre besten Kämpfer selbst damals klar — sie starben nichtsdestoweniger den Heldentod — heute ist es allgemein anerkannt. Es wäre Verrath an der Sache des Volkes, dies zu leugnen. Sobald es gelungen war, Paris von dem übrigen Frankreich zu trennen, es mit ihm in Gegensatz zu bringen, war Paris verloren.

Davor hätten es alle terroristischen Gewaltmaßregeln, in deren Mangel heute vielfach die Ursache der Niederlage gesucht wird, nicht geschützt. Der Befreiungskampf des modernen Proletariats kann nicht durch lokale Erhebungen, und seien dieselben noch so großartig, ausgefochten werden.

Ihre politische Aufgabe konnte die Kommune erfüllen, ihre soziale nicht. Ihr ökonomisches Programm ist — Dank der damals noch in Frankreich allgemein verbreiteten proudhonistischen Lehren — durchaus unzureichend. Man suchte den Kern des Uebels, die Ursache der Ausbeutung nicht in der Produktion, sondern in der Zirkulation. Man wollte das Lohnsystem abschaffen, aber man wußte nicht, wo Hand anlegen; die Parole „Expropriation der Expropriateurs, Enteignung der Enteigner", ward noch nicht laut. Heute ist sie die Grundlage des Programms der französischen Sozialisten; bei der vor wenigen Tagen vollzogenen Wahl in Belleville bildete sie das Schiboleth des Kampfes.

* * *

Die Kommune wurde im Blute erstickt, aber aus ihrer Asche ist eine neue Bewegung hervorgewachsen, eine Arbeiterpartei mit einem klaren bestimmten Programm. Wohl hat auch sie noch ihre Jugendkämpfe durchzumachen, wohl wogt und gährt es noch in ihren eigenen Reihen, aber sie ist da und bildet schon heute das vorwärtstreibende Element im sozialen Kampfe. Sie ist politisch und ökonomisch revolutionär, und diejenigen ehemaligen Kommunards, welche an den Grundsätzen von 1871 festhalten zu sollen glauben, werden von ihr als reaktionär bekämpft. Sie ist über das ganze Land hinaus verbreitet, und verwirft den Gedanken der einseitigen lokalen Befreiungsversuche, sie ist nicht kommunalistisch, sondern kommunistisch. So schreitet die sozialistische Bewegung rückhaltlos vorwärts, weder Ströme von Blut, noch Einkerkerungen und Deportationen vermögen ihren Vormarsch zu hindern.

* * *

Frankreich ist Republik, und wenn dieselbe auch noch sehr viel zu wünschen übrig läßt, so hat doch wenigstens in dieser Beziehung die Kommune nicht vergebens gekämpft, ist das Blut der Tausende und Abertausende nicht ganz umsonst geflossen. Die überlebenden Kommunards sind amnestirt in ihre Heimath zurückgekehrt, und deshalb wird, wenn wir heut der Kommune, ihrer Kämpfe, ihrer Leiden, ihrer Opfer gedenken, neben allen anderen Empfindungen, die uns durchwühlen, sich doch auch ein Gefühl der Genugthuung in uns geltend machen.

„Der Sozialdemokrat" erschien in der Zeit des Sozialistengesetzes — vom 28. September 1879 an in Zürich, vom 1. Oktober 1888 bis 27. September 1890 in London. Die Wochenzeitung wurde von Georg von Vollmar, vom Januar 1881 an von Eduard Bernstein redigiert.

Als wir nächsten Morgen wieder auf der Burg erschienen, regnete es Spöttereien. Aber das böse Beispiel verdarb die guten Vorsätze. Das Nachtquartier im Nebenbau des Schlosses ist keineswegs ideal gewesen. Außerdem hatten eine Anzahl übermütiger Gesellen einen solchen Lärm und Unfug vollführt, daß an Schlaf kaum gedacht werden konnte. Am zweiten Abend war die Zahl der Ausreißer schon erheblich größer, und am Schluß des Kongresses waren es nur noch einige Unentwegte, die nachts auf dem Schloß aushielten.

Die Ossinger erwiesen sich uns in überraschender Weise dankbar. Im nächsten Jahre sollte in Zürich ein internationaler Kongreß abgehalten werden. Die Liberalen setzten Himmel und Hölle in Bewegung, damit die Regierung ihn verbiete. Sie sammelten im Kanton über 30 000 Unterschriften für ein Verbot, aber kein Ossinger Bauer unterzeichnete. Diese erklärten vielmehr, sie hätten die ausländischen Sozialdemokraten kennengelernt, das seien alles anständige Leute gewesen; sie sähen nicht ein, warum diese in Zürich keine Versammlung abhalten sollten.

Die Zahl der in Wyden versammelten Delegierten belief sich auf 56, darunter alle bekannten Genossen aus Deutschland. Unter anderen waren anwesend: Auer, Bernstein, Birkert-Darmstadt, Garve, Greulich, Fritzsche, Frohme, Grillenberger, Hasenclever, Hillmann-Elberfeld, Kautsky, M. Kegel, Leyendecker-Mainz, Liebknecht, Löwenstein-Fürth, Motteler, Oldenburg-Altona, Schlüter-Dresden, Tauscher, Ulrich-Offenbach, Vahlteich, Vater-Hamburg, Vollmar usw.

Den Vorsitz führten Hasenclever und Vahlteich. Die Berichterstattung über die Situation in Deutschland und die Kassenverhältnisse waren mir übertragen. Außerdem war ich Berichterstatter über das Treiben von Most. Auer referierte über die Kasseneinnahmen im Gebiet von Hamburg-Altona und deren Verwendung, Fritzsche über eine besondere Sammlung zugunsten der Berliner Ausgewiesenen und ihrer Angehörigen. Außerdem war Auer die Berichterstattung über die Spaltungsversuche Hasselmanns übertragen. Im ganzen waren bis zum 1. August 1880 rund 36 044 Mark eingegangen, von denen durch meine Hände 24 254 Mark geflossen waren. An die Berliner Ausgewiesenen und ihre Familien hatte ich 10 710 Mark gezahlt, für anderweit gemaßregelte und im Gefängnis sitzende Genossen und deren Familien 5200 Mark, für drei Reichstagssessionen Diäten von 2032 Mark, für Geldstrafen und Gefängnisentschädigungen 2416 Mark usw. Für Gehälter wurde nichts bezahlt. Der „Sozialdemokrat" führte besondere Abrechnung. Neben diesen an der Zentralstelle eingegangenen Geldern liefen erhebliche Summen, die an den einzelnen Orten eingenommen und ausgegeben wurden...

Im Laufe der allgemeinen Diskussion stellte Schlüter den Antrag, das Wort „gesetzlich" aus dem Programm zu streichen; die Partei sei rechtlos, gesetzliches Wirken sei ihr unmöglich gemacht, was solle da die Versicherung bedeuten, man wolle mit gesetzlichen Mitteln sein Ziel erreichen? Nach kurzer Diskussion wurde der Antrag einstimmig angenommen. Dieser Beschluß hat nachher inner- und außerhalb des Parlaments und auch in Gerichtsverhandlungen viel Staub aufgewirbelt. Mit Unrecht. Man faßte den Beschluß nicht als einfache Konsequenz der Lage auf, in der sich die Partei befand, sondern als einen revolutionären Akt, der die bisherige Taktik über den Haufen werfen sollte...

Weiter wurde beschlossen, für die Beteiligung an den Reichstagswahlen im Herbst mit aller Kraft einzutreten. Bei Stichwahlen sollten die Parteigenossen im allgemeinen Wahlenthaltung üben. Andere Beschlüsse betrafen die Zustimmung zu der in Zürich gegründeten Auswärtigen Verkehrsstelle und die Billigung der Einberufung eines internationalen Kongresses, den die belgischen Genossen angeregt hatten.

Die Nachricht von der Abhaltung des Kongresses auf dem Schloß Wyden war für die Polizei und die öffentliche Meinung Deutschlands eine Sensation. Die Polizei war in der verzweifelten Lage, zugestehen zu müssen, daß sie trotz ihres großen Spitzelapparats nicht vermocht hatte, herauszufinden, wann und wo er stattfinden werde. Die bürgerlichen Parteien waren darüber in Aufregung, daß überhaupt ein Kongreß stattfinden konnte, und sie regten sich noch mehr auf, als kurz nach dem Kongreß in der Berliner „Tribüne“ und der „Magdeburger Zeitung“ höchst romanhaft klingende Schilderungen, die unsere Züricher Genossen inspiriert hatten, erschienen und das ganze Unternehmen im abenteuerlichsten Licht erscheinen ließen. Wir amüsierten uns weidlich darüber. Auf die Stimmung in der Partei war der Wydener Kongreß von der allerbesten Wirkung. Die bloße Tatsache, daß er stattgefunden, wirkte schon höchst anregend. Man war wieder einmal beisammen gewesen, die alten Kämpen hatten sich gesehen und gründlich ausgesprochen, Mißtrauen, wo es vorhanden war, beseitigt; der Mut der einzelnen war bedeutend gehoben worden. Alle gingen frischen Mutes nach der Heimat mit dem Entschluß, die in Wyden ausgestreute Saat zur Reife zu bringen.

Nachdem die erste Überraschung bei unseren Gegnern vorüber war, brach in der gegnerischen Presse eine Hetze gegen die Schweiz los, „Kreuzzeitung“ und „Reichsbote“ voran. Sie verlangten die Ausweisung der Verschwörer aus der Schweiz und rieten zu dem Versuch, einen Hochverratsprozeß zu inszenieren. Aber das Verlangen der „Kreuzzeitung“ und ähnlicher Organe, die Schweiz solle das Asylrecht mißachten und politisch mißliebige Personen ausweisen, hatte nur zur Folge, daß der im September tagende Schweizer Juristentag sich sehr entschieden für das Asylrecht aussprach. Der Grundsatz der Nichtauslieferung politischer Verbrecher sei unbeschränkt aufrechtzuerhalten. Die Schweiz solle in der Asylgewährung weitherzige Grundsätze betätigen, aber Spione, Agents provocateurs und ähnliches Gesindel mit Grund wegweisen. Ausweisung dürfe niemals einem fremden Staat zu Gefallen verhängt werden.

Polizei und Gerichte entwickelten nach Wyden wieder neuen Eifer in unserer Verfolgung. So versuchte das Breslauer Amtsgericht einen Prozeß gegen eine angeblich bestehende geheime Verbindung anzustrengen und verfügte zu diesem Zweck die Briefsperre über 3000 Personen. Das ganze Postwesen Breslaus wurde desorganisiert und ein großer geschäftlicher Schaden angerichtet. Und das für nichts.

Auch in Leipzig wurde die Polizei uns immer aufsässiger. Die Wolken zogen sich langsam über unseren Häuptern zusammen. Als wir gegen Mitte September [1880] uns ungefähr vierzig Mann stark zu einer „Geburtstagsfeier" vereinigt hatten, brach plötzlich die Polizei in das Lokal und verhaftete uns allesamt. Unter starker Polizeieskorte wurden wir nach dem Polizeiamt geführt, um verhört zu werden. Ein großer Menschenhaufen begleitete uns. Diese Prozedur, die ergebnislos verlief, währte über zwei Stunden, dann wurden wir entlassen. Das einzige Opfer jenes Vorgangs war der russische Genosse Zetkin, der als Schriftsetzer in Leipzig tätig war und als Gast der „Geburtstagsfeier" beigewohnt hatte. Er wurde ausgewiesen.

Eine erneute, aber erfolglose Haussuchung fand bei mir statt. Auch machte ich die Entdeckung, daß die Staatsanwaltschaft über eine Dame, die sich bereit erklärt hatte, für Briefe an mich als Deckadressatin zu dienen, die Briefsperre verhängt hatte. Die der Staatsanwaltschaft hierbei in die Hände gefallenen Briefe boten aber kein Material zu einer Anklage. Auch sorgte ich sofort dafür, daß die Deckadresse gelöscht wurde.

Der Kampf ging weiter. Die Nummer 39 des „Sozialdemokrat" vom 26. September [1880] veröffentlichte einen von mir verfaßten und von den Kollegen gebilligten Aufruf, unterzeichnet: „Deutschland, den 18. September, Die Parteivertretung", in dem es mit Hinweis auf den Wydener Kongreß unter anderem hieß:

„...Unsere Aufgabe ist unter den Umständen, unter denen die Partei gegenwärtig in Deutschland lebt und kämpft, eine sehr verantwortliche und schwierige. Von Feinden umgeben, die uns vernichten wollen, denen eine reaktionäre Gesetzgebung Mittel in Hülle und Fülle an die Hand gibt, uns »im Namen des Gesetzes« zu unterdrücken, kann, wir wiederholen es, nur Mut, gepaart mit Klugheit, uns Erfolge sichern.

Unter diesen Bedingungen ist *jedes* Mittel recht, das Erfolge sichert, und die Sache der Parteigenossen jedes einzelnen Ortes ist es, die geeigneten Mittel und Wege zu ergreifen und einzuschlagen, die ihnen zur Erreichung des Erfolges am sichersten scheinen...

Also organisiert euch, einerlei wie,... Organisation überall bis in den entlegensten Ort, wo wir Anhänger haben, und unter jeder denkbaren Form. Das ist das erste Gebot.

Das zweite ist: Unermüdliche Agitation für die Verbreitung unseres Zentralorgans, des »Sozialdemokrat«, durch Gewinnung neuer Leser und Abonnenten ...

Das dritte Gebot ist: Das beständige Sammeln von Geldern für Agitations- und Unterstützungszwecke an jedem Orte und in jeder Form ... Zum Kriegführen gehört Geld, Geld und wieder Geld, und da die Partei beständig Krieg führt, braucht sie auch beständig Geld."

Des weiteren rieten wir zur Vorsicht.

„Ihr sollt vorsichtig sein, und ihr müßt namentlich verschwiegen sein — Spione gibt's überall —, aber ihr dürft nicht feig sein.*

Darauf folgten Anweisungen, wie man sich im einzelnen verhalten solle. Schließlich wurde nochmals dringend die Organisation in den einzelnen Wahlkreisen im Hinblick auf die nächsten Reichstagswahlen empfohlen. Auch solle man Geld für die Wahl sammeln und sich über den Kandidaten verständigen.

Außer der hier im Auszug mitgeteilten Ansprache der Parteileitung hatte sich aber auch die Auswärtige Verkehrsstelle in Zürich veranlaßt gesehen, eine Art Manifest zu veröffentlichen und als Flugblatt zu versenden, in dem eine Auslegung der Wydener Beschlüsse gegeben wurde, die wir nicht billigen konnten und durften, da sie in künftigen Prozessen dem Staatsanwalt ein bedenkliches Material lieferte. Die Anschauungen, die wir in Leipzig über dieses Vorgehen der Auswärtigen Verkehrsstelle hatten, kommen in einem Briefe zum Ausdruck, den ich am 18. September [1880] an die Züricher Genossen schrieb und in dem es heißt:

„... Und nun zum Schlusse zu einem Punkte, der hier in den letzten Tagen sehr viel Staub aufgewirbelt hat. Es betrifft dies das Manifest, das die »Magdeburger Zeitung« anscheinend in extenso brachte.

Wir haben von diesem Aktenstück keine Ahnung, wir wissen auch nicht, welchen Zweck dasselbe hat und ob dies etwa die Antwort sein soll, von der W.** in seinem Briefe spricht, daß er sie auf die Kongreßbegrüßung (aus dem Ausland) gegeben. Diese einfache Tatsache beweist, in welch peinlicher Lage wir uns befinden.

Ich bin beauftragt zu erklären, daß wir sämtlich gegen diese Art des Vorgehens Protest erheben und ein zweiter derartiger Schritt zu einem unheilbaren Konflikt zwischen uns und der Verkehrsstelle führen muß.

Ich will hier nicht über die Form und den Ton sprechen, in dem das Aktenstück gehalten ist, obgleich hierüber sehr absprechende und sehr scharfe Urteile gefallen sind, und auch mir scheint es, als glaube man bei Euch, Herrn Most um jeden Preis übertrumpfen zu müssen.

Worin aber Einstimmigkeit herrschte, das war über das eigenmächtige Vorgehen der Verkehrsstelle in einem Fall, der notwendigerweise uns erst zur Prüfung und Begutachtung vorgelegt werden mußte. Die Verkehrsstelle ist keine besondere Behörde, sie kann und darf nicht offizielle Aktenstücke auf eigene Faust in die Welt schicken, für die wir unter allen Umständen verantwortlich

* Die Auslassungen in diesem Brief stammen von Bebel.
** Wohl Walther, das ist Georg von Vollmar (nach Karl Kautsky). D. Hrsg.

gemacht werden. Eine solche Verantwortung übernehmen wir nicht, und eine Behandlung, wie sie uns in dem vorliegenden Fall zuteil geworden ist, lassen wir uns nicht gefallen.

Hier geschieht nichts, was nicht zuvor kollegialisch beraten worden ist, und wir müssen darauf sehen, daß jedes auf weitere Kreise und zur Veröffentlichung bestimmte Aktenstück, das einen offiziellen Charakter trägt oder tragen soll, uns zuvor vorgelegt und nicht eher und nicht anders veröffentlicht wird, wie wir nach vorausgegangener Beratung bestimmen...

Darüber kann kein Zweifel sein, daß der Kongreß, und was ihm nachfolgt, die Wut unserer Gegner aufs äußerste gereizt hat und ein systematisch geführter Hetzkrieg mit entsprechenden Verfolgungen nicht ausbleiben wird. Den gilt es, nicht ohne Not zu verschärfen.

Wir räumen der Verkehrsstelle das Recht ein, die Korrespondenz mit den auswärtigen Genossen zu führen, Aufschlüsse und Auskünfte zu geben, soweit sie das für zweckmäßig hält, und die Gelder einzuziehen. Sobald es sich aber um Akte handelt, durch die größere Parteikreise in irgendeiner Weise in Mitleidenschaft gezogen werden sollen, müssen wir darauf bestehen, unterrichtet zu werden, und daß rechtzeitig unsere Zustimmung dazu eingeholt wird... Ich glaube, das ist nicht mehr als recht und billig. Da hier die Leitung ist und nicht in Zürich, so darf dort nichts von Wichtigkeit und entscheidender Bedeutung geschehen, von dem wir hier nicht zuvor unterrichtet wurden." —

Welchen Eindruck dieses Manifest auf unsere Gegner gemacht, zeigte die Rede, die Herr v. Puttkamer am 30. März 1881 im Reichstag gegen uns hielt, in der er das Manifest vorlas, um an ihm den gefährlichen revolutionären Charakter der Sozialdemokratie zu demonstrieren...

Der kleine Belagerungszustand
über Hamburg-Altona und Umgebung und über Leipzig

Anfang Oktober [1880] verlautete, Preußen sei an Hamburg herangetreten, um es unter Hinweis auf den Ausfall der Reichstagswahl im zweiten Hamburger Wahlkreis zur Verhängung des kleinen Belagerungszustandes in Hamburg zu veranlassen, wobei Preußen gleichzeitig denselben über Altona, Ottensen, Wandsbek und Umgebung verhängen werde. Der Hamburger Senat habe aber das Ansinnen abgelehnt, er glaube, ohne ein solches Gewaltmittel die öffentliche Ruhe und Sicherheit aufrechterhalten zu können. Wie vergleichsweise objektiv man damals in Hamburg sogar dem Wydener Kongreßbeschluß gegenüberstand, das Wort „gesetzlich" aus dem Programm zu streichen, zeigte eine Äußerung des offiziösen „Hamburger Korrespondent": Die Sozialdemokratie habe mit diesem Beschluß nur den durch das Ausnahmegesetz auf sie gezogenen Wechsel akzeptiert.

War man also in Hamburg zunächst nicht geneigt, dem Drängen Preußens nachzugeben, so besagt das nicht, daß man gegen die Sozialdemokratie dort glimpflich verfuhr. Im Gegenteil, vom ersten Augenblick der Verkündigung des Ausnahmegesetzes an traten Polizei und Gerichte, Hand in Hand arbeitend, mit der größten Strenge und Rücksichtslosigkeit auf. Ein Prozeß jagte den anderen, und die Strafen waren die höchsten, die ausgesprochen werden konnten. Und als schließlich dennoch der Hamburger Senat dem Drängen Preußens erlag und am 24. Oktober* den „Kleinen" verhängte, zeigte die Masse der Ausweisungen, daß die Hamburger Republik mit dem Polizeistaat Preußen in Konkurrenz treten konnte. Aus Hamburg wurden auf den ersten Hieb fünfundsiebzig Personen ausgewiesen, darunter siebenundsechzig Familienväter. Im Laufe der Jahre stieg die Zahl der aus Hamburg Ausgewiesenen auf über dreihundertfünfzig. Gleichzeitig mit Hamburg war der Kleine [Belagerungszustand] über Altona, Ottensen, Blankenese und Wedel usw. einschließlich der Güter des Fürsten Bismarck und der Stadt Lauenburg verhängt worden. Im ganzen über ein Gebiet von über tausend Quadratkilometern.

Ausgewiesen wurden unter anderen Auer, den dieses Schicksal binnen einem Jahre zum zweitenmal traf, Blos, Dietz, Garve, Praast, die beiden Kapell usw. Nach einigen Monaten wurde auch die „Gerichtszeitung"** wegen eines nichtssagenden Artikels über russische Zustände verboten, wodurch abermals eine Anzahl Existenzen vernichtet wurde und ein großer materieller Schaden entstand. Dietz, der bei Verhängung des Sozialistengesetzes die im Jahre 1876 gegründete Genossenschaftsdruckerei pro forma käuflich übernommen hatte, fiel jetzt das schwerste Stück Arbeit zu. Er sollte Arbeit und Mittel schaffen für die vielen Existenzlosen und mußte alle Anordnungen von Harburg aus treffen, wohin er sich mit einer Anzahl Ausgewiesener begeben hatte. Aber auch dort war ihres Bleibens nicht. Preußen erklärte nach einiger Zeit auch über Harburg den „Kleinen" und zwang die Hamburger Ausgewiesenen, sich zu zerstreuen. Dietz ging nach Stuttgart, woselbst er die in Leipzig unhaltbar gewordene Druckerei übernahm, die

* Am 25. Oktober 1880. In Heinrich Laufenbergs „Geschichte der Arbeiterbewegung in Hamburg, Altona und Umgebung", II. Band, S. 207 (Hamburg 1931), heißt es: „Aber am 25. Oktober bereits fertigte der Senat eine Bekanntmachung aus, wonach auf Grund des § 28 des Gesetzes gegen die gemeingefährlichen Bestrebungen der Sozialdemokratie mit Genehmigung des Bundesrates für die Dauer eines Jahres angeordnet würde, daß Personen, von denen eine Gefährdung der öffentlichen Sicherheit oder Ordnung zu befürchten sei, der Aufenthalt im Hamburgischen Stadtgebiet mit Ausnahme von Ritzebüttel von der Landespolizeibehörde untersagt werden könne, eine Verordnung, die mit dem 29. Oktober in Kraft träte. Und erst an diesem letzten Tage wurde der Erlaß amtlich verkündet." D. Hrsg.

** Die sozialdemokratische „Gerichtszeitung", herausgegeben von Heinrich Dietz, erschien in Hamburg von 1878 bis zum Verbot 1881; sie war die Fortsetzung der verbotenen sozialdemokratischen Tageszeitung „Hamburg-Altonaer Volksblatt". D. Hrsg.

später mit der „Neuen Welt“* nach Hamburg übersiedelte. Auer, der sich vergeblich nach einer Stellung umgesehen hatte, trat in das Geschäft seiner Schwiegermutter in Schwerin, dem er als ehemaliger Sattler und Tapezier gute Dienste leisten konnte. Blos ging nach Bremen; die Mehrzahl der aus dem nördlichen Belagerungsgebiet Ausgewiesenen wanderte über den großen Teich nach Nordamerika, darunter Molkenbuhr.

Für die Parteikasse, die eben anfing sich zu erholen, kam der Hamburg-Altonaer Schlag sehr ungelegen, doch sei zur Ehre der Hamburg-Altonaer Genossen gesagt, sie parierten die Schläge aus eigenen Kräften. Es waren nur tausend Mark, die sich Dietz eines Tages von mir für die Hamburger Ausgewiesenen erbat, und diesen Betrag haben die Hamburger Genossen während der Dauer des Sozialistengesetzes buchstäblich hundertfältig zurückbezahlt. Vom Jahre 1884 ab, wo ich in Plauen bei Dresden Wohnung genommen hatte, war die Hamburger Deputation, die alle paar Monate einmal spät abends bei mir einrückte, ein gern gesehener Gast; sie kam stets mit Mammon beladen an, und fünftausend Mark war das mindeste, was sie jedesmal der Kasse zuführten ...

*

Überhaupt hatte der Hamburg-Altonaer Schlag die entgegengesetzte Wirkung, die man oben erwartete. Eine leidenschaftliche Bewegung ging durch die Massen, und denen „oben“ die Stirn zu bieten, koste es, was es wolle, war die allgemeine Losung. Von jetzt an hörte allmählich die Geldklemme auf, Kanäle öffneten sich überall.

In Berlin hatte man gehofft, mit der Erneuerung des kleinen Belagerungszustandes über Berlin und Umgegend ihn auch durch die sächsische Regierung über Leipzig und Umgegend verhängt zu sehen. Aber unsere Stunde war noch nicht gekommen.

Mitte November mußte Liebknecht seine sechsmonatige Gefängnisstrafe antreten, die er sich durch eine Rede in einer Versammlung in Chemnitz zugezogen hatte. Die Haft war sehr unangenehm im Hinblick darauf, daß Vollmar die Redaktionsstelle im „Sozialdemokrat“ zum 1. Januar gekündigt hatte. Er wollte nicht durch längeres Bleiben als Redakteur sich die Stellung in Deutschland unmöglich machen, wie sich das für Motteler und Bernstein aus ihrer Tätigkeit ergab. Er wollte nicht auf eine aktive Rolle in der deutschen Politik verzichten ...

Nach Schluß des Reichstags ging die Hetze in der rechtsliberalen und konservativen Presse gegen uns los. Ich schrieb daher Anfang Mai [1880] von der Geschäftsreise an meine Frau, daß der kleine Belagerungszustand kommen werde, aber nicht, wie man in Leipzig vermutete, nach Schluß der Frühjahrsmesse, sondern vor den Wahlen, höchstwahrscheinlich Anfang

* Sozialdemokratisches illustr. Wochenblatt, erschien in Leipzig von 1876 bis 1882, nach Ausweisung seines Redakteurs Bruno Geiser (1881) in Stuttgart.

Juli. Ich hatte richtig geraten. Um Material für den Belagerungszustand zu schaffen, machte man Anfang März [1880] zum zweitenmal den Versuch, gegen mich eine Anklage wegen verbotener Sammlungen — § 16 des Sozialistengesetzes — einzuleiten, und nahm zu diesem Zwecke auch eine Haussuchung vor, die resultatlos verlief. Die Anklage fiel ins Wasser, ich mußte freigesprochen werden. Dagegen sorgte die preußische Regierung dafür, daß wenigstens ein Scheinmaterial für den „Kleinen" geschafft werden konnte. Seit Spätherbst 1880 hatten wir in Leipzig den aus Berlin ausgewiesenen Schmied Heinrich, der ein sehr sympathisches Äußere hatte, aber, wie sich nachher herausstellte, Agent der Berliner Polizei war, dem die Aufgabe zufiel, Material für den kleinen [Belagerungszustand] zu liefern.

Bei den geheimen Zusammenkünften, die wir hatten, war Heinrich stets der radikalste. Insbesondere wollte er durchsetzen, daß wir uns auf Grund eines Statuts geheim organisierten. Dagegen wehrte ich mich energisch, und er fiel mit seinem Plane ab. Anfang April [1881] mußte ich aber auf die Geschäftsreise. Als ich nach sechs Wochen zurückkehrte, war die erste Nachricht, die ich erhielt, Heinrich habe mittlerweile einen von ihm entworfenen Organisationsplan durchgesetzt. Ich war wütend. Hätten Liebknecht und Hasenclever, die sich bei diesen Zusammenkünften nie beteiligten — sie meinten, meine Anwesenheit genüge —, an denselben teilgenommen, Heinrichs Plan wäre verhindert worden. Ich wendete mich in der nächsten Zusammenkunft sehr scharf gegen den gefaßten Beschluß, den ich für kopflos erklärte, und verlangte die Vernichtung der vorhandenen Exemplare des Organisationsstatuts. Man versprach allseitig, dieser Forderung nachzukommen. Als aber bald darauf eine allgemeine Polizeirazzia gegen uns stattfand und auch massenhaft Haussuchungen vorgenommen wurden, war das einzige Exemplar, das von dem Organisationsplan gefunden wurde, in — Heinrichs Besitz. Von jetzt an war mein Mißtrauen gegen ihn geweckt, und ich behandelte ihn danach. Er wurde später gänzlich entlarvt und mußte, da er in Magdeburg ein Sittlichkeitsverbrechen beging, flüchten, zu welchem Zwecke er von der Berliner Geheimpolizei fünfhundert Mark erhielt. Er kam nach Zürich, wo er von Stufe zu Stufe sank und schließlich elend zugrunde ging.

Am 28. Juni [1881] wurde mir eine andere Überraschung zuteil. Auf unserem Kontor erschien ein gewisser Wölffel, der in der Berliner Geheimorganisation eine Rolle spielte und aus verschiedenen Gründen bereits mein Mißtrauen geweckt hatte. Er verlangte im Namen der Berliner Geheimorganisation eine Abschrift aus meinem Kassabuch über die Einnahmen und Ausgaben der letzten Monate. Mir war sofort klar, was der Bursche bezweckte. Ich wies ihm die Tür. Eine Stunde später erschien atemlos ein Parteigenosse in meiner Wohnung und teilte mir mit, er habe soeben von einem Setzer der Teubnerschen Druckerei erfahren, daß die abends erscheinende offizielle „Leipziger Zeitung" eine Bekanntmachung des Ministeriums enthalten werde, wonach vom nächsten Tage ab der kleine Belagerungszustand über Stadt und Amtshauptmannschaft verhängt werde.*

Die Würfel waren also gefallen.

Ich unterrichtete sofort Liebknecht und Hasenclever von dem, was uns bevorstand, und veranlaßte alsdann die Einberufung einer Vertrauensmännerversammlung von Leipzig und Umgegend, die am nächsten Tage, dem 29. Juni, abends 9 Uhr, am Napoleonstein auf der Höhe bei Probstheida zusammentreten solle. Der Napoleonstein bezeichnet die Stelle, von welcher am 18. Oktober 1813 Napoleon seine Heerscharen in der Schlacht leitete. Man hatte zu jener Zeit von dort einen weiten Überblick über die Gegend, den weder Baum noch Strauch beengte, alles war Ackerfeld, so daß man Unberufene schon von weitem sehen und erkennen konnte. Heute ist die Gegend eine vollständig andere, und der Napoleonstein wird von dem mittlerweile in seiner Nähe errichteten Völkerschlachtdenkmal erdrückt.

Wir waren ungefähr hundert Mann stark vereinigt. Es wurde besprochen, wie man die Geldsammlungen für die Familien der Ausgewiesenen organisieren und wer die Gelder verteilen solle. Weiter wurde die Verbreitung des „Sozialdemokrat" geregelt und organisatorische Maßregeln für die Wahlen getroffen. Ich schloß meine Rede an die Nichtausgewiesenen mit der Mahnung, nicht den Kopf zu verlieren und standzuhalten. Diskutiert wurde nur wenig. Dann nahmen wir voneinander Abschied, und die einzelnen Trupps zogen ihrer Heimat zu.

Die Form der Ausweisung, die die Leipziger Polizei beliebte, war eine ganz niederträchtige. Die dreiunddreißig Mann, die man zunächst auf der Liste hatte, wurden nach dem Polizeiamt bestellt und dort von jedem, als seien wir Verbrecher, ein genaues Signalement aufgenommen. Da aber kein Längenmaß vorhanden war, mußte sich jeder einzelne an den Türpfosten stellen, an dem ein Beamter durch einen Bleistiftstrich die Größe vermerkte. Eine solche Behandlung war den Ausgewiesenen nirgends zuteil geworden. Ich beschwerte mich darauf energisch bei dem Minister des Innern, Herrn v. Nostitz-Wallwitz, der aber diese Behandlung gerechtfertigt fand. Nur meiner Beschwerde wegen der Art des Messens stimmte er zu, er habe Weisung gegeben, daß ein Längenmesser beschafft werde.

Der Herr Minister zeigte hier einmal Humor, eine Eigenschaft, die er sonst nicht besaß.

Da sich unter den Ausgewiesenen auch eine Anzahl der bereits aus Berlin Ausgewiesenen befand, die in dem Glauben, sicherer in Leipzig wohnen zu können, ihre Familien übersiedelt hatten, so entstand bei diesen eine besondere Aufregung. Am Tage des Auszugs ihrer Männer zogen die Frauen

* Der Leipziger Richard Lipinski schreibt in seinem Buche „Die Sozialdemokratie von ihren Anfängen bis zur Gegenwart", II. Band, S. 44 (Berlin 1928), daß der kleine Belagerungszustand über Leipzig-Stadt und Amtshauptmannschaft Leipzig bereits am 27. Juni verhängt wurde.

mit ihren Kindern auf das Rathaus und stellten diese dem Rat zur Verfügung. Die hochwohlgeborenen Herren waren darüber sehr verdutzt und versprachen jede mögliche Unterstützung.

Liebknecht, der Xylograph Burckhardt und ich verließen am 2. Juli [1881] Leipzig und wanderten zu Fuß nach Borsdorf, einer Station der Leipzig-Dresdener Eisenbahn, wo wir zunächst bei einem Schneider zwei Zimmer mieteten. Als aber dieser über Nacht erfuhr, was für Vögel er im Nest habe, kündigte er uns sofort die Wohnung. Auch der Wirt des Bahnhofrestaurants, bei dem Liebknecht speisen wollte, der sich anderwärts in Borsdorf ein Zimmer gemietet hatte, war im Zweifel, ob er dem bösen Sozialdemokraten gegen gutes Geld des Leibes Nahrung verabreichen dürfe, und fragte deshalb ausdrücklich bei der Kreishauptmannschaft in Leipzig an. Nachher hat sich der Wirt gegen Liebknecht und seine Familie sehr anständig und hilfsbereit benommen.

Hasenclever war nach seiner Ausweisung mit seiner Familie nach Wurzen, ebenfalls einer Station der Leipzig-Dresdener Eisenbahn, verzogen. Dieses Ereignis brachte den hochwohlweisen Rat der Stadt in die größte Aufregung. Die Herren steckten die Köpfe zusammen, um zu beraten, wie sie den Gefahren entgehen könnten, die durch die Anwesenheit Hasenclevers der guten Stadt Wurzen drohten. Als echte Schildbürger kamen sie zu dem Beschluß, daß von nun an im *voraus* alle Versammlungen verboten sein sollten, von denen durch Tatsachen die Annahme gerechtfertigt sei, daß sie zur Förderung der durch das Sozialistengesetz verbotenen Bestrebungen bestimmt seien.

Auf erhobene Beschwerde unserer Parteigenossen hob aber die Kreishauptmannschaft zu Leipzig den gefaßten Beschluß auf und belehrte den Rat zu Wurzen, daß er nur von Fall zu Fall ein solches Verbot erlassen könne. Das Oberhaupt der Stadt soll einen hochroten Kopf bekommen haben, als es den Rüffel der Kreishauptmannschaft las. Es war klug genug, später nur mäßigen Gebrauch von dem Verbotsrecht zu machen.

Bevor wir Leipzig verließen, hatten Liebknecht, Hasenclever und ich unter dem 30. Juni [1881] einen Aufruf veröffentlicht: „An unsere Freunde und Gesinnungsgenossen und alle rechtlich denkenden Leute", in dem es hieß:

Die sächsische Regierung habe für gut befunden, über Stadt und Amtshauptmannschaft Leipzig den kleinen Belagerungszustand zu verhängen, „weil die öffentliche Sicherheit bedroht sei..." An die Gefährdung der öffentlichen Sicherheit glaube in dem betreffenden Gebiet kein Mensch. Aber darauf komme es nicht an. Die bloße *Annahme,* daß die öffentliche Sicherheit gefährdet sei, genüge, um eine große Anzahl Existenzen ohne Richterspruch von Weib und Kind, Haus und Herd zu vertreiben und sie dem Elend preiszugeben. Mit Ausnahme eines einzigen Falles, der einen bereits aus Berlin Ausgewiesenen betroffen habe, hätten die Leipziger Richter noch keine Gelegenheit gehabt, wegen eines Vergehens wider das Sozialistengesetz über einen der Ausgewiesenen auch nur eine Stunde Gefängnis oder eine Mark Geldstrafe zu verhängen. „Das ist ein Zustand, wie er in keinem zivilisierten Lande der Welt... möglich ist... Grimm und Haß im Herzen, werden die Ausgewiesenen die Heimat, Weib und Kind verlassen; sie sind gezwungen, wenn auch zähneknirschend vor Ingrimm, sich der Macht zu beugen. An euch ist es, für ihre Frauen und Kinder einzutreten, damit diese, abgesehen von dem schweren moralischen Druck, den die Beraubung des Gatten, des Vaters, des Ernährers ihnen bereitet, nicht auch noch unter dem schwersten materiellen Druck des Elends seufzen... Den Ausgewiesenen wird der Gang in die Fremde leichter, wenn sie wissen, daß Tausende hinter ihnen stehen, die bemüht sind, den schweren Schlag, der sie wegen ihrer Überzeugung betroffen hat und den sie als Männer werden zu tragen wissen, nach Kräften überwinden helfen... Seid überzeugt, daß wir, was auch immer uns noch treffen mag, fest und treu zu der Fahne stehen, für die wir in die Verbannung gehen."*

Zur Empfangnahme von Unterstützungen erklärten sich unsere Frauen bereit, ferner gaben wir für auswärts die Adressen von Grillenberger-Nürnberg, Auer-Schwerin und Fabrikant Emil Backofen in Mittweida i. S. an.

Der Aufruf zu Sammlungen hatte die Wirkung, daß aus bürgerlichen Kreisen verschiedentlich an meine Frau die Aufforderung erging, sie möge einen öffentlichen Aufruf zur Sammlung von Unterstützungen für die Familien der Ausgewiesenen erlassen, er werde guten Erfolg haben. Dem wollte meine Frau entsprechen. Sie wandte sich zur Genehmigung eines solchen Aufrufs an das Polizeiamt zu Leipzig und die Amtshauptmannschaft Leipzig. Die letztere lehnte kurzerhand ab. Der Amtshauptmann galt, und das charakterisiert sein Verhalten, für einen besonders frommen Mann. Er hatte nicht weniger als siebzig Personen aus seinem Amtsbezirk der Kreishauptmannschaft zur Ausweisung empfohlen. Das Polizeiamt stellte meiner Frau allerlei Bedingungen, die diese Bedenken trug zu erfüllen und mir nach Dresden meldete.

Ich befand mich damals in der denkbar schlimmsten Stimmung. Daß man uns wie Vagabunden oder Verbrecher ausgewiesen und ohne eine gerichtliche Prozedur von Weib und Kind gerissen hatte, empfand ich als eine tödliche Beleidigung, für die ich Vergeltung geübt, hätte ich die Macht gehabt. Kein Prozeß, keine Verurteilung hat je bei mir ähnliche Gefühle des Hasses, der Er- und Verbitterung hervorgerufen, als jene sich von Jahr zu Jahr erneuernden Ausweisungen, bis endlich der Fall des unhaltbar gewordenen Gesetzes dem grausamen Spiel mit menschlichen Existenzen ein Ende machte.

Aus dieser Stimmung heraus wurde das Schreiben geboren, das ich am 11. Juli [1881] an das Leipziger Polizeiamt sandte, das also lautete:

* Die Auslassungen (...) stammen von August Bebel. D. Hrsg.

„Wie mir meine Frau mitteilt, hat das Polizeiamt derselben auf ihr Gesuch, eine Sammlung für die Familien der Ausgewiesenen zu gestatten, geantwortet: sie möge die Art dieser Sammlung näher auseinandersetzen und müsse zweitens sich bereit erklären, genau Buch über Einnahmen und Ausgaben zu führen und dem Polizeiamt die Einsicht in die Abrechnung zu gestatten.

Ich betrachte diese letztere Bedingung als eine im Gesetz nicht begründete und meine Frau tief beleidigende und habe derselben den Rat gegeben, ihr Gesuch zurückzuziehen.

Die Armenordnung vom 22. Oktober 1840 enthält nicht eine Bestimmung, die der Polizeibehörde das Recht gäbe, sich um die Verwendung des Resultats einer Sammlung für einen wohltätigen Zweck zu kümmern. Das Polizeiamt begeht mit seinem Verlangen eine Handlung, die sich im Gegensatz zu dem Gesetz und zu der bisherigen Handhabung der Armenordnung befindet.

Ein solches Vorgehen muß um so mehr jeden unparteiisch Denkenden empören, da in diesem Augenblick die Lokalblätter Leipzigs Aufrufe für die von dem aufgehetzten Pöbel Rußlands malträtierten Juden enthalten, die der Kreishauptmann und der Bürgermeister Leipzigs nebst einer ganzen Anzahl anderer hochgestellter Persönlichkeiten veröffentlichen, worin an das öffentliche Mitleid für die gehetzten Juden Rußlands appelliert und in den beweglichsten Worten zur Leistung von Beiträgen aufgefordert wird, ohne daß das Polizeiamt zu Leipzig es gewagt hätte, diesen Herren eine ähnliche Bedingung zu stellen wie meiner Frau.

Aus diesem Verhalten des Polizeiamts, in Verbindung mit dem Verhalten der Amtshauptmannschaft, geht hervor, daß es in Deutschland so weit gekommen ist, daß öffentliche Sammlungen und ein Appell an das Mitleid für gehetzte und zugrunde gerichtete Menschen gestattet werden, wenn diese *Nichtdeutsche* sind, daß es aber verboten oder auf alle mögliche Weise erschwert wird, Sammlungen für die ins Elend gestürzten Familienmitglieder derjenigen Landeskinder vorzunehmen, die eine angeblich aufgeklärte und wohlwollende Regierung und ihre untergeordneten Behörden mit kaltem Blute und kalter Berechnung von Weib und Kind, von Haus und Hof vertrieben und ihrer Existenz beraubt haben.

Ich begreife hiernach, was es heißt, in einem deutsch-christlichen Staate zu leben und von herzlosen Behörden regiert zu sein, und werde dafür Sorge tragen, daß dieses »humane«, die christliche Gesinnung wie die gleichmäßige Gesetzeshandhabung so eigentümlich illustrierende Verhalten des Polizeiamts und der Amtshauptmannschaft zu Leipzig der Öffentlichkeit übergeben und an entsprechender Stelle seinerzeit zur Sprache gebracht wird.

Gleichzeitig verbinde ich hiermit die Erklärung, daß, wenn das Polizeiamt das Sammeln für die Familien der Ausgewiesenen laut Bekanntmachung im „Leipziger Tageblatt“ von einer vorherigen Genehmigung seinerseits abhängig macht, sich dies nach dem Wortlaut der §§ 103 und 104 der Armenordnung nur auf die öffentliche Aufforderung zu Sammlungen und auf Sammlungen von Haus zu Haus beziehen kann. Keine Behörde kann aber Sammlungen verbieten, die unter Gleichgesinnten, unter Freunden und Bekannten für den genannten Zweck vorgenommen werden, noch kann sie verbieten, daß meine Frau Beiträge dieser Art entgegennimmt. Ich habe in diesem Sinne meiner Frau Mitteilung gemacht und sehe mit Ruhe weiteren Schritten entgegen.“

Wenige Tage nach Abgang dieses Schreibens erhielt meine Frau einen Wink, vorsichtig zu sein, man werde nächsten Morgen bei ihr Haussuchung halten. Sie ließ sich erschrecken und verbarg das Kassabuch in der Röhre des Küchenherds. Als sie aber am nächsten Morgen ihren Kaffee kochte, dachte sie nicht gleich an das versteckte Buch, es fing Feuer und wurde halb verbrannt hervorgezogen. Mit Hilfe einiger Leipziger Genossen, der noch vorhandenen Briefe und Postanweisungsabschnitte gelang es, das Kassabuch neu herzustellen.

Meine Wahl in den sächsischen Landtag, 1881

Bisher hatte ich alle Angebote, eine Kandidatur für den Landtag anzunehmen, abgelehnt. Ich konnte nicht verantworten, in Rücksicht auf unser Geschäft, noch weitere Opfer an Zeit zu bringen, als mir bisher meine politische Tätigkeit, und speziell die Ausübung des Reichstagsmandats, auferlegt hatte. Diese Rücksichtnahme war jetzt durch meine Ausweisung gefallen. Jetzt wurde mir nicht nur wider Willen Herbst und Winter hindurch freie Zeit verschafft, ich hatte nunmehr auch das Verlangen, den Herren in Dresden Auge in Auge gegenüberzutreten und meine Anklagen zu erheben. Anfang Juli 1881 sollte eine Ergänzungswahl für den Landtag vorgenommen werden, von dem alle zwei Jahre ein Drittel seiner Mitglieder der Reihe nach ausscheidet. Eine Ergänzungswahl hatte dieses Mal unter anderen im dreiundzwanzigsten ländlichen Wahlkreis stattzufinden — die Wahlkreise sind in ländliche und städtische eingeteilt —, und zwar für die Industriedörfer südlich von Leipzig. Ich nahm jetzt die angebotene Kandidatur an, was große Aufregung in den Regierungs- und gegnerischen Kreisen hervorrief, denn meine Wahl schien sicher. Man bot alles auf, um sie zu verhindern. Um Schrecken unter der Wählerschaft zu verbreiten, wies man zwei Tage vor der Wahl abermals zweiundzwanzig Genossen aus. War unter der ersten Rate der Spitzel Heinrich gewesen, den man mit ausgewiesen hatte, um kein Mißtrauen gegen ihn zu erregen, so flog jetzt der zweite Polizeispitzel hinaus, Kaufmann Friedemann aus Berlin, den uns die dortige Polizei ins Nest gesetzt hatte. Friedemann ging nach Zürich, wo er ebenfalls bald darauf entlarvt wurde. Er hatte die Gepflogenheit, bei Zusammenkünften der Genossen in Zürich, wie alle diese Buben, den Radikalen zu spielen und mit Vorliebe Heinrich Heines Gedicht „Die zwei Grenadiere“ zu deklamieren, wobei er die letzte Zeile im letzten Vers also abgeändert vortrug:

„Was schert mich Weib, was schert mich Kind,
Ich trage weit beßres Verlangen,
Laß sie betteln gehn, wenn sie hungrig sind,
Mein Kaiser, mein Kaiser muß *hangen*“,

statt wie im Text:

„Mein Kaiser, mein Kaiser gefangen.“

Doch die polizeiliche Liebesmühe, meine Wahl zu verhindern, war vergebens. Am 12. Juli nachmittags fuhr ich mit meinem Parteigenossen Karl Münche in Zittau zu der herrlich gelegenen Burgruine Oybin. Am Abend traf dort atemlos ein Bote ein mit dem Telegramm, das meinen Sieg mit großem Mehr verkündete. Münche war über diese Siegesnachricht so erfreut, daß er aus den beiden Böllern, die der Wirt des Oybin besaß, zwanzig Schüsse in Wald und Gebirge donnern ließ.

Auf einer Geschäftsreise begriffen, schrieb ich am nächsten Morgen sofort an den Wahlkommissar und erklärte mich zur Annahme der Wahl bereit. Dann reiste ich weiter nach Nordböhmen. Mittlerweile trug sich in Leipzig schier Unglaubliches zu. Am Tage nach meiner Wahl veröffentlichte das „Leipziger Tageblatt“ einen offiziellen Artikel, in dem erklärt wurde, meine Wahl sei ungültig, ich zahlte nicht die vom Gesetz vorgeschriebenen wenigstens dreißig Mark direkten Staatssteuern. Die Sozialdemokratie habe sich vergeblich über meine Wahl gefreut. Und nun fuhr der Artikelschreiber fort, meine Einkommen- und Steuerverhältnisse auseinanderzusetzen, was er nur durch Indiskretion aus amtlichen Quellen konnte. Des weiteren aber beging der Stadtrat die unglaubliche Kopflosigkeit, meiner Frau die für das laufende Jahr bereits gezahlten Steuern zurückzusenden. Der Täter dieser Dummheiten und Kopflosigkeiten, die man nicht für möglich halten sollte, war ein Stadtrat Messerschmied, der auch als Wahlkommissar in einem städtischen Wahlkreis dreihundertsechsundvierzig auf mich gefallene Stimmen ohne weiteres für ungültig erklärte.

Die offiziöse Darstellung war falsch. Ich hatte bereits im Jahre 1871, als Liebknecht und mir der große Hochverratsprozeß drohte, um mich im Falle meiner Verurteilung nicht zum armen Manne machen zu lassen, mein kleines Eigentum gerichtlich an meine Frau übertragen lassen. Dieses Verhältnis bestand weiter. Ich trug die Steuer für nur einen Teil unseres Einkommens, der andere meiner Frau zufallende Teil der Steuer mußte aber nach der klaren Bestimmung in § 5 des sächsischen Wahlgesetzes bei der Berechnung des Zensussatzes mir in Anrechnung kommen. Damit hatte ich aber zweifellos das passive Wahlrecht und war ordnungsmäßig gewählt. Ich stellte zur Beruhigung meiner Wähler durch eine Erklärung im „Leipziger Tageblatt“ diesen Sachverhalt fest. Mittlerweile war man sich aber auch auf dem Leipziger Rathaus des begangenen Schildbürgerstreichs bewußt geworden und holte die Steuern, die man anfangs meiner Frau zurückgebracht hatte, wieder für die Kasse ab.

Das stärkste aber war, daß nachher der Minister des Innern, Herr v. Nostitz-Wallwitz, die Taktlosigkeit beging, im Landtag zu erklären, daß er es in der Hand gehabt hätte, ohne eine Gesetzesverletzung zu begehen, meine Wahl für ungültig zu erklären und eine Neuwahl anzuordnen. Nur die Rücksicht auf die Entscheidung der Kammer habe ihn davon abgehalten. Die wohlverdiente Antwort auf diese Insolenz konnte ich ihm nicht geben. Die Kammer bewahrte ihn durch Annahme des Schlusses der Debatte vor der wohlverdienten Züchtigung. Schließlich aber bekam er selbst durch die ihm so gefügige Kammer eine erstklassige moralische Ohrfeige. Die Abteilung, die meine Wahl zu prüfen hatte, erklärte sie einstimmig für gültig, und den gleichen Beschluß faßte das Plenum der Kammer. Ebenso wurden die dreihundertsechsundvierzig Stimmen für gültig erklärt, die der Stadtrat Messerschmied in seiner sinnlosen Wut gegen mich für ungültig erklärt hatte...

Die erste Session des Reichstages im Jahre 1881

Diese wurde Mitte Februar eröffnet. Seit Einführung der neuen Zollpolitik bildeten deren Resultate den Gegenstand lebhafter Erörterungen, wobei es an Reden für und wider nicht fehlte. Die Etatsverhandlungen boten hierzu in erster Linie das geeignete Feld. So auch jetzt. Ich hatte im Namen der Fraktion die Etatsrede zu halten. Die seit 1874 eingetretene wirtschaftliche Krise herrschte noch immer, und es zeigten sich nur schwache Anfänge zur Besserung. Die Arbeiter litten wie immer darunter besonders schwer, da die Unternehmer das Rezept des Finanzministers v. Camphausen, das dieser 1875 aufgestellt, rücksichtslos anwandten, wonach eine Besserung der wirtschaftlichen Verhältnisse nur dadurch möglich sei, daß man sparsamer wirtschafte, an die Leistungsfähigkeit der Arbeiter höhere Anforderungen stelle und die Löhne reduziere. Ein Vorschlag, der dem Abgeordneten Eugen Richter am 22. November 1875 die Äußerung entlockte: Allen Respekt vor einem Minister, der so unpopuläre Anschauungen auszusprechen wagte.

An diese Vorgänge erinnerte ich in meiner Rede, wobei ich das herrschende Wirtschaftssystem gründlich kritisierte; dieses System bedürfe einer Änderung von Grund auf, sollen die arbeitenden Massen sich wohlfühlen. Diese Änderung könne aber von den gegenwärtigen Machthabern nicht vorgenommen werden, heiße der Reichskanzler Bismarck, Richter oder Rickert.

Ende März [1881] kam zum erstenmal der Rechenschaftsbericht des Hamburger Senats und der preußischen Regierung wegen Verhängung des kleinen Belagerungszustandes über Hamburg-Altona und Umgegend zur Verhandlung, die zwei Tage in Anspruch nahm. Der Bericht bewegte sich in den üblichen nichtssagenden Redensarten, durch die sich diese Berichte ohne Ausnahme auszeichneten. Auer und ich waren von der Fraktion als Redner bestimmt. Wir sprachen beide in der fünfundzwanzigsten und sechsundzwanzigsten Sitzung, wie ich glaube sagen zu können, sehr gut. Nach Auer nahm Herr v. Puttkamer das Wort. Er erschien zum erstenmal im Reichstag als Vertreter der preußischen Regierung für die getroffenen Anordnungen. Er zeigte sofort, wes Geistes Kind er war, und daß Bismarck in ihm einen Gehilfen gefunden hatte, der ebenso rücksichtslos, aber gewandter als er, jede Gewalttat, aber auch jede, zu beschönigen und zu rechtfertigen versuchte. Er war eben ein Junker vom Scheitel bis zur Zehe, wie sie nur ostwärts der Elbe wachsen, der, wie die Zukunft lehrte, an der Stelle des Herzens einen Stein hatte, dem die gewalttätigsten Mittel die genehmsten waren. Aber als er im achten Jahre seines Regiments durch einen Machtspruch des sterbenden Kaisers Friedrich gezwungen wurde, abzutreten, mußte er sich das Geständnis ablegen, daß sein Kampf gegen uns pro nihilo (für nichts) gewesen war. Wohl hatte er viele Hunderte Existenzen vernichtet, noch mehr Parteigenossen in die Gefängnisse gebracht und zahlreiche Ehe- und Familienbande zerstört, er, der Retter und Beschützer von Ehe, Familie und Eigentum, aber die Partei stand stolz und ungebrochen da, stärker als je. In den drei allgemeinen Reichstagswahlen, die von 1881 bis 1887 unter Puttkamer stattfanden, wuchs ihre Stimmenzahl von rund 312 000 auf rund 763 000 an, und sie schickte sich an, die stärkste aller Parteien zu werden.

In der Antwort, die Puttkamer Auer gab, äußerte er: Die königlich preußische Regierung habe aus hiesigen, der königlich sächsischen Regierung natürlich nicht bekannten Vorgängen die Überzeugung gewonnen, daß von Tag zu Tag für Leipzig die Gefahr mehr wachse, und sie würde es sich nicht versagen können, wenn die Sachen so weitergehen, es der Weisheit der sächsischen Regierung anheimzugeben, ob sie nicht für Leipzig eine ähnliche Maßregel beantragen wolle, wie sie für Berlin und Hamburg-Altona bestehe...

*

In derselben Session brachten die verbündeten Regierungen den Entwurf eines Unfallversicherungsgesetzes ein, der eine Reichsversicherungsanstalt zu gründen bezweckte, die ganze Versicherung also in die Hände des Reiches legte. In diesem wichtigen, grundlegenden Punkte entsprach die Vorlage der Forderung, die ich im Februar 1879 gelegentlich der Debatte über die Haftpflichtinterpellation des Freiherrn v. Hertling aufgestellt hatte. In der Art der Ausführung wich sie aber sehr weit von unserem Standpunkt ab. Doch dieser Entwurf genügte schon, um die größte Beunruhigung in die Kreise der bürgerlichen Parteien zu tragen, die in ihm den ersten Schritt zum Sozialismus sahen.

Dieser Befürchtung hatte schon Herr v. Kardorff in seiner Etatsrede am 25. Februar Ausdruck gegeben, der in seiner beliebten übertreibenden Weise

August Bebel und F. W. Fritzsche während der Kanzlerrede in der Sozialistengesetzdebatte

Nach einem alten Holzschnitt

»Wir Deutsche fürchten Gott, sonst nichts auf der Welt!«

Otto von Bismarck vor dem Deutschen Reichstag, 6. Februar 1888. Gemälde von Ernst Henseler

»Der Drechselmeister an der Arbeit. August der Große beschäftigt sich neuerdings auch mit auswärtiger Politik und sucht die Welt nach seinem Modell umzuarbeiten.«

Karikatur aus dem „Kladderadatsch", Berlin, 1869

die Behauptung aufstellte, der Reichskanzler habe durch die Vorlage sogar den Sozialismus übertroffen. Ich hatte ihm darauf folgendes geantwortet: „Ich weiß nicht, was Herr v. Kardorff für Begriffe von den Ansichten der Sozialdemokraten und ihren Bestrebungen hat. Ich kann nur sagen, daß, wenn wir auch im allgemeinen das Prinzip billigen, auf dem der Unfallversicherungsgesetzentwurf beruht, wir die ganzen Ausführungsbestimmungen sehr, sehr wenig genügend finden, und wenn wir uns auch einmal der Hoffnung hingeben wollten — obgleich wir diese Hoffnung nicht haben —, daß der Entwurf hier im Reichstag in einer Weise amendiert würde, die vollständig unseren Wünschen, also den Wünschen der Arbeiterklasse entspräche, so muß ich doch sagen, daß auch damit noch sehr wenig geschaffen ist. Es wäre ein anerkennenswerter Schritt damit geschehen, aber es wäre mindestens ebenso wichtig, daß nicht allein dafür gesorgt wird — und dies ist Ihre Aufgabe, denn wir sind nur die Geduldeten in diesem Hause, man sähe uns am liebsten draußen —, daß nicht nur diejenigen Unterkunft und Brot haben, die in der Industrie durch irgendeinen Unfall geschädigt werden, sondern daß unsere Arbeiter überhaupt ausreichend Brot und Verdienst haben und beschäftigt werden können." Der Abgeordnete Dr. Bamberger schrieb mir sogar die Autorschaft des Gesetzentwurfes zu, indem er in der ersten Lesung ausführte:

„Materiell ebenso wie formell steht der heutige Gesetzentwurf auf dem Boden des Sozialismus: Er bekennt sich in seinen Motiven ausdrücklich dazu ... Wie sehr die gegenwärtige Theorie der Gesetzgebung bereits dem Inhalt des Sozialismus nahegerückt ist, wird Ihnen nach mir wahrscheinlich ein anderer Redner sehr deutlich illustrieren, nämlich der Herr Abgeordnete Bebel. Herr Bebel hat im Jahre 1879 bei Gelegenheit gerade des Vorschlags, die Unfallversicherungsgesetzgebung zu verbessern, eine Rede gehalten, und er hat in derselben genau die Grundzüge desjenigen Gesetzes entworfen, das Ihnen heute vorliegt. Ich will Herrn Bebel nicht des Vergnügens berauben, die Stelle wörtlich vorzulesen, in der die ganze Ökonomie des Gesetzes auch seiner Ausführung nach enthalten ist; aber das kann ich sagen, nachdem ich die Rede heute morgen nachgelesen habe, ist mir der Gedanke gekommen, ich weiß nicht, warum Herr Bebel nicht Vortragender Rat der volkswirtschaftlichen Abteilung der Reichsregierung ist."

In seiner Rede vom 2. April [1881] bestritt Fürst Bismarck entschieden diesen Charakter des Gesetzentwurfes, wobei er uns heftig angriff; er verteidigte ihn aber so wenig geschickt, daß ich darauf in meiner Rede am 4. April ausführte:

Der Reichskanzler habe uns am Sonnabend mit einer gewissen Geringschätzung behandelt, er werde heute die Erfahrung machen, daß er bei uns für seinen Entwurf bis zu einem gewissen Grade Unterstützung finde, die ihm um so angenehmer sein werde, als die Verteidigung, die er selbst seinem Entwurf habe zuteil werden lassen, keineswegs überzeugend sei. (Heiterkeit.) Er bedürfe also einer Unterstützung von anderer Seite, und wir wollten ihm diese, soweit möglich, angedeihen lassen. Wir wollten ihm nach besten Kräften helfen, die positiven Bestrebungen, die zur Bekämpfung der Sozialdemokratie durch diesen Entwurf erreicht werden sollten, zu fördern, damit er zu einem gedeihlichen Ziel kommt... (Heiterkeit.)

In den Motiven hieß es, daß der Gesetzentwurf seine Existenz dem Umstand verdanke, daß man bei Beratung des Sozialistengesetzes versprochen habe, auch durch positive Maßregeln zum Wohle der Arbeiter die Sozialdemokratie zu bekämpfen. Daraus ersahen wir mit Freuden, daß eigentlich wir die Ursache des Gesetzentwurfes seien. (Sehr richtig! links. Heiterkeit.) ... Wir würden uns demgemäß bemühen, dem Gesetzentwurf eine Gestalt zu geben, daß er wirklich zur Bekämpfung der Sozialdemokratie beitrage. (Heiterkeit.)

Alsdann trat ich in eine längere, einschneidende Kritik des Gesetzentwurfs ein.

Gegenüber den erhobenen Bedenken, daß die Lasten, die die Einführung des Gesetzentwurfes den Unternehmern auferlege, sie dem Ausland gegenüber konkurrenzunfähig machten, empfahl ich dem Reichskanzler, zum Wohle der „Enterbten", wie er sich so treffend ausgedrückt habe, eine internationale Konferenz der in Betracht kommenden Staaten zu veranlassen und diese zu einer gleichen Gesetzgebung zu bewegen. Er könne versichert sein, daß, falls die Regierungen der betreffenden Staaten sich weigerten, seinem Vorschlag zu folgen, die Arbeiter der betreffenden Länder ihn, den Reichskanzler, unterstützen und ihre Regierungen zu gleichem Vorgehen zwingen würden. Er, der Reichskanzler, habe drei große Kriege geführt, es seien darin viele Menschen hingeopfert, Ströme Blutes seien vergossen worden und großes Elend sei daraus hervorgegangen. Dadurch sei sein Ruhm gewachsen, er würde sich einen größeren Ruhm erwerben, wenn er friedliche Einrichtungen zum Wohle der Unterdrückten in allen Kulturländern herbeiführe.

Meine Rede gefiel Marx und Engels ausnehmend gut. Engels erklärte sie für die beste, die ich bisher überhaupt gehalten, er solle mir dieses auch im Namen von Marx schreiben.*

* Am 28. April 1881 schrieb Friedrich Engels an Bebel: „Wir machen Dir unser Kompliment über Deine beiden Reden. Die über das Unfallgesetz hat uns ganz besonders gefallen. Das ist der richtige Ton der vornehmen, aber auf wirkliche Kenntnis der Sache gegründeten ironischen Überlegenheit. Die Kritik des Entwurfs war alles, was zu wünschen und zu sagen war. Ich soll Dir alles auch ausdrücklich in M[arx]s Namen sagen. Es war die beste Rede, die wir noch von Dir gelesen, und die Debatte macht den Eindruck, daß der Drechsler Bebel der einzig gebildete Mann im ganzen Reichstag ist." (Karl Marx/Friedrich Engels, „Briefe an A. Bebel, W. Liebknecht, K. Kautsky und andere", Teil I, 1870 bis 1886. Besorgt vom Marx-Engels-Lenin-Institut, Moskau, unter Redaktion von W. Adoratski [Moskau/Leningrad 1933].) D. Hrsg.

Der Entwurf ging in eine Kommission, in der er derart umgestaltet wurde, daß die Regierungen ihn für unannehmbar erklärten.

Kurz nach Schluß der Session traf die Partei ein unangenehmer Verlust. Vahlteich und Fritzsche erklärten, nach den Vereinigten Staaten auswandern zu wollen, und sie führten diesen Plan auch trotz unseres Widerspruchs durch.

Fritzsche war mit Viereck einige Monate zuvor von uns nach den Vereinigten Staaten gesandt worden, um auf einer Vortragstour Geld für die im Herbst stattfindenden Wahlen zu sammeln. Die Reise hatte auch Erfolg, indem fünfzehntausend Mark Reinertrag verblieben. Bei dieser Gelegenheit hatte Fritzsche, der sich aus verschiedenen Gründen in der alten Heimat nicht mehr wohlfühlte, den Plan zur Auswanderung gefaßt. Das begriffen wir alle, aber daß Vahlteich den gleichen Entschluß faßte, wollte uns nicht einleuchten. Wir bedurften seiner sehr. Bei einer Auseinandersetzung, die wir darüber hatten, erklärte er: er habe jetzt dreimal die Existenz eingebüßt, er wolle endlich Ruhe haben und sein Leben genießen. Der Existenzverlust war richtig. Er war zuletzt Geschäftsführer der Leipziger Druckerei gewesen, die existenzunfähig geworden war. Aber es hatten sich auch wieder Freunde gefunden, die bereit waren, ihm die Mittel zu einer neuen Existenz zu gewähren. Doch er lehnte ab.

Sobald die Sache öffentlich bekannt wurde, machte sie unangenehmes Aufsehen. Es war ein Verhängnis, daß die beiden ersten Gründer des Allgemeinen Deutschen Arbeitervereins zugleich Deutschland verließen. Wir bekamen eine Menge Zuschriften aus der Partei, die Aufklärung über den Vorfall verlangten. Verbösert wurde die Lage dadurch, daß die gegnerische Presse den Fall weidlich ausnutzte und behauptete, Liebknecht und ich wollten gleichfalls auswandern, was uns zu der öffentlichen Erklärung veranlaßte: möge kommen, was wolle, wir würden nicht vom Platze weichen. Vahlteich hat nachher in den Vereinigten Staaten seine Parteitätigkeit weiter fortgesetzt. Die Ruhe, auf die er hoffte, bekam er also nicht.

Die allgemeinen Reichstagswahlen im Herbst 1881

Wir traten unter den denkbar ungünstigsten Umständen in diese Wahlen ein. Eine im Inland erscheinende Parteipresse besaßen wir nicht mehr. Die farblosen Blätter, die hier und dort ins Leben gerufen waren, durften nicht wagen, für einen sozialdemokratischen Kandidaten einzutreten. Die paar Druckereien, die noch existierten, waren Tag und Nacht polizeilich überwacht, um die Ausgabe von sozialdemokratischen Flugblättern zu verhindern. Auch wurde eine derselben, eine kleine Quetsche, die von Zumbusch &

Komp. in Dresden, polizeilich geschlossen, der Inhaber und das Personal gerichtlich zur Verantwortung gezogen und teilweise verurteilt, weil man gewagt hatte, ein Flugblatt für mich zu drucken. Bürgerliche Druckereien aber hatten nicht den Mut, für uns Flugblätter herzustellen, sie wagten oft nicht einmal, Stimmzettel für einen sozialdemokratischen Kandidaten zu drucken. So geschah es, daß, als der Wahltag herankam, in einer ganzen Anzahl Wahlkreise nicht ein Flugblatt verteilt werden konnte, in vielen nicht einmal Stimmzettel. Auch verweigerten in zahlreichen Städten die bürgerlichen Blätter die Aufnahme bezahlter Anzeigen, in denen die Wahl sozialdemokratischer Kandidaten empfohlen wurde. Trotzdem glaubte die Polizei noch ein übriges tun zu müssen, um uns den Wahlkampf zu erschweren. Mit dem Näherkommen des Wahltermins vermehrten sich allerwärts die polizeilichen Verfolgungen und Schikanen, sie nahmen einen immer bösartigeren Charakter an. In sämtlichen Belagerungszustandsgebieten steigerte sich im Herbst die Zahl der Ausweisungen. Die Polizei wurde immer nervöser.

Zu alledem kam die Kandidatennot. Bracke, Geib, Reinders waren gestorben. Fritzsche, Hasselmann, Most, Reimer, Vahlteich waren ausgewandert. Andere, wie Motteler, Bernstein, Tauscher, Richard Fischer, waren durch ihre Stellung im Parteidienst im Ausland für eine Kandidatur unmöglich geworden. Viele ehemalige Kandidaten waren ebenfalls ausgewandert oder wagten nicht mehr zu kandidieren, um nicht ruiniert zu werden, oder sie hatten sich, wie Hartmann und die Gebrüder Kapell, unmöglich gemacht. Die Folge war, daß man allerwärts, wo es an eigenen Kandidaten fehlte, Genossen mit bekannten Namen, die bereits anderswo kandidierten, aufstellte, was auch zugleich die Agitation erleichterte. So kam ich zu der Ehre von fünfunddreißig Kandidaturen, Liebknecht und Hasenclever zu siebzehn, Grillenberger zu fünfzehn usw.

Erschwert wurde weiter die Agitation dadurch, daß viele Wahlversammlungen verboten, noch mehr während einer Rede aufgelöst oder dadurch überhaupt verhindert wurden, daß die Wirte die Hergabe der Säle verweigerten. Und wenn nun trotz alledem und alledem am Wahltag die Partei 311 961 Stimmen zählte, nur 125 197 weniger als bei den Attentatswahlen im August 1878, so war dieses ein gewaltiger Erfolg, der unseren Gegnern in die Glieder fuhr. Namentlich soll nach dem Bekanntwerden des Wahlresultats im Berliner Schloß eine sehr gedrückte Stimmung geherrscht haben.

Tatsächlich war schon am 27. Oktober 1881 das Sozialistengesetz besiegt.

Die moralische Wirkung auf die Partei war ungeheuer. Man hatte sich mal wieder gezählt, und siehe da, drei Viertel der alten Garde standen treu zur alten Fahne. Von jetzt an ging es unaufhaltsam vorwärts, bis endlich der 19. Februar 1890 mit 1 427 298 Stimmen die Entscheidungsschlacht gegen das Sozialistengesetz brachte.

Gewählt war keiner unserer Kandidaten im ersten Wahlgang. Wilhelm Stolle, der im achtzehnten sächsischen Wahlkreis Zwickau-Crimmitschau tatsächlich die Mehrheit hatte, wurde dieselbe durch den Wahlkommissar weggezählt. Er siegte erst in der Stichwahl. Wir waren im ganzen bei zweiundzwanzig engeren Wahlen beteiligt, ich allein in drei: Dresden, Leipzig und Berlin IV.

Die Dresdener Vorgänge waren für mich von besonderem Interesse, weil sie zwei eigentümliche Nachspiele hatten. Es war unmöglich, in Dresden ein Flugblatt herzustellen. Ich entdeckte mit Hilfe von Freunden einen kleinen Drucker in Zittau i. d. L., dem ich den Druck eines solchen übergab. Er erhielt den Auftrag, fünfundvierzigtausend Flugblätter und eine entsprechende Zahl Stimmzettel zu drucken und diese in Paketen von je tausend Stück verpackt in zwei Kisten, als Leinwand deklariert, an einen Dresdener Parteigenossen — Leinwandhändler — zu senden. Als Druckfirma wurde die Druckerei des „Sozialdemokrat" in Zürich-Hottingen genannt. Die beiden Riesenkisten gelangten glücklich an ihre Adresse, aber als der Adressat diese auf seinem kleinen Hof liegen sah, bekam er Angst. Er sandte sie kopfloserweise durch Dienstmänner an einen befreundeten Junggesellen, der im Hofe eines Spediteurs wohnte. Als dieser die Kisten sah, forschte er nach, was sie enthielten. Dadurch in Angst gejagt, schickte der neue Empfänger die Kisten vom Hofe wieder zurück, was den Spediteur stutzig machte, der eilig nach der Polizei sandte. Diese faßte die Dienstmänner mit den Kisten auf der Straße ab und ließ sie nach dem Polizeipräsidium bringen. Als der Inhalt erkannt wurde, rieb sich der Polizeikommissar Paul, einer unserer schlimmsten Gegner, vergnügt die Hände.

Jetzt hat die Sozialdemokratie keine Flugblätter zur Wahl, jubelte er. Es war zwölf Tage vor derselben und unsere Lage eine höchst unangenehme. Aber ich verlor den Kopf nicht. Ich erinnerte mich eines Genossen, der Schriftsetzer und ein geriebener Bursche war. Diesen bat ich, sofort eine Reise in die Umgegend von Dresden anzutreten, ob er einen Drucker finde, der bereit sei, gegen gute Bezahlung ein Flugblatt zu drucken, ich wolle unterdes ein neues schreiben. Gesagt, getan. Als abends der Genosse wieder in meine Stube trat, sah ich an seinem Gesicht, daß seine Reise erfolgreich gewesen war. Er hatte in Pirna den Drucker des Amtsblatts für den Plan gewonnen. Dieser sandte nach Weisung am nächsten Sonnabend das Blatt in Koffern, die ihm zur Verfügung gestellt waren, durch einen Dienstmann nach dem Bahnhof, wo unsere Leute die Koffer in Empfang nahmen und an bestimmte Adressen ablieferten. Alles ging nach Wunsch. Da kommt es einem Dienstmann bei, seinen Kollegen wegen der Häufigkeit seiner Transporte nach dem Bahnhof der Polizei zu denunzieren. Die Polizei belegte die letzte Sendung, etwa sechstausend Stück, mit Beschlag und meldete den Vorgang nach Dresden. Aber da es bereits Abend geworden war, standen vierhundert unserer Leute wohlvorbereitet auf dem Posten. Ehe die Polizei von ihrer Überraschung zur Besinnung gekommen war, waren Flugblätter und Stimmzettel verteilt. Es wurden nur zwei Mann mit einigen hundert Flugblättern gefaßt, denen man aber nichts anhaben konnte. Es gelang uns alsdann, noch ein zweites Flugblatt zu verbreiten.

Am Hauptwahltag hatte ich mit 9079 Stimmen die relative Mehrheit unter vier Kandidaten. Ich kam mit dem Dresdener Oberbürgermeister in engere Wahl. Die Handwerker Dresdens, die über 2076 Stimmen verfügten, legten mir ihre Forderungen zur Unterschrift vor, alsdann wollten sie mich wählen. Ich lehnte ab. Das bedeutete meine Niederlage. Die engere Wahl, die unter ganz ungewöhnlichen Umständen stattfand — Bekanntmachung der Aufruhrparagraphen, Konsignierung des Militärs, Besetzung der Wahllokale durch Gendarmen —, entschied mit 14 439 gegen 10 827, die ich erhielt, gegen mich.

In Leipzig erhielt ich bei der Hauptwahl 6482 Stimmen und kam mit dem nationalliberalen Kandidaten, auf den 8894 Stimmen gefallen waren, in engere Wahl. In dieser erhielt ich 9821 Stimmen, mein Gegner 11 863. Auf einen Sieg hatten wir hier nicht gerechnet.

Interessanter verlief die Wahl in Berlin IV. Hier waren bei der Hauptwahl auf mich 13 524 Stimmen, auf Albert Träger 19 527 Stimmen, auf den Konservativen 8270 Stimmen gefallen. In diesem Wahlkreis wie in Berlin VI, in dem Hasenclever kandidierte, hatten die Konservativen bei den engeren Wahlen den Ausschlag zu geben. Nun war zu jener Zeit die Situation in Berlin so, daß die Konservativen (Antisemiten, Christlichsoziale usw.) verzweifelte Anstrengungen machten, die Fortschrittspartei aus dem Sattel zu heben. Sie handelten dabei im Sinne Bismarcks und Puttkamers, der seit einigen Monaten an Stelle Eulenburgs Minister des Innern geworden war. Bismarcks Haß gegen die Fortschrittler und die Liberalen überhaupt war ständig im Steigen begriffen, und so war man wieder einmal wie zu Schweitzers Zeit im konservativen Lager bereit, mit dem Teufel selbst, das heißt mit uns, einen Pakt zu schließen, nur daß wir keine Neigung dazu hatten. Die Verhandlungen, die gepflogen wurden, gibt folgende Erklärung wieder, die wir in der „Berliner Volkszeitung" veröffentlichten:

„Die Mitteilungen des »Reichsboten« in bezug auf die Unterhandlungen, welche anläßlich der Stichwahlen im vierten und sechsten Berliner Wahlkreis zwischen den Führern der Konservativen und Sozialreformer (den Herren Professor Wagner, Hofprediger Stöcker, Diestelkamp usw.) einerseits und Angehörigen der Sozialdemokratischen Partei andererseits stattgefunden haben, veranlassen uns zu folgender Darlegung:

Donnerstagmittag, den 10. November [1881], erschienen hier in Dresden zwei unserer Berliner Parteigenossen und teilten uns mit, daß zwischen ihnen und den Führern der Konservativen und Sozialreformer Unterhandlungen wegen der bevorstehenden engeren Wahlen in Berlin stattgefunden und zu folgendem Resultat geführt hätten:

Wir, die Unterzeichneten, nebst Hasenclever sollten folgende Erklärung unterschreiben:

Wir erklären:

1. daß wir die arbeiterfreundliche Absicht der deutschen Reichsregierung in ihrer Reformpolitik anerkennen;

2. daß wir ernstlich gewillt sind, gemeinsam mit den sozialreformerischen Parteien in Frieden an der Besserung der wirtschaftlichen Verhältnisse zu arbeiten;

3. daß wir hoffen, nach dem Worte eines unserer Reichstagsabgeordneten, durch energische soziale Reformen die Revolution zu überwinden.

Als Preis für die Unterzeichnung dieser drei Punkte wurde uns geboten:

1. die obenerwähnten Führer der Konservativen und Sozialreformer wollten dafür eintreten, daß ihre Parteigenossen im vierten und sechsten Berliner Wahlkreis bei der Stichwahl am 12. November für uns stimmten;

2. erboten sie sich alsdann, folgende Gegenerklärung zu unterzeichnen:

Dagegen erklären wir, daß, wenn die deutschen Sozialisten auf gesetzlichem Wege innerhalb der bestehenden Staatsordnung die Reform erstreben, wir für die Aufhebung des Sozialistengesetzes im gegebenen Falle stimmen werden.

Weiter wurde uns mündlich mitgeteilt: Weigerten wir uns, auf diesen Vertrag einzugehen, so würden die erwähnten Führer die Losung ausgeben: Stimmenthaltung, und dann sei unsere Niederlage in Berlin gewiß.

Wir haben darauf entschieden und bestimmt mündlich erklärt:

1. daß wir jeden Schacher und Stimmenkauf von uns wiesen; daß wir lieber dreitausend ehrlich gewonnene Stimmen als dreißigtausend erkaufte haben wollen; daß wir nicht in der Lage seien, die mit Erlaß des Sozialistengesetzes inaugurierte Wirtschaftspolitik der Reichsregierung: Vermehrung und Erhöhung der indirekten Steuern und Zölle auf notwendige Lebensbedürfnisse, Vermehrung der Militärlasten, Innungsgesetz und dergleichen als arbeiterfreundlich anzuerkennen;

2. daß wir nie abgelehnt — wie unsere Haltung und Erklärungen noch zuletzt gegenüber dem Unfallgesetz gezeigt —, Reformvorschläge der Reichsregierung ernsthaft zu prüfen, zu versuchen, sie unseren Wünschen entsprechend umzugestalten und, wenn sie unserem Standpunkt entsprächen, zu akzeptieren, daß wir es aber ablehnen müßten, mit Parteien gemeinsame Sache zu machen, die in ihren Bestrebungen reaktionär und darum arbeiterfeindlich seien;

3. daß, wenn mit Punkt 3 die Annahme ausgesprochen sein sollte, als wollten wir eine gewaltsame Revolution, dies eine ganz willkürliche Annahme sei. Wir hatten stets erklärt, daß planmäßige, gründliche und ganze Reformen der gewaltsamen sozialen Revolution, die andernfalls eine notwendige Folge unserer politischen und ökonomischen Entwicklung sei, vorbeugen könnten, und wir nicht verantwortlich seien für Dinge, die nicht in unserem Willen und in unserer Macht liegen, sondern von dem Willen und der Macht unserer bisherigen Gegner abhängen.

Mit dieser Antwort reisten unsere Parteigenossen nach Berlin zurück. Das Wahlresultat ist bekannt.

Dresden, den 16. November 1881. A. Bebel. W. Liebknecht.“

Das Wahlresultat war, daß Hasenclever mit 17 378 gegen den Fortschrittler Klotz mit 17 947 Stimmen, ich mit 18 979 gegen 19 031 Stimmen, die auf Träger fielen, unterlagen. In Wirklichkeit hatte ich aber gesiegt; die Minderheit von 52 Stimmen, mit der ich scheinbar unterlegen war, war dadurch entstanden, daß die Wahlkommission 450 Stimmzettel, die auf meinen Namen lauteten, wegen angeblich mangelhafter Erkennbarkeit des Kandidaten für ungültig erklärt hatte.

Die Parteigenossen des vierten Berliner Wahlkreises legten Protest gegen die Wahl Trägers ein. In der Wahlprüfungskommission beantragten auch die beiden Referenten die Ungültigkeit von Trägers Wahl. Als aber die entscheidende Sitzung herankam, *waren die Wahlakten verschwunden, sie waren gestohlen worden.* So konnte keine Entscheidung getroffen werden, und Träger blieb im Besitz des Mandats. Wer der Aktendieb war, ist nie ermittelt worden. Von jener Zeit ab werden die Wahlakten der Kreise, gegen deren Vertreter ein Wahlprotest vorliegt, in einem verschlossenen Zimmer aufbewahrt, zu dem nur die Mitglieder der Wahlprüfungskommission Zutritt haben.

Der Kampf bei der engeren Wahl in Berlin war ein sehr heftiger gewesen. Die „Berliner Tribüne" erzählt aus demselben folgende Episode: Ein neunjähriges Mädchen schreibt an eine Haustür mit Kreide: „Wählt Bebel." Ein Schutzmann sieht dies und fragt sie: „Wie heißt du?" Sie nennt ihren Namen. „Wo wohnst du?" Sie gibt die Wohnung an. „Was ist dein Vater?" ... Ausgewiesener.

Adolf Geck brachte den Vorgang in eine poetische Einkleidung, die lautete:

In Berlin am zweiten Martinitag,
was war da ein heftiges Ringen!
Schwer wiegt die Entscheidung. Die Losung lag:
„Hie Träger, hie Bebel!" — Es dringen
zur Urne die ringenden Scharen
der Bourgeois und Proletaren.
Und wie sie so alle gaßaus, gaßein
nach einem Ziele sich drängen,
da mischt sich mutterseelenallein
ein Kind in die wandelnden Mengen,
ein neunjährig Mädchen, die Wang' gebleicht
vom Hunger; das Auge, das hohle,
vom Darben, vom bitteren Elend zeigt. —
Das Händchen trägt eine Kohle,
und damit an des Palastes Wand
„Wählt Bebel!" kritzelt der ärmliche Fant
bedächtig mit kräftigen Zügen.

Der Schutzmann, er schaut's; entbrennt vor Wut
ob des Frevels der zitternden Kleinen:
„Wer bist du, Sozialistenbrut?“
„Man nennt mich Lieschen, bin krank und arm“,
erwidert das Kind ohne Weinen. — —
Und weiter examiniert der Gendarm:
„Wer ist dein Vater, was sein Beruf?“
Ernst mustert die Kleine den Riesen:
„Erfahre es, wer dieses Elend schuf:
Mein Vater ist ausgewiesen.“
In Berlin an jenem Tage der Schlacht
wohl Zwanzigtausend haben bedacht
des Kindes Mahnung: „Wählt Bebel.“

Das Endresultat der Wahl war, daß wir wider Erwarten dreizehn Mandate eroberten. Es wurden gewählt: Blos in Greiz, Dietz in Hamburg II, Frohme in Hanau, Geiser in Chemnitz, Grillenberger in Nürnberg, Kayser in Freiberg in Sachsen, Kräcker in Breslau-West, Liebknecht in Mainz und Offenbach, Stolle in Zwickau, Vollmar in Mittweida in Sachsen.

Ein Unikum bei dieser Wahl war und ein Unikum ist es bis heute geblieben, daß der Wahlkreis Freiberg *durch eine Frau* erobert wurde. Kayser befand sich während der Wahlagitation wieder einmal in Haft, so betrieb sein Freund Kaufmann O. Sch. in Dresden für ihn die Wahlagitation. Das bemerkte die Dresdener Polizei; sie sorgte also dafür, daß O. Sch. unter einem nichtigen Vorwand verhaftet wurde. Der arme und schlechtorganisierte Freiberger Wahlkreis war damit seines Wahlleiters beraubt. Als ich die Nachricht erfuhr, fiel sie mir auf die Nerven, ich wußte nicht, wie ich Ersatz für Sch. auftreiben sollte. Da tritt am nächsten Morgen Frau Sch. bei mir ein mit den Worten: „Daß mein Mann verhaftet wurde, wissen Sie, Herr Bebel. Er wird einige Tage brummen, das schadet ihm nichts. Aber was wird aus Max Kaysers Wahl? Was sagen Sie dazu, ich will in den Wahlkreis reisen und die Wahlagitation leiten!“ Ich sah die Frau überrascht an, dann aber reichte ich ihr mit den Worten die Hand: „Frau Sch., Sie sind eine prächtige Frau, ich bin mit Ihrem Vorschlag einverstanden.“ Als Frau Sch. nach Freiberg kam und dort sich den vollständig mutlos gewordenen Genossen vorstellte, wurden diese von ihrer Anwesenheit elektrisiert. Sie arbeiteten nunmehr unter Frau Sch.s Leitung mit allen Kräften, und Kayser siegt.

Die Doppelwahl Liebknechts nötigte diesen zur Niederlegung eines der eroberten Mandate. Er legte für Mainz nieder, obgleich seine Mehrheit dort nur 600 Stimmen betrug, wohingegen er im Wahlkreis Offenbach eine Mehrheit von über 3400 Stimmen hatte. Aber er war durch das Offenbacher Wahlkomitee zu dieser verkehrten Maßnahme gezwungen worden, das noch vor der Wahlentscheidung öffentlich erklärt hatte, Liebknecht werde im Falle einer Doppelwahl für Offenbach annehmen. Nunmehr wurde ich in Mainz als Kandidat aufgestellt. Wir setzten alles daran, den Kreis zu erhalten. Vergebens. Es kam zunächst zur Stichwahl zwischen dem Demokraten Philipps und mir. Aber ich unterlag in der engeren Wahl am 15. Dezember mit 8385 gegen 8633 Stimmen. Ich hatte trotz der Unzufriedenheit, die bei unseren Wählern wegen der nochmaligen Wahl herrschte, 248 Stimmen mehr erhalten als Liebknecht. Als letzterer das Resultat erfuhr und mit mir darüber sprach, traten ihm die Tränen in die Augen. Das hatte er nicht gewollt.

Damit hatte zwar meine Reichstagstätigkeit, aber nicht meine parlamentarische einstweilen ein Ende gefunden. Ich saß ja noch im sächsischen Landtag. Die Kontinuität meiner parlamentarischen Tätigkeit war also vorhanden.

Ich schrieb meiner Frau, sie solle sich über meine Niederlage nicht grämen, ich hätte jetzt mehr Zeit, mich um das Geschäft zu kümmern, da der Landtag nur alle zwei Jahre zusammentrete. Ähnlich schrieb ich an Engels, ich sei froh, einmal ein wenig Ruhe zu haben, die mir nötig sei. Der war aber nicht meiner Ansicht, er sah meine Niederlage als einen Verlust für die Partei an.

Mein Schicksal teilte auch Auer, der im siebzehnten sächsischen Wahlkreis unterlegen war. Ein Protest, den sein Wahlkomitee bei dem Reichstag einreichte, hatte die Folge, daß die Wahlprüfungskommission die Wahl seines Gegners für ungültig erklärte. Aber dieses geschah erst am Ende der letzten Session der Legislaturperiode. So kam es zu keiner Neuwahl mehr.

Totgesagt

Das zigeunernde Leben, das ich seit März [1882] mit sehr kurzen Unterbrechungen geführt, nebst all den Aufregungen, die ich erlebt, hatten meine Gesundheit geschwächt. Unmittelbar nach der Zwickauer Gerichtsverhandlung brach ich an einem schweren Magenkatarrh zusammen, der mich nötigte, das Bett aufzusuchen und ärztliche Behandlung in Anspruch zu nehmen. Sobald meine Frau dies erfuhr, eilte sie zum Kreishauptmann und bat, meine Überführung nach Leipzig in ihre Pflege zu gestatten. Das Gesuch wurde bewilligt. Der Polizeiarzt, den man mir sofort ins Haus schickte, bestätigte nicht nur meine Erkrankung, er veranlaßte auch, daß mein Urlaub, in Leipzig zu bleiben, um eine Woche verlängert wurde. Ich siedelte dann nach Borsdorf über und entdeckte dort ein Haus, das auch Liebknecht ermöglichte, seine enge Zimmerwohnung zu verlassen und größere Räume zu beziehen. Wir wohnten von jetzt ab in der gleichen Etage, er hatte drei, ich zwei Räume inne.

Die Nachricht von meiner Erkrankung war auch in die Auslandspresse gedrungen. Eines Tages war ich nicht wenig überrascht, als zu ungewöhnlicher Zeit meine Frau nach Borsdorf kam und, als sie mich sah, in die Worte ausbrach: „Dieses Glück, du lebst also noch!" Auf meine verwunderte Frage, wie sie zu diesem Ausruf komme, berichtete sie, sie hätte in aller Frühe zwei Depeschen erhalten. Die eine vom Deutschen Verein in Paris, in der man ihr zu meinem Tode kondoliert habe, die andere aus London, in der man vorsichtigerweise anfrug, ob die Nachricht von meinem Tode auf Wahrheit beruhe. Auch sei bereits in aller Frühe die Polizei im Hause gewesen und habe sich erkundigt, ob jemand im Hause gestorben sei. Sie hegte offenbar den Glauben, ich wohnte heimlich in Leipzig. Die Nachricht von meinem Tode war auch nach den Vereinigten Staaten gesandt worden und hatte unsere New-Yorker Parteigenossen veranlaßt, eine von Tausenden besuchte Totenfeier zu veranstalten, in der Vahlteich die Gedächtnisrede hielt. Mich amüsierte dieser Vorgang ungemein, aber Vahlteich war, als er die Wahrheit erfuhr, sehr ärgerlich und machte mir Vorwürfe, daß ich sie von meinem Lebendigsein nicht unterrichtete. Ich antwortete, ich hätte doch nicht wissen können, daß sie die Nachricht erhalten hätten und glaubten.

Der Todesnachricht folgte namentlich in der französischen Presse eine große Zahl von Nekrologen, aus deren Inhalt ich zum Teil lernte, wie manchmal Geschichte gemacht wird. So enthielt zum Beispiel der „Phare de Loire" einen längeren Nekrolog, in dem der Verfasser erzählte: er habe mich in Livorno an der Mittagstafel kennengelernt. Wir seien dann zusammen nach Florenz und Rom gereist und von dort nach Caprera, der durch Garibaldis Aufenthalt berühmt gewordenen Ziegeninsel, um diesen zu besuchen. An der ganzen Darstellung war kein wahres Wort. Ich hatte zu jener Zeit noch nie einen Fuß auf italienischen Boden gesetzt. Ob der Erzähler von jemand mystifiziert worden war, der sich für mich ausgab? Das kann sein. So erhielt ich zum Beispiel in den neunziger Jahren eines Tages eine Fremdenliste der Insel Borkum zugesandt, worin ich als Gast eines bestimmten Hotels aufgeführt wurde. Ich war nie dort.

Engels schrieb mir darüber am 23. September [1882]:

„Lieber Bebel,

Wir haben Deinetwegen einen schönen Schrecken ausgestanden. Gestern vor acht Tagen, Freitag c., kamen abends 10 Uhr zwei Leute vom Verein zu mir: ob es wahr sei, was im »Citoyen« schon in zwei Nummern (mit Nekrolog) gestanden, daß Du gestorben seist. Ich erklärte es für höchst unwahrscheinlich, konnte aber nichts Bestimmtes sagen. Da ich einen langweiligen Menschen bei mir sitzen hatte, der nicht gehen wollte, obwohl ich kein Wort mehr sprach, konnte ich erst nach elf zu Tussy Marx laufen, fand sie noch auf. Sie hatte die »Bataille«, ebenfalls mit Nekrolog — ohne alle Quellenangabe für die Nachricht, die aber für zweifellos galt. Also allgemeine Bestürzung. Das größte Unglück, das der deutschen Partei passieren konnte, wenigstens sehr wahrscheinlich. Daß englische

Blätter nichts gebracht, in dem Ägyptenjubel, war nur zu begreiflich. Nun kommt auch Sonnabendabend mein »Sozialdemokrat« nicht an, was wohl passiert. Glücklicherweise finde ich am Sonntagmorgen, daß Tussy den ihrigen erhalten und dessen Inhalt die Nachricht höchst unwahrscheinlich macht. Deutsche Blätter in Cafés nachzusehen, war von vornherein aussichtslos, da sie tagtäglich erneuert werden. Und so blieben wir in quälender Ungewißheit, bis endlich Montagabend die »Justice« ankam mit offizieller Ableugnung.

Marx ging's geradeso. Er war in Vevey am Genfer See und las die Geschichte im reaktionären »Journal de Genève«, das sie natürlich als zweifellos erzählte. Er schrieb mir noch denselben Tag in höchster Bestürzung. Sein Brief kam gerade denselben Montagabend an, und ich konnte ihm noch mit der Frühpost die frohe Nachricht bringen, daß alles erlogen.*

Nein, alter Bursche, so jung darfst Du uns nicht abkratzen. Du bist zwanzig Jahre jünger als ich, und nachdem wir noch manchen lustigen Kampf zusammen ausgekämpft, bist Du verpflichtet, am Steuer zu bleiben, auch wenn ich meine letzte Grimasse geschnitten. Und da die Totgesagten am längsten leben sollen, so bist Du wohl jetzt zu einem recht langen Leben verdonnert." [....]

Ich antwortete [am 1. Oktober 1882]:

„Nachdem ich gesehen, wie wert ich den Freunden und Gesinnungsgenossen sei, lege mir das die Pflicht auf, nun erst recht zu leben und meine Schuldigkeit zu tun... Einstweilen habe ich einen Pakt mit dem Sensenmann auf weitere vierzig Jahre geschlossen, ich denke, daß diese Zeit reicht, nicht nur um den Zusammenbruch des Alten zu erleben, sondern auch noch ein Stück vom Neuen zu genießen."**

Zweiunddreißig Jahre sind vergangen, seit ich dies schrieb, aber die noch fehlenden acht Jahre sind die schwersten, es schaut nicht danach aus, als durchlebte ich sie.

Meinungsverschiedenheiten in der Sozialdemokratie

Es ist unvermeidlich, daß in einer Partei, sei sie auch noch so geschlossen und in ihrer persönlichen Auffassung einig, im Laufe des Kampfes Meinungsverschiedenheiten entstehen und sich Gegensätze herausbilden. Es gibt

* Karl Marx schrieb am 16. September 1882 aus Vevey an Engels: „Im Moment, um an Dich zu schreiben, bringt mir der garçon das »Journal de Genève« mit der Nachricht über Bebels Tod. Es ist entsetzlich, das größte Unglück für unsere Partei! Er war eine einzige Erscheinung innerhalb der deutschen (man kann sagen innerhalb der europäischen) Arbeiterklasse." (Karl Marx/Friedrich Engels, „Historisch-kritische Gesamtausgabe". Im Auftrage des Marx-Engels-Instituts Moskau herausgegeben von D. Rjazanov. Dritte Abt., Band IV [Berlin 1930].)

** Im dritten Band von August Bebel, „Aus meinem Leben" (Stuttgart 1914), den Karl Kautsky herausgab, ist der Brief vom 1. Oktober 1882 vollständig abgedruckt (S. 231 ff.). Das obige Zitat unterscheidet sich stilistisch ein wenig von den betreffenden Stellen in dem Originalbrief. D. Hrsg.

keine Partei, die dergleichen Erfahrungen nicht gemacht hätte oder macht. Die Sozialdemokratie macht darin keine Ausnahme.

Parteien, die in der Macht sind und ihre Machtstellung gegen Angriffe zu verteidigen haben, sind geschlossener als solche, die um die Eroberung der Macht kämpfen. Bei diesen letzteren entstehen leicht Meinungsverschiedenheiten über die zu beobachtende Taktik, über Fragen wie die, in welcher Weise und mit welchen Mitteln man zu kämpfen habe, wieweit man dem Gegner entgegenkommen könne oder solche, welche Wirkung auf den Gegner die eine oder andere Kampfmethode ausüben werde und welchen Erfolg die eine oder andere zeitige.

Aber die Wahl der Kampfmethode ist keine freie; sie wird beeinflußt durch die Kampfweise und Machtmittel des Gegners, die den Angreifer zwingen, zu kämpfen, nicht wie er will, sondern wie er muß. Darüber entstehen alsdann Meinungsverschiedenheiten, die durch Temperament und Charakter der einzelnen, die verschiedenartige Auffassung der allgemeinen Lage und der eigenen Partei zu Reibungen und Meinungskämpfen führen.

Solche Meinungskämpfe sind in der Sozialdemokratie vorgekommen, solange sie besteht, und sie werden bleiben, solange die Partei lebt, dabei allerdings nach den Umständen ihren Charakter ändern. Sollen aber solche Meinungskämpfe innerhalb einer Partei zu ihrem Nutzen verlaufen, so ist die erste Bedingung eine freie Aussprache der Meinungen, die einen Ausgleich der gegensätzlichen Auffassung herbeiführen kann.

An der Möglichkeit einer solchen offenen Aussprache, die Lebensluft für eine demokratische Partei ist, fehlte es aber unter dem Sozialistengesetz in hohem Grade. Die Kongresse, die immer erst in langen Zwischenräumen und unter Überwindung großer Schwierigkeiten stattfinden konnten, genügten allein nicht; auch die Konferenzen, die zeitweilig unter den führenden Genossen abgehalten wurden, waren nur ein Notbehelf. Ihre offene Ausfechtung im Parteiorgan war aber sehr schwierig und bedenklich, weil man dabei den Gegner in die Karten sehen lassen mußte. So erklärt es sich, daß die Meinungsverschiedenheiten in der Partei zeitweilig einen unangenehmen Charakter annahmen und auf beiden Seiten zeitweilig der Glaube entstand, es werde zu einer Spaltung kommen.

In die Öffentlichkeit drang von diesen Meinungsverschiedenheiten nur wenig, aber unzweifelhaft war, daß, falls es zu erregten, öffentlichen Erörterungen gekommen wäre, die ungeheure Mehrheit der Parteigenossen jeden Versuch, eine Spaltung hervorzurufen, zurückgewiesen hätte.

Ich habe angeführt, wie schon die Gründung des „Sozialdemokrat" unter den führenden Genossen nicht mit allgemeiner Sympathie begrüßt wurde. Auch die Haltung des Blattes wurde von einem Teil derselben fortgesetzt unliebsamer Kritik unterzogen; einzelne traten dem Blatt sogar direkt feindselig gegenüber und rührten für seine Verbreitung keinen Finger. Das hielt aber die Masse der Genossen nicht ab, ihre volle Schuldigkeit für das

Blatt zu tun. Die Unzufriedenheit mit der Haltung des „Sozialdemokrat“ wurde bei den charakterisierten Elementen größer, als Bernstein die Redaktion übernommen hatte und dem Blatt eine Richtung gab, die nicht nur bei Marx und Engels, sondern auch bei der Masse der Parteigenossen vollste Zustimmung fand, die sich in einer raschen Zunahme des Leserkreises äußerte. Im Juli konnte bereits die Verwaltung des „Sozialdemokrat“ mitteilen, daß trotz der enormen Kosten, die namentlich die Beförderung des Blattes nach Deutschland verursachte, es seine Kosten decke. Diese Nachricht veranlaßte Engels, mir zu schreiben, daß dieses ein einzigartiger Erfolg sei, den bisher keine verfolgte Partei aufzuweisen gehabt habe.

Das Unbehagen mit der Haltung des „Sozialdemokrat“ wuchs auch in den Regierungskreisen. In den sogenannten Begründungen für die weitere Verlängerung des kleinen Belagerungszustandes über Berlin und Umgegend, Hamburg-Altona und Umgegend und Stadt und Amtshauptmannschaft Leipzig spielten Zitate aus dem „Sozialdemokrat“ eine wichtige Rolle, wobei es nicht ohne tendenziöse Entstellungen abging. Statt aber diese Methode mit aller Schärfe zurückzuweisen, gaben die beiden Redner der Fraktion nach Ansicht der Redaktion des „Sozialdemokrat“ das Blatt preis und suchten es von der Partei abzuschütteln. Das führte zu einer scharfen Zurückweisung seitens der Redaktion, die wieder Gegenerklärungen der Redner hervorrief. Außerdem hatte der „Sozialdemokrat“ in einem Artikel erklärt, die Debatte sei nicht so geführt worden, wie es die Situation erforderte. Der Vorgang rief unter uns eine große Erregung hervor; insbesondere war auch nach meiner Meinung die Desavouierung des „Sozialdemokrat“ als Zentralorgan der Partei aufs schärfste zu mißbilligen, und so trat die Fraktion unter Hinzuziehung von Auer und mir, die wir ja beide infolge unseres Durchfalls bei der Wahl der Fraktion nicht angehörten, zusammen und vereinbarte eine einstimmig angenommene Erklärung. Diese besagte, daß über den offiziellen Charakter des „Sozialdemokrat“ kein Zweifel bestehe, und sollte die erste Gelegenheit benutzt werden, zu erklären, daß die Fraktion mit der Gesamthaltung des Blattes vollkommen einverstanden sei . . .

*

In der Nummer 34 und 35* des „Sozialdemokrat“ erschienen ohne Nennung des Verfassers zwei Artikel mit der Überschrift: „Aufhebung des Ausnahmegesetzes“, in denen der Verfasser die Frage erörterte, ob es für die Partei nützlicher sei, daß das Gesetz aufgehoben oder durch Verschärfung des allgemeinen Gesetzes ersetzt werde. Der Verfasser sprach sich für die Beibehaltung des Gesetzes als den für die Partei wünschenswertesten Zustand aus, weil er die Partei zum Entscheidungskampf dränge. Er berief sich dabei auf eine Stelle in Liebknechts Broschüre: „Die politische Stellung

* Vom 17. und vom 24. August 1882. D. Hrsg.

der Sozialdemokratie", wo es hieß: der Sozialismus ist keine Frage der Theorie mehr, sondern einfach eine Machtfrage, die in keinem Parlament, die nur auf der Straße, auf dem Schlachtfeld entschieden werden kann.

Der Verfasser führte weiter aus: Man müsse über den Kriegsplan schlüssig werden ... Alle müßten von der Überzeugung erfüllt werden, daß kein Vergleich, kein Friedensschluß den Kampf wenden könne, sondern daß die Entscheidung allein beim Schwert stehe ... Die offenen Spiele sind die starken Spiele. Lassen wir alles Verstecken, Vertuschen, Leugnen und Heucheln als unser unwürdig ... Sagen wir offen und steifnackig unseren Feinden: Jawohl, wir sind „staatsgefährlich", denn wir wollen euch vernichten. Jawohl, wir sind die Feinde eures Eigentums, eurer Ehe, eurer Religion und eurer ganzen Ordnung. Jawohl! Wir sind Revolutionäre und Kommunisten. Jawohl! Wir werden der Gewalt mit Gewalt begegnen. Jawohl! Wir glauben fest an eine baldige Umwälzung und Befreiung, wir hoffen auf sie und bereiten uns durch geheime Organisation und Agitation und alles, was eure Gesetze verbieten und uns gut dünkt, auf dieselbe nach Kräften vor ...

Die beiden Artikel, als deren Verfasser nachher Vollmar bekannt wurde, machten großes Aufsehen, die einen rühmten sie, die anderen mißbilligten sie, die dritten lasen sie mit Kopfschütteln. Zu diesen letzteren gehörte ich. Engels schrieb mir in dem schon oben zum Teil zitierten Brief*, den er wegen der Nachricht von meinem Tode an mich richtete: „Nach einigen Artikeln, die er in den »Sozialdemokrat« geschrieben (über eine etwaige Abschaffung des Sozialistengesetzes), scheint Vollmar sich sehr herausgemacht zu haben. Es sollte mich freuen, wenn sich dies auch sonst bestätigte, wir können tüchtige Leute verdammt gut gebrauchen."

Das war auch meine Meinung, aber gleichwohl konnte ich mich mit den beiden Artikeln nicht einverstanden erklären ...

Meine Entgegnung auf die Artikel Vollmars erfolgte in Nummer 42 des „Sozialdemokrat" vom 22. Oktober [1882] unter der Überschrift: „Aufhebung des Sozialistengesetzes?" In diesem Artikel trat ich den Trugschlüssen, die nach meiner Meinung den Vollmarschen Artikeln zugrunde lagen, entschieden entgegen und lehnte die empfohlene Taktik als unmöglich ab, weil sie die Partei zugrunde richte. In der gegnerischen Presse, die zu jener Zeit den Inhalt des „Sozialdemokrat" aufmerksam verfolgte, fand die Polemik große Beachtung. Sie sahen wieder einmal, wie vorher schon

* Vollständiger Abdruck (S. 271 ff.) in Karl Marx/Friedrich Engels, „Briefe an A. Bebel, W. Liebknecht, Karl Kautsky und andere". Teil I 1870—1886. Besorgt vom Marx-Engels-Lenin-Institut, Moskau, unter der Redaktion von W. Adoratski, Deutsche Ausgabe: Moskau/Leningrad 1933. Dem genannten Institut lag nur eine Maschinenabschrift vor. Die Originalbriefe von Engels an Bebel befanden sich bis zur Machtübernahme des Nationalsozialismus im Archiv der Sozialdemokratischen Partei Deutschlands in Berlin, seither im Internationalen Institut für Sozialgeschichte in Amsterdam (gegr. 1935).

soundsooft, eine Spaltung in der Partei eintreten — denn was man wünscht, glaubt man gern — und unterrichteten in diesem Sinne ihre Leser. Es lag auch in der Natur der Sache, daß ich mit meinen Artikeln den rechtsstehenden Elementen in der Partei eine Genugtuung bereitete, obgleich ernstlich kein Grund dazu vorlag. Engels wieder meinte, ich hätte die Vollmarschen Artikel zu ernst genommen und machte gegen seine Gewohnheit allerlei mystische Andeutungen, wonach wir das Gesetz früher loswerden würden, als wir selbst glaubten.*

Darauf antwortete ich ihm unter dem 14. November [1882] durch einen aus dem Gefängnis gepaschten Brief:

„Lieber Engels!

Deinen Brief erhielt ich noch unmittelbar vor Torschluß ... Da ich Gelegenheit habe, einige Zeilen an Dich zu schmuggeln, will ich so gut als möglich auf Deinen letzten Brief antworten, denn zu Händen habe ich ihn natürlich nicht.

Ob ich den Artikel von Vollmar zu ernst genommen habe, lasse ich dahingestellt sein. Der »Sozialdemokrat« hat jetzt bei unseren Leuten den allerbedeutendsten Einfluß, weil sie absolut nichts anderes zu lesen bekommen und auch sonst nichts hören. Bleibt eine Meinung wie die Vollmarsche unwidersprochen, wird sie als allgemeingültige anerkannt, und die Folge ist, daß dann die Leute auch die *Handlungen danach verlangen*. Es muß also jetzt mehr denn je zuvor vermieden werden, Ansichten zu verbreiten, denen zu entsprechen nicht möglich ist. Das sind, kurz gesagt, die Gründe, weshalb ich das Ding ernst nahm. Daß ich bei dieser Gelegenheit ein Lob Vierecks einheimste, war mir weder angenehm, noch hatte Viereck Veranlassung dazu; er hat im Eifer, Kapital für sich daraus zu schlagen, entweder nicht verstanden oder nicht verstehen wollen, was letzteres ja auch bei den Offiziösen geschah, die lächerlicherweise eine Spaltung ankündigten und das so dumm als möglich anfingen. Vollmar vergißt zu leicht, wenn er in der Schweiz sitzt, wie es bei uns aussieht; ist er in Deutschland, dann ist er viel vernünftiger, das hat seine Monopolrede bewiesen.

Angenehm wäre mir gewesen, wenn Du Dich weniger mystisch ausgelassen hättest, wieso wir denn etwa und vielleicht ganz unerwartet das Gesetz loswerden könnten. Ich kann mir darunter nur zweierlei denken, und ich will versuchen, ob ich Deine Idee errate.

Entweder kommt uns in Bälde abermals eine Handels- und Industriekrise über den Hals, die von Nordamerika ausgeht, und der Rückschlag dieser auf Europa treibt dasselbe aus den Fugen, ober es bricht ein europäischer Krieg aus, dessen eine Wirkung alsdann unzweifelhaft die europäische Revolution ist. Ein Drittes vermag ich nicht zu entdecken.

Der europäische Krieg scheint mir deshalb unwahrscheinlich, wenigstens auf absehbare Zeit, weil nach meiner festen Überzeugung alle europäischen Kabinette genau die Folgen eines großen Krieges kennen und fürchten. Vergeblich sucht

* Friedrich Engels an Bebel am 28. Oktober 1882 (s. Karl Marx/Friedrich Engels, „Briefe an A. Bebel, W. Liebknecht, K. Kautsky und andere". Teil I, 1870 bis 1886. Besorgt vom Marx-Engels-Lenin-Institut, Moskau, unter Redaktion von W. Adoratski [Moskau/Leningrad 1933], S. 274 ff.). D. Hrsg.

man nicht die ägyptische Frage totzutreten auf die Gewißheit hin, daß Englands Macht sich gewaltig dadurch befestigt. Bismarck sucht offenbar auch alles zu vermeiden, was äußere Konflikte schaffen könnte, er weiß zu gut, daß Deutschland am allerwenigsten aus inneren und äußeren Gründen einen Krieg brauchen kann. Zu erobern gibt es nichts, es kann also nur verlieren, und die Situation in dem Innern ist so, daß, ganz abgesehen von der erbitterten Arbeiterklasse, unser Bürgertum infolge einer Kriegserklärung zu drei Viertel seinen Bankrott ansagen müßte, das heißt das System wäre fertig. Ich sehe, abgesehen von Rußland, dem der beste Wille nicht fehlt, keinen Staat, der jetzt eine europäische Verwicklung wünscht, Rußland kann sie aber wegen seiner inneren Schwäche nicht ausnutzen.

Ich halte also einen europäischen Krieg in Bälde nicht für wahrscheinlich, womit nicht gesagt sein soll, daß es an Ursachen mangelt. Zündstoff ist überall in Menge, und der Zufall kann eine Explosion herbeiführen. Aber der Zufall ist doch kein Faktor, mit dem man rechnet.

Die andere Alternative für einen großen Krach: die amerikanische Krise, auf die ich unsere Leute schon seit Jahr und Tag hingewiesen habe, scheint mir dagegen sehr nahe zu sein. Mein zigeunerndes Leben in den letzten Jahren hat mich verhindert, die Entwicklung mehr im einzelnen zu verfolgen, aber das Fazit, das die nordamerikanische Handelsbilanz in den letzten Monaten ergibt, scheint mir sehr für den baldigen Krach zu sprechen, und dann gute Nacht mit der europäischen Exportindustrie. Dann dürfte insbesondere auch für England die Stunde der Umwälzung schlagen.

Das ganze bißchen Aufschwung, wenn man es so nennen will, das wir in Deutschland in den letzten anderthalb Jahren bemerkt haben, schuldet seine Existenz ausschließlich dem steigenden Export. Bekommt der ein Loch, dann bekommen wir einen Krach, ärger als jener von 1874, denn wir haben uns von dem noch nicht erholt. Unsere Eisenindustrie kommt bereits wieder bedenklich ins Schwanken; tatsächlich sind die Notierungen, wie sie der Börsenzettel bringt, Schwindel, und wird zu viel niedrigeren Preisen verkauft. Der Kartellvertrag der Eisenproduzenten ist, wie vorauszusehen war, längst in die Brüche gegangen, und ist die Überproduktion wieder im besten Zuge. In der Textilindustrie sieht's nur wenig besser aus; auch hier ist der Export die Hauptsache, bekommt auch dieser einen Rückschlag, so sind die beiden Hauptindustrien lahmgelegt, und die Lähmung greift weiter. Kurz, die amerikanische Krise hat weit mehr Wahrscheinlichkeit als ein europäischer Krieg, die Sturmglocke für die europäische Revolution zu werden.

Es wäre mir lieb, gelegentlich Deine und Marx' Meinung über meine Ansichten zu hören. Ich hoffe, auf Weihnachten meine Haft unterbrechen zu können.

Schreibst Du mir, so nimm auf das Datum dieses Briefes keinen Bezug, es möchte andere in Verlegenheit bringen können.

Es freut mich sehr, daß Marx wieder wohl ist. Ich erwidere seine und Tussys Grüße herzlich. R. Meyer schreibt im Nachwort zu seiner Veröffentlichung der Briefe und Aufsätze von Rodbertus: »Es sei möglich, daß Marx noch die Zeit erlebe, daß mit seinem System ein Versuch gemacht werde«. Obgleich er dies offenbar nur schrieb, um Bismarck zu ärgern, so kann er doch recht haben, das wäre prächtig.

Habt Ihr die Meyerschen Bücher gelesen? Ich habe sie im Gefängnis durchgenommen. Meyer lobt Euch beide sehr und fühlt sich über die gute Aufnahme, die Ihr ihm bereitet, offenbar sehr geschmeichelt; freilich müßt Ihr diesen Ruhm mit fünf Kardinälen teilen, die ihm dieselbe Ehre widerfahren ließen. Da Marx von seinen guten Freunden den Feinden schon oft als sozialistischer Papst hingestellt worden ist, so kann er sich die Gesellschaft gefallen lassen.

Rodbertus habe ich so recht erst aus diesen Briefen und Aufsätzen kennengelernt. Er steht jedenfalls weit über dem Durchschnitt unserer sogenannten Nationalökonomen. Der Mann hat Kritik und Ideen, aber als konservativer Sozialist kommt er in den stärksten Widerspruch mit sich selbst.

Marx' »Kapital« wollte er ja auch »widerlegen«; sein Naßlaß scheint aber nicht veröffentlicht zu werden, in bezug auf letzten Punkt für ihn selbst am nützlichsten.* Dein A. Bebel."

Ruhetage

Anfang November [1882] suchte ich mal wieder, diesmal in Leipzig, das Gefängnis auf, um die mir zuerkannten Gefängnisstrafen zu absolvieren. Liebknecht und Hasenclever hatten es bereits vor mir zu demselben Zweck bezogen, doch kamen wir nicht in Beziehungen zueinander. Ich hatte gehofft, da noch eine Revision in einer Strafsache wider mich vor dem Reichsgericht schwebte und ein Nachtragserkenntnis über die ergangenen Urteile erst nach Erledigung der Revision gefällt werden konnte, zu Weihnachten die Haft unterbrechen zu können. Das war wieder einmal eine Illusion. In dem Nachtragserkenntnis, das schließlich gefällt wurde, wurden die mir zuerkannten fünf Monate auf vier Monate reduziert. Ich hatte also die Sicherheit, Anfang März [1883] aus der Haft entlassen zu werden.

Eine Annehmlichkeit des Leipziger Gefängnisses war, daß mich jede Woche einmal in Gegenwart eines Beamten meine Frau besuchen konnte. Als ich eines Tages mit dieser über meinen Dresdener Flugblattprozeß sprach, trat der Beamte an ein Schubfach, nahm ein Paket Flugblätter heraus und legte sie mir vor. Zu meiner Überraschung waren es Exemplare meines im Oktober 1881 in Dresden konfiszierten Flugblattes, die nach dem Urteil des Gerichts dem Feuertode hätten verfallen sollen. Auf meine verwunderte Frage, wie diese Blätter sich nach Leipzig verirrten, bekam ich die Antwort, die seien durchs ganze Land gewandert. Es schienen also auch die Beamten einen besonderen Geschmack an ihnen gefunden zu haben, denn Parteigenossen hatten es nicht verbreitet.

* Karl Rodbertus-Jagetzow (s. Personenregister) starb 1875. Sein literarischer Nachlaß erschien ab 1878 (!); die Schrift „Das Kapital", vierter sozialer Brief an v. Kirchmann, herausg. von Th. Kozak im Jahre 1884, ferner Hermann Wagener, „Aus Rodbertus' Nachlaß" (Minden i. W. 1886). D. Hrsg.

Es war nicht das einzige Mal, daß einem meiner Geisteserzeugnisse die Ehre einer so eigentümlichen Verbreitung zuteil wurde. In Dresden war eine Kiste mit zweihundert Exemplaren des Buches „Die Frau und der Sozialismus" konfisziert worden. Das Gericht sprach die Vernichtung der zweihundert Exemplare aus, sie sollten also den Tod im feurigen Ofen erleiden. Wie ich aber nachher aus sicherster Quelle erfuhr, erlitten diesen Feuertod nur wenige Exemplare, alle übrigen wanderten in die Hände der Gerichtsbeamten. Dem Verleger entging die Bezahlung für die konfiszierten zweihundert Exemplare, der Autor aber hatte die Genugtuung, die Schrift in Händen zu sehen, in die sie ohne die Konfiskation kaum gelangt wäre. So hat jede Sache in dieser Welt ihre schlechte und ihre gute Seite.

Während ich in der Haft war, wurde die Begründung der sächsischen Regierung für die erneute Verlängerung des kleinen Belagerungszustandes über Leipzig und Umgegend bekannt. Als Hauptgrund war angeführt, daß wir beide, Liebknecht und ich, uns hart an der Grenze des Belagerungszustandsgebiets, in Borsdorf, niedergelassen hätten. Und um die Gefahr dieser Situation für das betreffende Gebiet auch äußerlich zu markieren, hatte man einen Gendarmenposten nach Borsdorf verlegt. Eine Anzahl Berliner Ausgewiesene, die, von Berlin kommend, eines Tages uns von Leipzig aus in Borsdorf besuchten, wurden nach ihrer Rückkehr in Leipzig einer körperlichen Untersuchung unterzogen. Das war zwar alles sehr lächerlich, aber das nennt man bei uns „regieren".

Unter dem 22. Dezember [1882] schickte mir Engels eine Antwort auf meinen Brief vom 10. November, in der er unter anderem schrieb:

„Lieber Bebel!

Ich hoffe, Du kommst übermorgen auf vierundzwanzig Stunden los und so ohne Schwierigkeit in Besitz dieser Zeilen.

Die Stelle meines letzten Briefes, die Dir energisch vorkam, besagt weiter nichts, als daß ich eine Aufhebung des Ausnahmegesetzes erwarte von Ereignissen, die entweder selbst revolutionärer Natur sind (ein neuer Schlag oder Einberufung einer Nationalversammlung in Rußland zum Beispiel, wo sich die Rückwirkung auf Deutschland sofort zeigen würde) oder doch die Bewegung in Gang bringen und die Revolution vorbereiten (Thronwechsel in Berlin, Tod oder Abgang Bismarcks, beides mit fast unvermeidlicher »neuer Ära«).

Die Krisis in Amerika scheint mir wie die hiesige und wie der noch nicht überall gehobene Druck auf der deutschen Industrie keine richtige Krisis, sondern Nachwirkung der Überproduktion von der vorigen Krisis her. Der Krach in Deutschland wurde das vorige Mal durch den Milliardenschwindel verfrüht, hier und in Amerika kam er zu normaler Zeit 1877. Nie aber sind während einer Prosperitätsperiode die Produktionskräfte so gesteigert worden wie von 1871 bis 1877, daher ähnlich wie 1837 bis 1842 ein chronischer Druck hier und in Deutschland auf den Hauptindustriezweigen, besonders Baumwolle und Eisen. Die Märkte können alle die Produkte noch immer nicht verdauen; da die amerikanische Industrie der Hauptsache nach noch immer für den geschützten inneren Markt arbeitet, kann dort eine lokale Zwischenkrise bei der raschen Vermehrung der Produktion sehr leicht entstehen. Sie dient aber schließlich nur dazu, die Zeit abzukürzen, in der Amerika exportfähig wird und als gefährlicher Konkurrent Englands auf dem Weltmarkt erscheint. Ich glaube daher nicht — und Marx ist derselben Ansicht —, daß die wirkliche Krisis viel vor der richtigen Verfallzeit kommen wird.

Einen europäischen Krieg würde ich für ein Unglück halten, diesmal würde er furchtbar ernst werden, überall den Chauvinismus entflammen auf Jahre hinaus, da jedes Volk um die Existenz kämpfen würde. Die ganze Arbeit der Revolutionäre in Rußland, die am Vorabend des Sieges stehen, wäre nutzlos, vernichtet; unsere Partei in Deutschland würde momentan von der Flut des Chauvinismus überschwemmt und gesprengt, und ebenso ging's in Frankreich. Das einzig Gute, was herauskommen könnte, die Herstellung eines kleinen Polens, kommt bei der Revolution ebenfalls, und zwar von selbst heraus, eine russische Konstitution im Falle eines unglücklichen Krieges hätte eine ganz andere, eher konservative Bedeutung als eine revolutionär erzwungene. Ein solcher Krieg, glaube ich, würde die Revolution um zehn Jahre aufschieben, nachher würde sie freilich um so gründlicher. Übrigens war wieder Krieg in Sicht. Bismarck hat mit der österreichischen Allianz geradeso demonstriert wie 1867 bei der Luxemburger Affäre mit den süddeutschen Bündnissen. Ob es im Frühjahr zu etwas kommt, müssen wir abwarten.

Deine Mitteilungen über den Stand der deutschen Industrie waren uns sehr interessant, namentlich die ausdrückliche Bestätigung, daß der Kartellvertrag der Eisenproduzenten gesprengt ist. Das konnte nicht vorhalten, am allerwenigsten bei deutschen Industriellen, die ohne die kleinlichste Beschummelei nicht leben können. Die Meyerschen Sachen haben wir hier bis jetzt nicht gesehen, und so hast Du uns da auch was Neues erzählt. Daß Marx neben seinen Kardinälen figurieren würde, war zu erwarten, es machte Meyer immer ein ganz besonderes Vergnügen, wenn er von Kardinal Manning direkt zu Marx gehen konnte, das verschwieg er dann nie.

In seinen »Sozialen Briefen« war Rodbertus nahe daran, dem Mehrwert auf die Spur zu kommen, aber näher kam er nicht. Sonst wäre sein ganzes Dichten und Trachten, wie dem verschuldeten Landjunker zu helfen sei, am Ende gewesen, und das konnte der gute Mann nicht wollen. Aber wie Du sagst, er ist viel mehr wert als die Masse der deutschen Vulgärökonomen inklusive der Kathedersozialisten, die ja nur von unseren Abfällen leben . . .

Ich habe gestern das letzte Manuskript zur Broschüre nach Zürich geschickt, nämlich einen Anhang für die Marktverfassung und eine kurze Geschichte der deutschen Bauern überhaupt*. Da der Maurer sehr schlecht erzählt und viel durcheinanderwirft, kommt man bei erster Lesung den Sachen schwer auf die Spur. Sobald ich also Aushängebogen erhalte, schicke ich Dir die Geschichte, da sie den Maurer nicht einfach auszieht, sondern auch indirekt kritisiert und noch vieles Neue enthält. Es ist die Erstlingsfrucht meiner seit einigen Jahren betriebenen

* Engels Artikel „Die Mark" („Sozialdemokrat", 1883, Nr. 12—16), später Anhang in seiner Schrift: „Die Entwicklung des Sozialismus von der Utopie zur Wissenschaft" (1883).

Studien über deutsche Geschichte, und es freut mich sehr, daß ich sie nicht zuerst den Schulmeistern und sonstigen »Gebildeten«, sondern den Arbeitern vorlegen kann.

Jetzt muß ich schließen, sonst kann ich den Brief für die Abendpost nicht mehr einschreiben lassen. Die Preußen scheinen noch nicht soweit zu sein, auch eingeschriebene Briefe zu bestiebern, bis jetzt kommt alles in normalem Zustand an, lange Übung hat mich gelehrt, das ziemlich sicher zu beurteilen.

Deine Frau bitte ich, einliegende Weihnachtskarte und meine beste Empfehlung akzeptieren zu wollen.

Dein F. E."

Mit diesem Brief von Friedrich Engels bricht das von Karl Kautsky übernommene Manuskript des dritten Teiles der Bebelschen Lebenserinnerungen ab.

NAMENREGISTER

E

F

I, J

K

werkschaftlichen Berliner Arbeiterbundes (1871) und des Allgem. Deutschen Zimmererbundes, wurde 1877 in den Reichstag gewählt. *166, 180*

Kapell, Otto (1841—96), dt. Sozialdemokrat, wie sein Bruder August zunächst im Allgem. Deutschen Arbeiterverein (1870 Mitglied des Präsidiums) u. in der Zentralorganisation der Zimmerer als deren Leiter tätig. *166, 180*

Kardorff, Wilhelm von (1828—1907), dt. Politiker, s. 1868 Reichstagsabgeordneter, Führer der Freikonservativen Partei (Reichspartei). *176, 177*

Karl Anton, Fürst von Hohenzollern-Sigmaringen (1811—85), überließ 1849 die Hoheit seines Landes der Regierung Preußens. 1858—62 Ministerpräsident, 1863—71 Militärgouverneur von Rheinland-Westfalen. *65*

Kautsky, Karl (1854—1938), dt. sozialist. Theoretiker, Historiker u. politischer Publizist, hervorragender Interpret d. marxistischen Gesellschaftslehre, redigierte von 1883—1917 das wissenschaftl. Organ der Sozialdemokratie „Neue Zeit". Seine Hauptwerke sind: Karl Marx' „Ökonomische Lehren" (1887); „Thomas Moore und seine Utopie" (1888); „Ethik und materialistische Geschichtsauffassung" (1906); „Ursprung des Christentums" (1908); „Der Weg zur Macht" (1909); „Terrorismus und Kommunismus" (1909). *6, 7, 110* (Fußnote), *146, 147, 161, 178* (Fußnote), *188* (Fußnote), *191* (Fußnote), *192* (Fußnote), *197*

Kayser, Max (1853—88), dt. sozialdem. Publizist, leitete die Red. des „Sächs. Volksblattes" seit 1871 in Berlin. 1878—87 Reichstagsabgeordneter. *134, 139, 142, 185*

Kegel, Max (1850—1902), dt. sozialdem. Journalist u. Arbeiterdichter, schloß sich 1869 der Sozialdem. Arbeiterpartei (Eisenacher) an, leitete sozialdem. Zeitungen und Zeitschriften („Dresdner Volksblatt", „Chemnitzer Freie Presse", „Süddeutscher Postillon", „Fränkische Tagespost", „Bayerische Gerichtszeitung", „Wahrer Jakob"). Verfasser des „Sozialistenmarsches", der etwa 1890 entstand. *161*

Keil, Ernst (1816—78), Publizist u. Buchhändler, gründete 1853 die illustr. Familienzeitschrift „Die Gartenlaube", die 1884 von Adolf Kröner, 1903 von August Scherl erworben wurde. *55*

Keil, Wilhelm (* 1870), dt. sozialdemokr. Politiker u. Staatsmann. 1896—1930 Chefredakteur der „Schwäb. Tagwacht" (Stuttgart), dazw. 1921—23 württ. Wirtschaftsminister, 1910—33 Mitgl. des württ. Landtages, 1910—32 Reichstagsabgeordneter, 1946—52 Präsident des württ. Landtages. Schrieb u. a. „Erlebnisse eines Sozialdemokraten" (Stuttgart 1946/47). *5*

Keller, Gottfried (1819—90), deutschschweiz. Dichter, radikaler Demokrat, beteiligte sich aktiv am öffentl. Leben seiner Heimat. *147*

Keubler, Bürgermeister von Mittweida. *156*

Keudell, Robert von (1824—1903), dt. Diplomat, 1873—87 Botschafter in Rom, war mit Bismarck befreundet. Verfasser des Buches „Fürst und Fürstin Bismarck" (Berlin 1901). 1864 war der damalige Regierungsrat von Keudell im Ministerpräsidentenbüro beschäftigt (s. Gustav Mayer, „Bismarck und Lassalle". Berlin 1928, S. 106). *46*

Kirbach, Rechtsanwalt in Plauen i. Vogtland. *90*

Kirchmann, Julius von (1802—84), dt. Jurist, Soziologe u. Philosoph, Begründer u. Herausgeber der „Philosophischen Bibliothek" (Leipzig 1868—83). Werke: „Über den Communismus der Natur" (1862); „Ästhetik auf realistischer Grundlage" (1868); „Grundbegriffe des Rechts und der Moral" (1869) u. a. *194* (Fußnote)

Kobitsch, M. (oder Kobitzsch), Dresdener Sozialdemokrat, wurde auf dem Nürnberger Arbeitervereinstag, Juli 1868, zum Vertrauensmann gewählt. *140*

Kohner, Liberaler, Kaufmann in Leipzig. *113*

Klotz, Moritz (* 1813), dt. Politiker (Fortschrittspartei), Landgerichtsrat in Berlin,

M

P

Paul, Polizeikommissar in Dresden. *181*

Paschky, dt. Sozialdemokrat. *131*

Peel, Sir Robert (1788—1850), engl. Staatsmann und konservativer Parteiführer, 1834/35 u. 1841—46 Regierungschef, führte 1842 die Einkommensteuer ein, hob 1846 die Getreidezölle auf. *45*

Peter Karageorgewitsch (1844—1921), verkehrte Anfang der 80er Jahre als Student in dem Kreis der exilierten Sozialisten in Zürich. 1903—18 als Peter I. König von Serbien. *146*

Peters, August (1817—64), dt. pol. Dichter, nahm 1849 am Maiaufstand in Dresden teil, wurde zu 10 Jahren Kerker verurteilt, 1856 begnadigt. Lehrte Stenographie im Leipziger Arbeiterbildungsverein, den Bebel leitete. Ehemann (seit 1858) der Gründerin des Allgemeinen Deutschen Frauenvereins, Luise Otto-Peters (s. daselbst). *38, 40*

Petzoldt, Bezirksgerichtsdirektor in Glauchau, Gegenkandidat Bebels in dessen altem Wahlkreis Glauchau-Meerane bei den Wahlen im Januar 1873; Petzoldt unterlag. *101*

Pfannkuch, Wilhelm (1841—1923), dt. sozialdem. Politiker, Gewerkschaftsredakteur (Holzarbeiter), Mitbegründer der ersten gewerkschaftlichen Organisationen (1868) sowie der Generalkommission der Gewerkschaften (1892), seit 1894 Mitglied des Vorstandes der Sozialdem. Partei. 1884—87, 1898—1907, 1912—18 Mitglied des Reichstages. 1919 Mitglied der Verfassunggebenden Deutschen Nationalversammlung. *87*

Pfister, Ritter von, aus Linz. *35*

Phillips, Adolf Edmund, Dr. (* 1845), dt. dem. Politiker, s. 1877 Chefredakteur der „Berliner Volkszeitung“, Berlin, Gegenkandidat Bebels in Mainz bei den Reichstagswahlen 1881. (Bebels Schreibweise des Namens [Philipps] ist falsch). *186*

Planck, Gottlieb (1824—1910), dt. Rechtsgelehrter. 1889 Prof. in Göttingen. Kommentator des BGB (7 Bde) (1897—1902). Nationalliberaler Reichstagsabgeordneter. *51*

Platon (427—347 v. Chr.), griech. Denker, Schüler Sokrates. Gründete 387 v. Chr. die Akademie, eine Philosophenschule. Außer der „Apologie des Sokrates“ sind 34 Dialoge, eine Reihe von Briefen und Bruchstücken von poetischen Versuchen von ihm erhalten geblieben. Die Aufgaben und Probleme des Staates hat er in zwei Werken: „Der Staat“ und „Die Gesetze“ behandelt. *98*

Plutarch (um 50 — um 125 n. Chr.), griech. Schriftsteller. Berühmt geworden durch seine „Lebensbeschreibungen“ („Vitae parallelae“), 23 Doppelbiographien, in denen er je einen Griechen und einen Römer nebeneinander darstellt. Neuausgabe von H. Floerke, 6 Bde. (München 1913). — Einzelausgaben bei Kröner und Reclam. *5*

Popp, Adelheid (1869—1939), österr. Sozialdemokratin, ehem. Arbeiterin, 1897—1933 Redakteurin der „Arbeiterinnen-Zeitung“, Wien, 1. Vorsitzende des „Internationalen Frauenkomitees“, s. 1907 Mitglied des Vorstandes der Sozialistischen Partei Österreichs, 1918—1933 Mitglied des Gemeinderates von Wien und des österr. Nationalrats. Schrieb u. a. „Die Jugendgeschichte einer Arbeiterin“ (München 1909), deren erste Auflage August Bebel einleitete. *5*

Praast, Rudolph, dt. Sozialdemokrat, Zeitungsexpedient, zunächst im Allgem. Deutschen Arbeiterverein (Austritt 1869), danach Sozialdem. Arbeiter-Partei, langjähriger Freund August Geibs (s. daselbst), am 28. Oktober 1880 aus Hamburg ausgewiesen, ging nach Amerika. *166*

Friedrich Karl (1828—85), Prinz von Preußen, preuß. Generalfeldmarschall. *50*

Puttkammer, Robert von (1828—1900), preuß. Staatsmann konserv. Prägung, 1879—81 Kultusminister, 1881—88 Innenminister u. Vizepräsident des preuß. Staatsministeriums, einer der Hauptorganisatoren der Hetze gegen die Sozialdemokratie unter dem Sozialistengesetz. *149, 165, 176, 182*

R

Rackow, Heinrich, Berliner Sozialdemokrat, Geschäftsführer der 1875 gegr. genossenschaftl. Allgemeinen Deutschen Assoziations-Buchdruckerei in Berlin, in der u. a. der „Neue Sozialdemokrat" (ab 1875), die „Berliner Freie Presse" (ab 1876), der „Märkische Volksfreund" (ab 1876) hergestellt wurden. Unter der Gewalt des Sozialistengesetzes mußte das Unternehmen 1878 liquidieren; der Betrieb wurde von Max Höchberg erworben und ging (unter Teilhaberschaft von Jacob Bamberger) in den Besitz von Max Bading über. Rackow wurde 1878 aus Berlin ausgewiesen, ging nach London. *140*

Radziwill, Anton, Prinz bzw. Fürst von (1833—1904), preuß. General u. Generaladjutant Kaiser Wilhelms I. *66*

Rehbein, Franz (1867—1909), Landarbeiter, Zeitungsausträger, Lokalberichterstatter, Hilfsarbeiter im Büro der Berliner Gewerkschaftskommission. Paul Göhre gab Rehbeins Buch „Das Leben eines Landarbeiters" (Jena 1911) heraus. *5*

Reichensperger, Peter Franz (1810—92), dt. Politiker, ursprünglich Liberaler, später dem Zentrum angehörend, Geh. Ober-Tribunalrat, 1848 Mitgl. der Frankf. Nationalvers., s. 1858 Mitgl. des preuß. Abgeordnetenhauses, 1867—92 des Reichstages. *77*

Reimer, Georg Otto (1841—1892), dt. Sozialdemokrat, Zigarrenarbeiter, später Journalist, 1874—77 Reichstagsabgeordneter, nach seiner Ausweisung (1880) und Haftentlassung ging er nach Amerika. *103, 180*

Reinders, Klaas Peter (1847—79), dt. Sozialdemokrat, Mitbegründer der Genossenschaftsdruckerei in Breslau, 1878/79 Mitglied d. Reichstages. *134, 180*

Reuleaux, Franz (1829—1905), Ingenieur, Prof. d. Maschinenbaukunde, später Geheimrat, Begründer der Kinematik u. der wissenschaftlichen Maschinenlehre. *37*

Reyher, Dr. med., Vorsitzender des Arbeiterbildungsvereins in Leipzig (gegr. 1865). Sein Nachfolger war bis 1872 August Bebel. *38*

Richter, Eugen (1838—1906), dt. linkslib. Politiker, Führer der Fortschrittspartei, seit 1884 der Deutsch-Freisinnigen Partei. Scharfer Gegner Bismarcks, seit 1869 Mitglied des preuß. Abgeordnetenhauses, seit 1867 des Deutschen Reichstages. Schrieb u. a. „Jugenderinnerungen" (1892); „Politisches ABC-Buch" (1880 ff); „Im alten Reichstag" (1894—96). *51, 102, 175*

Rickert, Heinrich (1833—1902), dt. Politiker, langj. freisinniger Reichstagsabgeordneter. *175*

Rjazanov, D., Schriftstellername für David Borissowitsch Goldendach (* 1870, † während des zweiten Weltkrieges), Direktor des Marx-Engels-Instituts in Moskau, Herausgeber von Karl Marx/Friedrich Engels, „Historisch-Kritische Gesamtausgabe" (im Auftrage des Marx-Engels-Instituts, Moskau). Sein Nachfolger ist V. Adoratski. Rjazanov war um eine Kooperation des Marx-Engels-Instituts und des Archivs der SPD in Berlin zu Forschungszwecken bemüht, fiel Anfang der 30er Jahre in Ungnade u. wurde abgesetzt. *188* (Fußnote)

Röckel, August (1814—76), Musikdirektor in Dresden, Freund Richard Wagners u. Gottfried Sempers, wegen Beteiligung am Dresdener Maiaufstand 1849 zu lebenslänglichem Zuchthaus verurteilt, nach 11½jähriger Strafe Anfang 1862 begnadigt. Veröffentlichte das Buch „Die Erhebung in Sachsen und das Zuchthaus zu Waldheim" (1865), das Bebel in mehreren hundert Exemplaren verbreitete. *105, 137*

Rodbertus-Jagetzow, Karl (1805—75), dt. Nationalökonom u. Politiker, vertrat staatssozial. Ideen. Stand mit Ferdinand Lassalle in regem Briefwechsel. Schrieb u. a. „Sociale Briefe an v. Kirchmann" (1850/51), „Zur Erklärung und Abhilfe der heutigen Creditnot des Grundbesitzes" (1869), „Neue Briefe über

T

Virchow, Rudolf (1821—1902), dt. liberaler Politiker, Mediziner (Patholog), seit 1856 Professor für pathol. Anatomie in Berlin, Mitbegründer und Führer d. Fortschrittspartei, Mitglied des preuß. Abgeordnetenhauses, Gegner Bismarcks. *127*

Vogel von Falckenstein, Eduard (1797 bis 1885), preuß. Generalfeldmarschall u. Heerführer (1866). *75*

Vollmar, Georg von (1850—1922), dt. Sozialdemokrat, ehemaliger Offizier, kam 1876 zur Sozialdemokratie, wurde 1877 Chefredakteur der „Dresdener Volkszeitung", aber bald aus Sachsen ausgewiesen. Während des Sozialistengesetzes emigrierte er nach Zürich, wo er den „Sozialdemokrat" leitete, bis er auch hier des Landes verwiesen wurde. 1881—86, 1890—1903 Reichstagsabgeordneter, 1893 bis 1918 bayerischer Landtagsabgeordneter, hervorragender Agrar- u. Kulturpolitiker. *131, 142, 144, 146, 148, 161, 164* (Fußnote), *167, 185, 191, 192*

W

Wächter, Carl Georg von (1797—1880), dt. Politiker, Prof. der Rechte, Geheimrat, Mitglied des Nordd. Reichstages. *50, 52*

Wagner, Adolph (1835—1917), dt. Nationalökonom, Professor in Dorpat, Freiburg i. Br., Berlin, Mitgl. des preuß. Abgeordnetenhauses, Begründer der Christlich-Sozialen Partei (1878). Hauptvertreter des sog. „Kathedersozialismus", vertrat hierin eine staatssozial. Richtung. Seine wissenschaftlichen Hauptwerke: „Grundlegung der pol. Ökonomie" (1876, 1877—1901), „Allgem. u. theor. Volkswirtschaftslehre" (1901, 1907—09), „Die Strömungen in der Sozialpolitik und der Katheder- und Staatssozialismus" (1912). *182*

Wagener, Hermann (1815—89), erster Chefredakteur der konservativen „Kreuzzeitung", zeitweilig das „halboffiziöse" Blatt Bismarcks. Später Geheimer Regierungsrat, „die rechte Hand Bismarcks in allen sozialpol. Angelegenheiten" (Bebel). Wagener war einer der schärfsten Gegner der Sozialdemokratie, was ihn jedoch nicht hinderte, in seinen Lebenserinnerungen „Erlebtes" (Berlin 1884) zu schreiben: „Bebel ist nicht allein ein hervorragender Naturredner, sondern er hat auch eine staatsmännische Ader, die seinen Reden ein gewisses höheres Gepräge verleiht, so daß sich auf dem parlamentarischen Gebiet nur wenige mit ihm vergleichen und messen können." *41, 42, 43, 51, 79, 182, 194*

Waldeck, Benedikt (1802—70), preuß. Politiker u. Jurist, Mitgl. der preuß. Nationalversammlung (äußerste Linke), später Führer der Fortschrittspartei. *51*

Walster, Otto (eigentl. August Otto Walster), dt. Sozialdemokrat, Redakteur des „Dresdener Volksboten", Sekretär des provisor. Parteiausschusses der Sozialdem. Arbeiter-Partei (1870), s. 1875 in der nordamerikanischen Arbeiterbewegung tätig. *101*

Walther, Deckname für Georg von Vollmar während seiner Redaktionstätigkeit am Züricher „Sozialdemokrat". *164*

Walther, dt. Politiker (Fortschrittspartei), 2. Gegenkandidat Bebels in Dresden bei den Reichstagswahlen am 30. Juli 1878; Walther und der 1. Gegenkandidat (Minister a. D. Frhr. v. Friesen) unterlagen. *134*

Weber-Stade, Ludwig (1846—1922), Pfarrer, Führer der Evang. Arbeitervereine, nationallib. Reichstagsabgeordneter. *54*

Weiß, Guido (1822—99), dt. Demokrat, Journalist, nahm an der 1848er Revolution teil, ständiger Mitarbeiter der Berliner Zeitschriften „Berliner Reform" (bis 1866) u. „Zukunft". *73, 103*

Weitling, Wilhelm (1808—71), dt. Sozialist, Schneidergeselle, schrieb 1838 im Auftrage des „Bundes der Gerechten", dem auch Friedrich Engels angehörte, sein erstes Buch „Die Menschheit, wie sie ist und wie sie sein sollte". Später erschienen „Garantien der Harmonie und Freiheit" (1842); „Das Evangelium des armen Sünders" (1845). Seine Ideen waren teilweise von utopischer u. religiöser Prägung. *37, 133* (Fußnote)

Y

York, Theodor (1830—75), dt. Sozialdemokrat, Mitbegründer u. Vorstandsmitglied des Allg. Deutschen Arbeitervereins, Mitbegründer der Sozialdem. Arbeiter-Partei (Eisenacher), deren Sekretär er war. Eifriger Förderer des Gewerkschaftswesens, Organisator des Verbandes der Holzarbeiter. *75, 101*

Z

Zadek, Ignaz (1858—1931), Dr. med., prakt. Arzt, viele Jahre Stadtverordneter in Berlin, Gründer und Vorsitzender des Sozialistischen Ärztevereins, Herausgeber der „Arbeitergesundheits-Bibliothek" (Berlin 1920ff.), für die er selbst eine gemeinverständliche Abhandlung über die „Proletarierkrankheit" schrieb. *147* (Fußnote)

Zimmermann, Wilhelm (1807—78), dt. hist. Schriftsteller, Pfarrer. Mitglied der Frankfurter Nationalversammlung 1848/49. Von seinem Geschichtswerk „Großer deutscher Bauernkrieg" hat Wilhelm Blos eine illustr. Volksausgabe herausgegeben (Stuttgart 1891), die in der Arbeiterschaft des vorigen Jahrhunderts viel gelesen wurde. Friedrich Engels' „Der deutsche Bauernkrieg (1874) wie auch August Bebels „Der deutsche Bauernkrieg mit Berücksichtigung der hauptsächlichsten sozialen Bewegungen des Mittelalters" (1876) fußen in den Tatsachen auf dem von Zimmermann geschaffenen historischen Boden. *98*

Zetkin, Ossip (um 1844—1889), russ. Revolutionär, Student der Geschichte u. Volkswirtschaft, sollte auf dem Verwaltungswege nach Sibirien verbannt werden, floh nach Deutschland, studierte in Leipzig weiter und war gleichzeitig als Schreiner tätig. Nach Inkrafttreten des Sozialistengesetzes ging er nach Paris, verfaßte verschiedene Broschüren und heiratete die Sozialdemokratin und spätere Kommunistin Clara Zetkin (1857—1937). [Nach Mitteilungen des Sohnes, Herrn Prof. Dr. Maxim Zetkin.] *163*

Zumbusch, Druckereibesitzer in Dresden. *180*

Inhalt